Volunteerism

자원봉사론

류기덕 · 박귀영 · 박영국
신경안 · 오 주 · 이기량
이재모 · 장재원 · 정영주 공저

양 성 원

머리말

사람이 어찌 혼자 살 수 있으며, 건강할 때도 있지만 아플 때도 있지 않겠는가? 아프면 병원에 가면 되지 하겠지만 혼자서 병원에 갈수 없으니 어쩌란 말인가? 손만 잡아주어도 걸을 수 있는데 그 손 잡아주는 사람이 얼마나 감사한 일인가. 나를 잡아주는 사람이 있다고 손치면 정녕 내가 잡아주는 사람이 되면 안 될까?

자원봉사가 우리나라에 들어온 지 그리 오랜 역사를 가지고 있지는 않지만 정부의 적극적인 지원과 민간단체의 관심으로 어느새 생활의 한 부분을 차지할만큼 국민들의 참여가 높은 분야가 되었다. 86년 아시안 게임과 88년 올림픽을 기점으로 국민적 관심을 가지게 되었고 적극적 참여를 통해서 자원봉사의 의미와 참뜻을 일깨우는 계기가 되었다고 볼 수 있다.

그러나 아직도 서구 선진국들에 비하면 부족하다고 본다. 글로벌 시대의 변화로 시시각각 변화되는 사회 속에서 다양하고 복잡한 사회문제들이 제기되고 있지만, 이에 대한 정부의 정책만으로는 해결할 수 있는 한계성을 가지고 있다. 민간단체에서 자원봉사를 통해 정부가 할 수 없는 부분을 보완하려고 노력하고 있지만 아직도 부족하다. 과거에는 개인 위주의 자원봉사활동이 이루어졌지만 점차 가족단위나 민간단체 차원에서 조직적, 체계적으로 이루어지고 있는 현상이 나타남에 따라 자원봉사의 접근 방식도 변화를 모색해야 하고 이를 지도하고 리드해야 할 전문 인력도 증가되어야 한다고 본다.

자원봉사는 자발, 자주, 자유의지라는 뜻의 라틴어(voluntas)에서 유래되었고, 자원봉사활동(Voluntarism)이란 개인 및 단체의 자발적 참여와 도움이 필요한 이웃과 사회에 대가없이 시간과 재능을 제공하여 사회문제 해결 및 사회공익에 기여하는 것을 말하며, 이러한 자원봉사활동을 실천에 옮기는 사람을 자원봉사자(Volunteer)라고 한다.

그렇다면 최선의 봉사란 무엇일까? 그것은 누간가가 목마른 자에게 한 잔의 물을 주는 것이 아닐까? 그렇다면 그것을 베풀 최적의 시기는 언제인가? 나그네가 먼 길을 와, 어딘가 쉴 곳을 찾을 때, 바로 그 때이다.

이와 같은 측면에서 볼 때 사회복지학을 공부하는 학생들이나 자원봉사에 관심 있는 사람이면 누구나 이해가 가능한 저서가 필요하다고 인식하게 되었다. 이 저서의 집필진은 각자가 담당한 분야에 대해 토의하고 상충되지 않도록 하기 위한 노력과 의견을 교환하면서 집필에 최선을 다하였다. 이 책의 특징은 다른 교재와 차별화하기 위해서 미국을 비롯한 영국, 캐나다, 일본 등 주요 선진복지국가의 자원봉사의 이론과 실제뿐만 아니라 역사를 살펴봄으로써 우리나라와 자원봉사와 비교 · 고찰하고 나아가 조망해 볼 수 있도록 하였다. 그리고 한국대학교 교육협의회 교육지침을 준수하고 미래의 자원봉사 영역을 고찰하고자 노력하였다.

이을 위해 다음과 같은 순서로 내용을 구성하였다.

제1장에서는 자원봉사의 개요로 자원봉사의 정의, 이념과 기본가치, 필요성, 특성에 대하여 기술하였다. 제2장에서는 자원봉사의 기초이론으로 자원봉사의 동기, 동기부여이론, 자원봉사의 인정과 보상에 대하여 기술하였다. 제3장은 자원봉사자의 자세와 역할 대하여 기술하였다. 제4장에서는 자원봉사활동의 영역으로 사회복지시설 및 기관, 시민단체의 자원봉사, 지역사회의 자원봉사, 국제사회의 자원봉사에 대하여 기술하였다. 제5장에서는 선진국의 자원봉사활동으로 미국, 영국, 캐나다, 일본의 자원봉사활동에 대하여 기술하였다. 제6장에서는 한국의 자원봉사로 자원봉사활동의 발달과정, 자원봉사조직 및 현황, 한국 자원봉사단체 유형에 대하여 기술하였다. 제7장에서는 자원봉사활동의 대상 및 분야로 아동, 노인, 장애인, 청소년을 위한 자원봉사활동과 국제사회에서의 자원봉사활동에 대하여 기술하였다. 제8장 자원봉사활동의 실천주체에서는 청소년, 대학생, 기업, 노인, 가족, 여성의 자원봉사활동에 대하여 기술하였다. 제9장은 자원봉사 프로그램 마케팅 개발로 자원봉사 프로그램과 마케팅 개념, 자원봉사 프로그램 관리, 자원봉사 프로그램의 실제에 대하여 기술하였

다. 제10장에서는 자원봉사센터의 설치로 자원봉사센터의 개념, 기능과 역할, 운영체계 및 현황과 활성화 방안에 대하여 기술하였다. 제11장에서는 자원봉사관리과정으로 자원봉사관리과정의 개념, 자원봉사자 모집, 자원봉사자 교육 훈련, 자원봉사자 배치, 자원봉사활동 지도 감독과 평가, 인정과 보상에 대하여 기술하였다. 제12장에서는 자원봉사활동의 과제와 방향으로 자원봉사활동의 실태 및 문제점, 과제에 대하여 기술하였다.

특히 이 책이 출간되기까지 적지 않은 시간을 투입한 저자들은 자원봉사의 공감대를 형성하기 위한 토의와 의견을 개진하는 등 많은 수고에도 불구하고 아직도 여러 부분에서 미흡하다는 느낌을 통감하고 있다. 앞으로 선배, 동료 후배 그리고 독자 여러분의 많은 지도와 질책을 부탁드리며 향후 보완해 나갈 것을 약속드립니다.

이 책이 출간이 되기까지 배려해 주신 양성원 사장님과 직원여러분께 감사를 드립니다.

2017년 8월

집필진을 대표하여 **박 귀 영**

차례

Chapter 1

자원봉사의 개요

1. 자원봉사의 정의

로렌츠(Edward Lorentz)는 나비 한 마리가 북경에서 공기를 살랑거리면 다음날 뉴욕에서 폭풍이 일어날 수도 있다고 하였다. 이것은 나비의 작은 날개짓이 동기가 되어 거대한 폭풍이 될 수 있다는 뜻으로 신념을 가진 자원봉사자의 작은 노력의 값이 온 인류를 보다 나은 삶으로 이끌어가고 변화시킬 수 있는 힘을 가지고 있음을 말해 주는 것이다. 자원봉사는 점차 사회에 대한 개인의 책임성이 증대되면서 더 나아가 사회발전에 조화로운 복지적 삶에 대한 인식된 시너지 효과로 그 파장이 커져 나갈 것이다(김범수 외, 2007 수정인용).

자원봉사라는 말은 요즘 흔히 사용되고 있지만 그 의미를 내포한 행위와 활동은 이미 오랜 역사를 가지고 있다. 자원봉사는 볼런티어(volunteer)의 라틴어인 자유의지(volunatas)라는 단어에서 유래되었고 사전적 의미는 "독지가, 지원병, 무상보상자, 자발적, ~를 자진해서 하다" 등으로 표현되어 있으며 자원봉사라는 용어는 1930년 세계 사회사업대회에서 공식적으로 처음 사용된 이래 1978년 10월 한국사회복지협의회 내에서 사회봉사안내소를 개소하려고 준비작업을 하고 있을 때 자원봉사라는 용어 대신 봉사자, 봉사원, 봉사활동원, 적십자봉사원 등의 용어가 사용되고 있었다. 당시 영어의 volunteer는 불룬티어, 보란티어, 발룬티어 등으로 표기되었고 자문위원회에서 우리말로는 자원봉사자로 영어 발음을 그대로 표기할 때는 볼런티어를 사용하기로 결정하였다.

우리말의 자원봉사란 자원과 봉사의 합성어이다. 우리말 사전에서 자원이란 일정한 일을 스스로 원한다는 뜻이고, 봉사는 남의 뜻을 받들어 섬김, 국가나 사회 또는 남을 위하여 자기이해를 돌보지 않고 노력이나 힘을 들여 친절하게 보살펴 주거나 일한다는 뜻으로 사용되고 있다.

자원봉사의 개념을 이해하는데 도움이 되는 관련 용어들을 정리해보면 〈표 1-1〉과 같다.

〈표 1-1〉 자원봉사관련 용어

구분	내용
Voluntarism	민간영역, 비영리단체의 복지기관, 재단, 종교단체에서 자발적을 행해지고 있는 활동으로 정부기관은 포함되지 않음. 소정의 유급직원들을 활용하여 사업을 전개하고 있음. 자원복지라고 부르기도 함
Volunteerism	자신의 의지나 선택 또는 권유에 자발적으로 무보수로 순수하게 자원봉사활동에 참여하는 것으로 비영리조직, 법원, 교도소, 도서관 등 정부프로그램도 포함. 자원봉사정신, 자원봉사철학, 자원봉사주의라고 부르기도 함
Voluntary Action	자신의 의지나 선택에 의한 행위를 말하지만, 자발적으로 참여한 모든 활동을 자원봉사활동이라고 할 수는 없음
Voluntary Agency (민간기관)	어떤 욕구나 문제를 인식한 개인들에 의해 설립되고 사적 재정으로 조직체를 형성한 것을 말함
Volunteer Association (자원봉사자협회)	자원봉사자들에 의해서 발전되고 자원봉사자로 구성된 회원집단(membership group) 조직체에 의해서 유급직원이 채용될 수 있지만 자원봉사자 스스로 조직체의 중심을 형성함
Private Sector (사적 영역)	정부 공공영역(Public sector)에 대립되는 개념으로서 voluntary agency, volunteer association, 그리고 business로 구성됨. 사적 영역은 다시 비영리부분과 영리부분으로 구분됨. 최근 비영리부분에만 적용되는 용어로 제3의 영역(the third sector)과 독립영역(the independent sector)이라는 용어로 사용됨
Philanthropy (박애)	일반적으로 금전이나 물건을 자애적인 이유에서 주는 것으로 개인적 자비심의 표현임
Community Service (사회자원봉사 활동)	지역사회의 욕구에 부합하는 활동들을 포함하며, 강제성이 한층 강조될 경우 선호함. 단 법원의 명령에 따라 교도소에서 수형 대신에 사회자원봉사활동에 참여하여 형을 감형 받는 활동으로 엄격한 의미에서 자원봉사라고 할 수 없음
Citizenship (시민권)	민주주의 기능에서 시민으로의 참여를 의미함. 항상 자발적인 것이지만 엄격한 의미에서 모두 자원봉사행위는 아님
Amateur or onprofessional (아마추어 또는 비전문가)	무보수라는 측면에서는 자원봉사와 유사하지만 기술이 없거나 낮다는 측면의 개념 적용은 자원봉사와 같은 의미라 할 수 없음

출처: 류기형 외(2009); 김범수 외(2006)

한국사회복지협의회(1978)는 자원봉사활동을 사회문제의 예방 및 해결 또는 국가의 공익사업을 수행하고 있는 공사조직에 자발적으로 참여하여 반대급부를 받지 않고 인간존중의 정신과 민주주의 원칙에 입각해 필요한 서비스를 제공하여 이타심의 실현과 자기실현을 성취하고자 하는 활동이라고 정의하고 있다.

호주의 발독(1990)은 자원봉사활동을 민간기관, 공공기관, 사회행동, 사회복지문제에 관련된 자조집단 등에 무상으로, 규칙적으로 자신의 시간, 에너지를 기여하는 사람으로 정의하고 있어 무보수성의 강조와 더불어 자원봉사활동의 영역을 민간기관뿐만 아니라 공공기관, 사회행동, 자조집단까지 광범위하게 포함하고 있다.

세계자원봉사자선언(1990)에서는 ① 개인이 자발적으로 결정하고 선택하는 것, ② 적극적으로 시민의 권리를 행사하고 지역사회와 관계를 맺는 것, ③ 인간이 갖고 있는 잠재력이나 삶의 질, 인간 상호 간의 연대감을 드높이는 것, ④ 조직적 형태를 지니면서 개인 또는 집단으로 하는 활동, ⑤ 현재 직면하고 있는 커다란 도전, 즉 더욱 선하고 평화로운 세계의 창조를 위한 응답, ⑥ 경제생활의 활성화에 공헌하고 직업이나 새로운 전문가를 창출하는 것 등으로 정의하고 있다.

일본 오사카 자원봉사협회(1993)는 자진해서 사회문제의 해결을 위해 활동을 지원하는 사람이라고 광범위하게 규정하고 있으며 무보수성보다는 자발성을 강조하고 있다.

영국자원봉사센터(1995)는 자신이나 직접적인 혈연관계가 아닌 다른 사람을 위해 직접적 보상 없이 그리고 국가나 기관에 의해 요구되는 것이 아닌, 자유스러운 선택에 의해 수행되는 활동이라고 정의하고 있어 무보수성과 자발성을 강조하고 있다.

미국사회사업백과사전(1997)은 사회복지기관이나 공공기관에서 지역사회개발, 주택, 교정, 아동복지 등의 분야에서 참여활동에 대한 보수 없이 자발적으로 참여하는 개인으로 정의하고 있다.

김영호(1997)는 공동체 혹은 지역사회에 있어 주민이 다양한 지역사회문제를 해결하고 예방하여, 전인적 인간화와 복지공동체 문화를 형성하며, 공동의 복지목표(사랑, 평화, 행복)를 달성하기 위하여 무보수로, 자발적으로 참여 혹은 지원하는 창조적 · 가치적·사회적 조화노력임과 동시에 질적인 삶 그 자체라고 정의하고 있다.

한국자원봉사단체협의회(1998)는 한 개인이 가지고 있는 자원이나 능력을 활용하여 자발적으로 사회와 공동체, 환경 혹은 타인을 위하여 반대급부를 요구하지 않으면서 계획적이고 지속적으로 수행하는 활동으로 체계적 노력을 통해 문제를 개선하고 변화시키는 것이라고 정의하고 있다.

호주전국자원봉사센터(2003)는 ① 지역사회와 자원봉사자 자신에게 혜택이 돌아가고, ② 강제가 아니라 자원봉사자의 자유의지에 의한 것이고, ③ 금전적 보상을 위한 것이 아니고, ④ 지정된 자원봉사직무에서 활동하는 것이라고 정의하고 있다.

이상의 내용들을 정리하면 일반적으로 자원봉사의 개념에 있어서 다양한 견해가 있지만 "우리 사회를 구성하는 모든 구성원들이 보다 인간답고 행복하며 건강하게 살도록 하기 위한 모든 자발적인 활동"이라고 할 수 있으며, 또한 가진 자가 가지지 못한 자를 위하여 베푸는 것이 아니라 함께 살고 서로 배우며 같이 성장하는 것을 목표로 삼아야 하며 더 나아가 자원봉사활동은 동정이나 자선으로서의 일방적 봉사활동이 아니라 인간 상호 간의 연대를 무엇보다 중요시하며 인간이 인간을 소외하거나 멸시하는 일을 예방하는 인간존중이라는 정신 위에 성립되어야 한다.

2. 자원봉사의 이념과 기본가치

1) 자원봉사의 이념

(1) 종교적 윤리

서구의 경우 자원봉사의 역사적 원천은 기독교의 영향을 받은 자선의 전통을 들 수 있다. 즉 신·구약성경을 통하여 배고픈 자, 고통받는 자, 아동, 과부, 노인에게 자선을 행하는 것이 신앙생활이며 실천으로 보았기 때문에 기독교의 영향권에 있는 지역에서는 일찍이 자선행위가 보편적으로 행해졌었다. 종교적 배경을 가진 자선행위는 기독교뿐만 아니라 이슬람교와 불교 등에서도 교리로 정하고 신앙생활과 포교의 수단으로 이용하고 있는 경우가 많다. 이들 종교는 무조건적 사랑으로 자선과 박애는 단순히 주는 자와 받는 자의 관계개선을 요구하는 것이 아니라, 새로운 공동체적 삶으로서의 구현을 의미하고 있다.

(2) 박애정신

박애정신(Philanthropy) 또는 박애사업이란 종교적 동기, 즉 19세기에 개화된 인도주의적 도덕과 원리에 기초하여 생활곤란자를 원조하는 민간인의 활동이라고 정의할 수 있다. 박애정신의 출현은 고대에까지 거슬러 올라가면 인간생활의 여러 분야에서 이타적 행동으로 나타나고 있다. 그리고 근대적 박애정신은 산업혁명에 의해서 발생한 각종 사회문제에 대한 대응책으로 이루어진 사회개량의 기본정신으로 인도주의적 박애정신을 의미한다.

(3) 상부상조

자선 또는 박애정신은 원조자와 피원조자 간에 차등적 사회신분이 있으나, 상부상조(Mutual aid)의 경우에는 대등한 입장에서 공동체적 의식이나 연대의식을 바탕으로 사회봉사의 동기가 발생한다. 베버리지(Beveridge)는 인간의 자발적 행위의 동기에는 두 가지 유형이 있는데 그 하나는 박애정신이고 다른 하나는 상부상조의 사상이라고 했는데, 상부상조는 사회복지제도의 발생 이전에 이미 유럽에 보급되었었다. 길드(Guild)와 같은 동업조합이 그 대표적인 예다. 한국의 계나 두레도 상부상조의 정신이 사회봉사의 정신적 배경이 되기 위하여 보편적 성격을 지녀 왔으며 동일 지역, 동일 직업, 동일 취미 등 회원의 동질성에 바탕을 두고 회원 상호 간에만 상부상조가 이루어져 왔다.

(4) 시민참여

자원봉사의 정신적 근원은 대개 두 가지로 볼 수 있는데, 그 하나는 기독교적·전통적이고, 다른 하나는 희랍시대의 민주주의 철학으로 구분하는 것이 보통이다. 둘 사이의 차이점은 전자가 봉사의 대상을 요보호자에게 한정하여 지원하는 데 비하여, 후자는 대상을 대중 전체로 확대하는 점이다.

자원봉사란 인간복지의 증진에 관심을 둔 민주적 제도들이 안고 있는 책임을 분담하고자 하는 시역사회 내의 주민에 의해 경제적 보상 없이 자발적으로 이루어지는 노력이다. 이러한 시민참여의 기회는 모든 시민의 특권이며 동시에 의무이기도 하다. 왜냐하면 모든 공적·경제적·교육적·사회적 문제의 해결은 시민참여(Citizen participation)의 질적인 정도에 따라 좌우되기 때문이다. 사실상 시민참여는 민주적 생활방식 자체로서 진정한 민주사회의 생존 및 발전은 시민의식에 기반을 둔 자원봉사에 의해 이루어질 수 있다.

(5) 자발적 참여주의

자발적 참여주의(Voluntarism)는 말 그대로 자유의사 또는 선택에 의해 어떤 행위를 하는 것을 말한다. 자발적 참여주의란 각종 활동에 자발적으로 참여하여 시간 또는 노력을 무상으로 제공하여 사회의 공익에 이바지하는 것을 말한다. 다시 말하자면 자원봉사의 철학적 근거는 Voluntarism에 있다고 해도 과언이 아니다. 오늘날 전 세계를 통하여 자원봉사의 정신은 지역사회의 복지문제를 정부만이 아니고 정부와 더불어 문제를 발견한 선의의 사람들, 문제해결에 관심이 많은 사람들 또는 이웃을 사랑하는 마음을 가진 사람들이 분담하여 해결하려는 데 두고 있다.

자발적 참여에서 유의할 것은 참여의 동기에는 자유의사 또는 자유로운 선택에 의하여 봉사활동을 시작하게 되나 자원봉사활동에 참여하기로 결정한 후에는 취소나 다시 결정하지 않아야 한다는 것이다. 자원봉사는 사회개량을 위해 시민이 자발적으로 참여하기로 약속한 숭고한 시민정신의 구현으로서 그 약속의 이행은 사회적 의무에 속한다고 해야 한다.

2) 자원봉사의 가치

자원봉사의 가치를 개인적 가치와 사회적 가치 및 자원봉사자 활용기관 측면에서의 가치 등으로 나누어 살펴보고자 한다(김익균 외, 2005).

(1) 개인적 가치

첫째, 개인이 가지고 있는 기술과 지식을 나누어 베풂으로써 학습의 보람과 가치를 느낀다. 자원봉사활동은 개개인이 가지고 있는 지식과 기술을 필요로 하는 사람들에게 제공함으로써 상대방으로 하여금 보다 더 행복한 생활이 되도록 하고, 그러한 생활이 결국 사회의 건전한 발전에 기여하도록 함과 동시에 학습욕구를 가지게 함으로써 지식과 기술을 더욱 발전시킨다.

둘째, 자원봉사자 자신의 자존감과 정신건강에 도움을 준다. 인간의 특성 중 하나는 사회생활을 한다는 것이며, 사회생활이란 각기 다른 사람 간에 상호의존하고 사랑을 베푸는 호혜적 관계를 유지하면서 살아가는 삶이다. 특히 자원봉사는 타인에게 도움이 되는 삶이고 매우 행복한 일이며, 일상생활에서 정신건강에도 매우 도움을 주는 일이다. 특히 볼런티어의 경우 더욱 그러하다.

셋째, 자신과 가족에 대한 애정감이 강해진다. 자기 스스로 존엄한 가치로 인정받기 위해서는 당연히 가치 있는 생각과 행동을 한다. 자기 자신뿐 아니라 타인을 사랑하는 사람의 마음은 본질적으로 인간의 생명에 대한 존엄성을 스스로 깨달아야 하기 때문에 결국 가까운 가족에게 소속감과 사랑하는 욕구를 키워 주게 되고 스스로의 가치 있는 생활에의 적극성과 사회생활에서의 일탈행위 또는 사회에 해악을 주는 행위를 사전에 예방한다.

넷째, 자신감과 성취감을 느끼게 한다. 자원봉사는 자유의지에 따라 자발적 활동을 하기 때문에 의욕적이며, 최선을 다하기 때문에 성공적일 수밖에 없다. 일을 성공적으로 달성한 후에 얻어지는 성취감으로부터 새로운 일에 대한 자신감과 즐거움을 느끼게 한다.

다섯째, 인격적 성숙과 발전이다. 자원봉사활동은 개인의 인격적 성숙과 자신만을 위한 생활이 아니라 함께 더불어 살며 사랑하고 도와주는 생활이다. 인격적 삶이란 스스로를 귀하게 하는 일이며, 스스로를 귀하게 하는 일이란 남을 귀하게 여기는 일에서 출발한다. 타인의 아픔과 어려움을 나의 일처럼 여기면서 자신의 능력을 다해 함께 살아가고 행동하는 것에서 비롯된다. 이와 같이 인격적 활동은 자신의 삶과 사회의 성숙화에 바탕이 되며, 인격을 갖추도록 하는 데 바람직한 활동이 바로 자원봉사활동이다.

여섯째, 인간관계를 원만하게 개선해 준다. 자원봉사는 인간적이고 건전한 가치를 추구하는 사람들과 만남의 기회를 제공할 뿐 아니라 자원봉사자와 클라이언트 간의 깊은 인간적 만남의 기회를 만들어 주어 더욱 성숙한 인간관계를 형성하게 한다. 자원봉사자가 가지는 개인적 직위와 직업, 재산, 권력, 나이를 초월하여 더욱 다양하고 폭넓은 인간관계를 만들어 준다.

(2) 사회적 가치

첫째, 국가나 지방자치단체의 행정이 미치지 못하는 부분을 보완하는 역할을 한다. 자원봉사활동은 법 규정이나 행정기관이 수행하는 정책적 사업 이외의 영역을 담당한다. 자원봉사활동은 이처럼 공식적 업무 이외의 역할을 담당함으로써 더욱 완벽한 사회복지사업을 수행하는 데 기여한다.

둘째, 공동체 의식과 참여의식을 높인다. 자원봉사활동은 사회구성원으로 하여금 실질적으로 투자하는 에너지 활용 이외에 함께 고민하고 함께 행동한다는 공동체 의식을 불러일으킬 수 있다. 또한 다른 프로그램에 대한 참여의식을 더욱 높여 준다.

셋째, 유휴자원을 효과적으로 활용함으로써 사회와 개인의 발전에 기여한다. 사회구성원 중에는 부자, 빈자, 근로자, 전문기술자 등 많은 사람들이 공존하고 있다. 그러므로 여성, 노인, 퇴직자 등의 유휴자원을 활용함으로써 인적 자원을 효과적으로 활용하며 사회복지재원의 효과적 사용을 가능하게 한다. 따라서 자원봉사자는 스스로 자원봉사활동을 했다는 만족감과 사회 전체적으로 육체적·정신적 잉여에너지를 건전한 방향으로 활용할 뿐만 아니라 불필요한 부분으로 낭비되어 다른 문제를 야기하지 않도록 하는 예방효과도 거둘 수 있다.

넷째, 복지사회로의 발전을 가져온다. 국민의 집단적 이기심과 책무를 도외시하는 권리의 주장이 빈번하게 나타난다. 이와 같은 문제를 해결하는 것은 곧 국민 스스로가 복지의식을 가지는 일이며, 복지사회란 국가뿐 아니라 사회구성원 모두가 사회구성원의 일원으로서 스스로 복지향상을 추구하는 사회를 의미한다. 이러한 맥락에서 자원봉사자의 자발적 봉사활동을 통해 스스로 책무를 다하는 생활은 물론 이타주의를 실천함으로써 복지국가의 형성에 기여하는 가치를 가지게 된다.

다섯째, 자원봉사활동은 사회구성원들로 하여금 소속감과 안정감을 갖도록 한다. 인간에게 사회구성원으로서 소속감과 안정감은 생활의 활력소를 제공할 뿐 아니라 창조적이고 의욕적인 생활을 하게 한다. 자원봉사활동을 통한 순수한 인간관계는 스스로 어떤 누구에게 인정을 받고 있다는 생각을 가져다주고 이러한 안정감의 응집된 결과는 자신이 홀로 존재하는 것이 아니라 더불어 살아가고 있다는 의식을 갖게 한다. 이와 같은 자원봉사의 동기는 마치 종교적 신뢰감이나 도덕적 애타심이 나타내는 동기들과 동일한 차원에서 찾아볼 수 있다.

여섯째, 정상화 이념과 사회통합의 촉진에 이바지한다. 자원봉사활동은 사회구성원으로 하여금 누구를 막론하고 함께 고민하고 행동한다는 정상화 이념과 공동체 의식을 고취시키며, 새로운 프로그램을 구상하거나 실행하는 데 도움이 되는 파급효과를 얻을 수 있으며 동시에 다른 프로그램에 대한 참여의식을 고양시켜 사회통합을 촉진시킨다.

(3) 자원봉사자 활용기관 측면의 가치

자원봉사자 활용기관 측면에서 기관·시설직원의 과다한 업무부담을 덜 수 있어 업무의 질적 향상을 도모할 수 있으며 자원봉사자가 가지고 있는 능력을 활용하여 다양하고 새로운 서비스를 확대시킬 수 있다. 또한 대부분의 자원봉사자가 기관과 인접한 지역에 살기 때문에 지역사회 접근성이 용이하며, 자원봉사자를 기관에 대한 지지자 또는 옹호자로 만들 수 있다.

3. 자원봉사의 필요성

자원봉사의 필요성을 개인적 측면, 가정적 측면, 사회적 측면, 종교적 측면, 사회복지적 측면으로 나누어 살펴보고자 한다.

첫째, 개인적 측면에서 볼 때, 남에게 인정받고 자아를 실현하고자 하는 인간적 욕구는 자원봉사를 통해 충족될 수 있으며(이강현, 2001), 여가시간을 사회와 이웃을 위해 일하는 데 활용함으로써 타인의 복지증진에 기여한다는 개인적 만족감과 성취감을 갖게 한다. 또한 스스로에 대한 유용감을 증대시키며 자긍심을 심어 줄 뿐 아니라 새로운 기술을 학습할 수 있게 하고 이미 가진 지식과 기술을 더욱 발전시킬 수 있도록 함으로써(김익균 외, 2002) 심리적으로나 육체적으로 인정되고 건강한 삶을 유지할 수 있도록 해 준다는 측면에서 그 필요성과 중요성이 강조되고 있다.

둘째, 가정적 측면에서 볼 때, 소외된 이웃을 돌보고 지역사회의 발전을 위해 활동한다는 자부심은 가족구성원 간의 유대감을 강화시키고 결과적으로 가정의 건강성을 증진시킴으로써 가족해체, 가족기능의 약화와 같은 문제를 방지한다는 측면에서 그 필요성이 지적될 수 있다.

셋째, 사회적 측면에서 볼 때, 시민의식을 성숙시킴으로써 사회 전반의 유기적 발전을 도모할 수 있으며, 우수한 인적 자원을 개발·육성한다는 측면에서 그 필요성이 강조될 수 있다.

넷째, 종교적 측면에서 볼 때, 자원봉사는 한마디로 이웃과 사회에 대한 종교적 신념을 구현하는 방편이라고 할 수 있다. 물론 종교별로 다양한 견해를 가지고는 있지만 공통적으로 이웃과 사회에 기여하는 종교로서의 모습을 표방하기에 종교적 신념을 구현하는 방편으로서의 필요성이 부각되고 있다.

다섯째, 사회복지적 측면에서 볼 때, 자원봉사활동은 사회복지기관의 부족한 물적·인적 자원을 채워 주는 역할을 함으로써 사회복지기관이 사회의 다양한 요구에 효율적이고도 효과적으로 부응할 수 있도록 도와주며, 더 많은 클라이언트에게 더 좋은 양질의 복지서비스를 제공할 수 있도록 하는 동반자적 역할을 담당하고 있다는 데 그 필요성을 언급할 수 있다.

4. 자원봉사의 특성

1) 자발성

자발성은 개개인의 자유로운 의사와 주체성에 의하여 활동해 나가는 것이다. 자발성이 결여된 사회를 노블레스 오블리주(Noblesse oblige)가 결여된 사회라고 한다. 이 말은 귀족의 의무로 번역된다. 과거 유럽의 역사는 귀족의 권위에 의해 예속된 사람을 부양하는 것, 국가에 대한 봉사, 세금, 군사적 보호 등 책임과 의무가 동시에 동반되었다.

귀족의 의무라는 말은 현대어로 바꾸면 다른 사람을 지도하거나 대변하는 사람이어야 할 의무이다. 즉 자기 자신 이상으로 남을 사랑하는 힘과 자기 자신 이상의 것을 위해 행동하는 힘이란 뜻이다. 바로 현대사회에서 이웃과 더불어 살고자 하는 사람들의 건강한 삶의 행동자세를 말한다. 자원봉사자의 참여수를 증가시키려면 자발적인 동기부여를 위한 교육과 훈련을 통하여 자원봉사활동에 참여하도록 동기유발을 해주는 것이 중요하다(배기효 외, 2005).

2) 무급성

무급성(Non-paid)은 무상성 또는 무보수성이라고 표현할 수도 있다. 무급성이란 자원봉사활동을 하며서 일어나는 여러 가지 소요경비를 자원봉사활동에 참여하는 자원봉사가가 스스로 부담하는 것을 말하며 어떠한 대가를 받고 활동한다는 것은 자원봉사활동의 정신에서 벗어난 것으로 보는 견해이다. 그러나 최근 각국에서는 최소한의 활동경비를 지원받는 실비자원봉사자의 참여가 활발한 실정이다. 실비자원봉사자란 급여나 보수 이하의 최소한의 경비인, 식사비나 교통비에 해당하는 활동비를 지급받고 자원봉사활동을 촉진하고 장려하는 사람을 의미한다(김범수, 2006).

이처럼 자원봉사활동은 금전적 보수나 대가를 목적으로 하는 것이 아니라는 주장이 있는 반면 자원봉사활동이 원래 목적이나 취지에 저해되지 않는다면 최소한의 실비 지원은 오히려 자원봉사활동을 촉진시키는 매개체가 된다고 보는 견해도 있다.

3) 개척성

자원봉사활동은 개별성, 창조성, 실험적인 노력 등을 발휘해 공적 사회복지사업의 한계를 보완한다. 지역사회의 문제 발견을 통해 이들의 욕구에 빠르게 대응할 뿐 아니라 개별적으로 다루어져 왔던 문제를 사회문제화하고 적극적이고 다양한 대응방안들을 제시하는 사회개발적인 기능을 한다.

자원봉사활동을 통해 자신의 한계를 극복하고 도전하는 정신을 배울 수 있다. 이는 정부나 공공기관의 서비스가 형식성, 획일성, 무사안일주의에 치우치기 쉬운 데 반하여 자원봉사활동은 개별성, 창조성, 실험적인 능력 등을 발휘한다는 점에서 공적 사회복지의 한계를 보완한다고 할 수 있다. 뿐만 아니라 자원봉사활동은 지역에 사는 주민들의 활동이므로 지역사회의 문제 발견이 용이하며 이들의 욕구에 쉽고 빠르게 대응한다. 또한 개별적으로 다루어져 왔던 문제들을 사회문제화하고 보다 적극적이고 다양한 대응 방안들을 제시하는 등 개척적이고 사회개발적인 기능을 한다(오효근, 2006).

4) 협동성

자원봉사활동은 개인적인 활동도 가능하지만 모임이나 단체 등 다양한 조직에서 프로그램을 계획하고 목적을 설정하여 봉사하는 경우가 많으며 이럴 경우 봉사자 간에 서로의 협동이 필요하며 각자 주어진 역할에 충실해야 한다. 따라서 자원봉사활동을 통해 공동체에 대한 이해도 할 수 있으며 소속감과 적극적 사고방식 등 공동체 의식을 함양할 수 있는 기회를 제공한다(김범수, 2006).

5) 지속성

자원봉사활동은 일회성이나 충동적인 이벤트로 끝내서는 안 된다. 자원봉사는 단순히 도움을 주는 활동이 아니라 도움을 매개로 하여 변화를 도모하는 활동 그리고 혼자서 할 수 있는 개인활동이 아니라 대상자, 자원봉사자, 조정자 등 여러 사람들이 함께 수행하는 체계적 활동이다. 자원봉사활동이 자발적 동기로 시작된다고 하더라도 일단 활동이 시작되면 일방적으로 끝나서는 곤란하며 일정 기간 동안 지속되어야 한다. 기드론(Gidron)의 경우, 자원봉사를 '특정한 기관 내지 시설에 소속된 비교적 정규적인 활동으로서 자신의 의지에 따라 그의 일에 대한 직접적 보상을 받지 않으면서 일하는 사람'이라고 정의하여 '정규적 활동'이란 말로 지속성을 강조하였다(임은희, 2010). 자원봉사의 지속성은 그 활동이 단순한 참여나 동정적 활동인지 아니면 지역사회의 일원으로서의 체계적 자원봉사활동인지를 구분할 수 있는 중요한 잣대가 될 수 있는 특성이 있다(이병순 외, 2010).

6) 민주성

자원봉사활동은 자발적 참여를 통한 활동으로 민주주의 철학적 입장과 무관하지 않다. 봉사활동을 하는 입장에서도 자발적으로 참여해야 하고, 활동함에 있어 민주적 절차나 균등한 기회 제공을 통해 자원봉사활동에 참여를 원하는 사람이면 누구나 활동할 수 있고 개인의 다양한 개성과 능력이 충분히 발휘될 수 있도록 해야 한다. 자원봉사업무를 부여하는 기관 입장에서도 개인의 성향과 약점, 장점 등을 충분히 파악하여 자원봉사자의 약점을 크게 볼 것이 아니라 오히려 강점을 살려서 자원봉사활동을 더 잘할 수 있도록 지원해야 하며, 다양한 욕구를 가진 사람들과의 상호작용을 통해 서로의 의견을 절충하고 공동선을 지향할 수 있도록 함으로써 민주시민으로서의 자질을 배양하게 된다(구승신 외, 2016).

7) 자아실현성

자신에 대한 가능성과 잠재능력을 발견하고 만족감, 성취감을 갖게 될 뿐 아니라 새로운 사람들과의 관계 형성을 통해 인격적 성장과 더불어 자신을 사회적 존재로 자각하는 경험을 갖게 된다. 자원봉사자와 대상자의 관계가 일방적이고 수직적인 관계가 아닌 상호보완적이고 대등한 관계임을 인식해야 한다.

자원봉사활동에 참여하면서 자원봉사자가 얻을 수 있는 가장 중요한 소득 중의 하나가 자아실현성과 자기충족감이다. 이는 어려운 이웃을 도우려는 동기에서 자원봉사에 참여하면서 새로운 경험, 성취감, 보람, 만족감, 폭넓은 인간관계 등의 심리사회적 보상과 사회적 인정을 얻게 되고, 새로운 가치추구를 하게 되며, 자신의 삶에 대하여 수용하고 감사하게 되면서 자기만족감과 자기긍정을 경험하게 되기 때문이다(이병순 외, 2016).

8) 교육성

자원봉사활동은 참가를 통하여 다양한 체험학습의 효과를 얻을 수 있는 교육적 효과를 지닌다. 자원봉사활동을 통해 자신이 몰랐던 사람들의 생활이나 지역사회의 문제들에 대한 새로운 사실을 알게 되며 대인관계기술, 새로운 정보, 기술 등을 습득할 수 있다. 그래서 사회봉사는 사회복지에 대한 관심과 이해를 돕는 복지교육이며, 지역사회 민주시민으로서의 바람직한 역할과 자세를 배우는 시민교육의 기능도 수행한다. 자원봉사활동 전에 일정 기간 공식적 교육을 받음으로써 봉사의 대상과 특성, 자원봉사활동의 지침과 윤리, 자원봉사자의 태도를 학습해야 자원봉사활동 과정에서의 시행착오를 최소화하고 편견 없이 수용하는 자세로 도움이 필요한 대상에게 적절한 도움을 줄 수 있다. 이러한 사전교육은 자원봉사활동 체험과정을 통해서 재인식되어 자원봉사활동의 책임 완수를 높일 수 있게 한다(구승신 외, 2016).

9) 공공성

자원봉사활동의 공공성이란 사람으로서 더욱 행복해질 수 있도록 각자가 가지고 있는 가능성을 이끌어 내며 다른 사람과 공존하면서 행복을 창조하는 활동으로서의 성격의 의미한다(안은영, 2002). 그렇기 때문에 자원봉사는 특정한 개인이나 직장, 단체의 이익, 종교와 정당의 입장을 초월하여 어려운 이웃과 지역사회 내에 산재해 있는 사회문제를 해결하기 위하여 공공성에 바탕을 두고 활동하는 것을 말한다(류기형, 2009).

10) 이타성

교환이론에서 자원봉사자는 자신이 속한 집단구성원이 이타적 행동을 높게 평가할 경우, 수혜자로부터 아무런 대가를 받지 못하더라도 자신이 속한 집단에 새로운 것을 배우는 기회의 습득과 도덕적 선행이나 도움을 실천하였다는 심리적 만족감을 얻을 수 있다고 하였다. 즉 자원봉사활동은 자신의 이익이나 목적을 위한 것이라기보다는 타인을 존중하고 이웃과 더불어 살아간다는 이타주의 정신에서 비롯되며 이타성은 자원봉사활동의 가장 중요한 특성 중 하나이다.

Chapter 2

자원봉사의 기초이론

1. 자원봉사의 동기

인간의 동기와 관련된 특성에는 개인의 욕구, 개인의 신념, 태도, 흥미 등 다양한 요인들이 포함되어 있으나 그 중 개인적 욕구가 가장 많은 주목을 받고 있다. 그 이유는 욕구라는 것이 어떤 행동을 할 수 있도록 자극을 주는 충족을 의미하기 때문이다. 그리고 인간이 조직체에서 일을 할 때에 특정한 행동을 취함으로써 충족된다고 여겨지는 다양한 욕구를 성취해 나가기 때문이다(박용순 외, 2015).

자원봉사 동기의 이해는 자원봉사자의 참여를 유도하고 동기를 유발하기 위해 반드시 필요하다. 자원봉사자의 동기 및 기대에 따라 적합한 클라이언트 또는 프로그램에 배치하여 지속적으로 활동할 수 있도록 동기부여가 되어야 하며, 이는 곧 자원봉사의 활성화에 필수적이라 할 수 있다(박용순 외, 2015).

자원봉사활동의 본질을 규명하기 위해서는 인간의 행동과 관련된 교육학, 심리학, 사회학, 사회심리학, 문화인류학 등 종합적인 접근이 요구된다. 자원봉사활동의 동기를 설명하기 위해서는 먼저 개인의 내적 심리상태를 자극하는 요인인 동기의 관점을 고찰해야 할 필요성이 제기된다. 근래에 많은 학자들은 자원봉사활동을 이러한 이타적 행동으로만 보지 않고 어떤 보상을 바라는 행위, 즉 이기적 행위로도 보고 있다(박용순 외, 2015).

자원봉사의 동기를 극도의 이타주의에서 시작된 극히 사적인 것으로서 각 개인의 흥미와 욕구를 반영하여 자기이익으로 이어지는 연속선의 어느 한 지점에 위치할 수 있다고 말하며, 흔히 양자를 혼합한 성격을 띠게 된다고 말한다(김동배, 2005).

또한 지난 23년간의 자원봉사 프로그램의 경험이 있는 사회사업가인 프랜시스(Francies, 1982)는 위스콘신 대학의 도움을 받아서 개발한 자원봉사자 욕구의 내용을 다음과 같이 제시하였다.

첫째, 경험추구의 욕구로써 실제적인 이득 및 자아성장의 욕구가 이에 포함된다. 둘째, 사회적 책임감 표현 욕구로써 이타적 동기와 사회문제 해결 욕구가 포함된다.

셋째, 타인기대 부응 욕구이다. 이는 의미있는 주위 사람들의 압력과 영향 욕구로 설명할 수 있다. 넷째, 사회적 인정 욕구는 사회적 존경에 대한 욕구이다. 다섯째, 사회적 접촉 욕구에는 새로운 친구를 사귀고자 하는 욕구가 포함된다. 여섯째, 사회적 교환 욕구는 미래의 보상에 대한 욕구를 뜻하며, 마지막으로 일곱째, 성취욕구는 개인적 성취욕구를 일컫는다.

이상에서 설명된 일곱 가지 자원봉사자의 욕구들은 동기이론에서 나온 이기적 동기들이 포함되어 있다. 더 나아가, 자원봉사활동 참여자에 대해 초점을 두어 그 동기를 규명한 이론을 제시하면 다음과 같다.

1) 이타주의론과 이기주의론

조휘일(1990)에 의하면, 이타주의는 '타인의 복지를 위한 비이기적인 관심과 배려, 혹은 헌신'이라고 정의하고 있으며, 이러한 이타주의는 자기중심성(self-centeredness)과는 상반되는 개념이다. 곧, 자신의 복지를 위한 비이기적 관심과 타인의 복지에 대한 관심을 의미한다. 이와는 반대로 이기주의적 동기론은 자아실현이나 성취욕구 등 자아지향적인 동기를 말하는 것으로, 자원봉사에 참여한 봉사자의 참여동기가 이타적이고 사회적인 책임을 기반으로 한 것이라기보다는 이기적이고 경험추구적인 동기 또는 욕구에 의해 주도되는 특징이 있다고 하였다.

그리고 이타주의는 자신의 개인적인 이득에 대한 기대를 갖지 않으며, 타인의 복지에 대한 비이기적인 배려와 헌신으로 자기 자신의 복지를 위한 이기적인 관심을 배제한다고 설명된다. 이러한 면에서 이타주의는 타인을 돕는 활동으로서의 자원봉사활동의 우선적인 동기요인이 될 수도 있지만, 이기주의가 자원봉사를 하는 데 있어서 주된 역할을 하고 있다는 주장도 제기되고 있다. 근래에는 인간 상호 간의 상호교환적인 이득과 보상 등의 사회적인 요인들도 작용하는 경향을 보이고 있다. 이러한 이타적인 행동은 사회적으로 보상을 받게 됨으로써 강화되는 학습의 과정이며, 또한 사회적 규범에 의해 요구되는 행위로 강화되고 학습될 수 있다(조휘일, 1990).

한편, 무어(Moore, 1985)는 이타주의를 동정심, 죄의식, 그리고 내재화된 가치들과 연관 포함하는 개념으로 설명하고 있다. 그에 의하면, 이타적 행동은 그 행동이 사회적으로 보상받게 됨으로써 강화되는 학습의 과정이며, 또한 사회적 규범에 의해 요구되는 행위로 강화, 학습될 수 있다는 것이라고 하였다. 그리고 이기적인 동기는 자아실현이나 성취욕구 등 자기지향적인 동기를 말한다. 이는 일정한 조직이나 기관에 소속되어 특정한 업무를 수행하는 자원봉사의 상황에서 개인의 지속성 내지 참여강도라는 성과에 초점을 맞춘다면 조직의 행동적 접근이 의미가 있다고 설명하였다.

2) 행위합리성 이론

자원봉사활동 참여를 사회적 욕구충족의 일환으로 보는 것은 무의식적으로 보이는 행동도 내면적으로는 자신의 이익을 위해서 합리적 선택과정의 결과에 전체를 두고 있다는 맥락에서 이해될 수 있다. 베버(Weber, 1968)는 『경제와 사회(Economy and Society)』에서 행위를 주관적 의미를 갖는 행동으로 정의한다. 개인이 행하는 행위들 중 많은 것들은 타인을 배려하지는 않지만, 사람들은 사회적 행위를 할 때 다른 사람들의 존재와 행동을 의식한다.

이에 베버는 사람들의 행위를 네 가지 기본유형으로 설명하고 있다. 즉, 습관적으로 행하는 전통적 사회행위, 느낌에서 야기되는 감정적 사회행위, 목적에 가장 효율적인 수단을 탐색하는 도구합리적 행위, 어떤 일에 옳거나 바람직하다고 믿기 때문에 행하는 가치합리적 행위 등으로 구분하였다.

행위합리성 이론에 따르면, 자원봉사활동은 가치합리적 행위의 한 형태로 볼 수 있다. 즉, 일시적으로도 남을 도울 수 있으나 지속적으로 남을 도와주기는 어렵다는 것이다. 그러나 자원봉사활동에 있어서 자신이 옳거나 바람직하다고 믿기 때문에 행하는 가치합리적 행위는 자원봉사자가 어떤 보상을 바라지 않고 봉사활동에 대한 개인적인 신념을 가지고 봉사한다. 즉, 자기 자신의 잣대로 보았을 때 옳은 것을 추구하기 때문에 스스로 떳떳하다고 자부심을 느끼고 신념과 긍지로서 자원봉사를 할 수 있다고 본다(박용순 외, 2015).

3) 사회적 교환이론

사회적 교환이론(Social Exchange Theory)은 자원봉사활동을 보상과 관련시켜 합리적 의사결정의 결과로 해석하는 것이다. 김동배(2005)는 사회적 교환이론을 사회생활을 지속시키는 데 꼭 필요한 수단으로 보았다. 즉, 사람이 서비스를 받았을 때 그는 이에 대한 사회적 보상, 즉 감사나 칭찬을 하게 된다. 일반적으로 보상을 하지 않는다고 공식적으로 처벌을 받거나 보상을 하지 않으면 처벌을 하는 것은 아니지만, 업신여김이나 눈총 등을 받을 수 있고 둘 사이의 관계는 더 이상 유지되기 어렵다. 특히 일상생활에서 가치 있는 것의 주고받음(교환)은 사회생활을 지속시키는 데 꼭 필요한 행위라고 강조하고 있다고 하였다.

한편, 블라우(Blau, 1964) 사회적 교환은 반드시 주고받는 대상이 일치하는 것이 아니라, 제3자를 통한 간접적인 교환도 가능하다고 주장한다. 예를 들어, 박애주의자들의 경우를 보면 부자의 자선행위는 사람들에게 인정을 받고자 하기보다는 자신을 인정받고자 하는 것이다. 즉, 자원봉사활동을 수행함으로써 자신이 속한 집단에서 사회적 보상을 받기 때문에 봉사활동을 계속 수행하게 된다는 것이다.

4) 집합적 행동이론

집합적 행동이론은 지역문제를 해결하고 공동체 이익을 지향하고 지역복지공동체를 위한 집합노력으로 설명할 수 있다. 이러한 맥락에서 보면 자원봉사활동을 하나의 집합행동으로 이해할 수 있으며, 대표적인 집합행동이론으로는 자원동원이론(Resource Mobilization Theory)을 들 수 있다. 이 이론은 기본적으로 합리적 인간을 전제로 하여 구성원 모두를 공급자 겸 수혜자로 간주한다.

이성록(2007)은 집합행동이론을 '무엇이 더 이익인가'에 대한 대답으로서 전적인 자기결정권에 의한 자발성을 강조하고 '공동체와 나'로서 공동체는 선택의 대상임을 강조하고 있다. 이 이론에 따르면 충분한 지원이 동원될 때 집합협력의 가능성이 높고, 그에 따른 전체의 이익이 있을 것이라는 기대로서 많은 성원들이 집합협력에 참여하게 된다는 것이다. 김동배(2005)는 최근에 집합행동의 이론에서 사회성원들 사이에 형서오디는 공동의 의식과 집합정체성이 집합협력에서 더욱 중요한 요인이 된다고 강조하였다.

따라서 집합정체성이란 구성원들이 사회성원의 한 일원으로 자신을 인식하는 것이다. 이는 '우리'의식과 같은 집합의식을 말하며, 이러한 자아의식은 지속적이고 헌신적으로 집합협력에 참여하게 하는 주요원동력이 된다. 이에 집합행동이론은 또래집단이나 청소년, 대학생 등 젊은이들에게서 많이 발견되는 행동이론으로 '촛불집회'나 '붉은 악마' 등도 집합행동이론의 예로 들 수 있다(박용순 외, 2015).

5) 사회학습이론

인간은 사회적인 동물로 태어나 성장하면서 모든 것들을 학습하며 성장한다. 가정뿐만 아니라 모든 사회에서 배우고 학습한다. 사회학습이론(social learning theory)은 이와 같이 관찰과 직접 경험을 통해 학습이 이루어지는 과정을 말하는데, 자원봉사활동의 동기도 마찬가지로 주변으로부터 배우고 모방하고 또는 경험하게 된다는 것이다.

사회학습이론의 관점에서 볼 때, 이타주의 행동들은 경험에 의해 일어난다고 보고 있다. 지속되고 연속된 학습을 통하여 개인의 행동은 가족과 동료 등 가까운 사람들에 의해 사회화가 되고 학습화된다. 학습 및 사회화는 부모 내지 동료나 가까운 주변인이 어떤 가치를 전달할 때 발생하게 된다. 그 후 성장하면서 사회의 관계조직들을 통해서 일어난다(박용순 외, 2015).

특히, 반두라(Bandura, 1977)는 주위 사람들의 친사회적 행동을 관찰함으로써 그

행동이 학습된다고 말하고 있다. 자원봉사활동의 동기부여는 주로 인생의 초창기에 형성되는데, 특히 중요한 타자가 사회적 약자들에게 보여주는 실천이 모델학습이 된다. 따라서 학습이론에서는 자원봉사활동의 동기도 가족이나 가까운 관계의 주변인의 봉사활동을 보고 모방하게 됨으로써 경험과 관찰에 의해 학습되어 이루어진다고 볼 수 있다.

6) 심리적 계약이론

심리적 계약이론은 사람들과의 사회적 교환관계에서 암묵적으로 기대를 갖게 된다는 것이다. 즉, 자원봉사자는 봉사활동의 혜택을 받은 사람이 언젠가는 다른 사람에게 봉사활동을 하여 혜택을 베풀 것이라는 신뢰를 갖는데, 이러한 신뢰는 통합적 사회적 연대감을 형성한다(Troth, 1999). 일반적인 인간관계에 있어서도 한 쪽에서 일방적으로 계속 배려하고 양보만 한다면 그 관계가 오래 지속되지 못하는 경우를 볼 수 있다.

따라서 사회적 관계 속에서 자원봉사자들은 자신이 활동한 만큼 직접 돌아오는 이익이나 대가가 없더라도, 자신을 대신하여 자신보다 더 어렵고 힘든 사람이 도움을 받을 수 있을 것이라는 심리적 계약에 의해 자원봉사자들의 활동은 지속될 수 있다고 보는 이론이다(박용순 외, 2015).

2. 동기부여이론

피셔와 콜(Fisher & Cole)은 자원봉사자의 행동을 이해하는데 도움을 주는 동기부여에 관한 이론들을 세 가지로 정리하였다. 즉, 첫째 이론은 인간의 행동은 인간 내부에 존재하는 욕구 때문이라는 가정으로 욕구와 관련된 이론이다. 타일러(Taylor)의 고전이론, 매슬로우(Maslow)의 욕구단계이론, 헤르츠버그(Herzberg)의 동기위생이론, 맥클랜드(McClelland)의 성취동기이론 등이 있다. 둘째 이론은 인간은 의식 있는 이유 때문에 행동한다는 가정이며, 셋째 이론은 인간의 행동은 어떠한 기대되는 보상 또는 이익에 의하여 유발된다는 가정이다. 기대욕구와 관련된 이론으로는 사회교환 이론, 브룸(Vroom)의 기대이론 등이 있으며, 인간행동의 모형으로는 스미스(Smith)의 연속적 단계모델, 트로스(Troth)의 심리적 계약모델이 있다.

1) 욕구와 관련된 이론

(1) 고전이론

타일러(Taylor)는 일을 하는 과정에서 동기부여의 중요성을 인식하고 고전이론의 기초를 이루고 있는 몇 가지 생각들을 제안했다. 즉, 열심히 일하는 사람은 그렇지 않은 사람과 다른 보상을 받아야 한다는 것을 설명하는 이론이다. 즉, 생산성에 입각하여 열심히 일하고 생산성을 높이는 사람에게 보상을 주어야 한다고 주장했다(최성재 · 남기민, 2006).

(2) 매슬로우의 욕구단계이론

매슬로우(Maslow)는 인간의 내적인 욕구를 개인의 행동과 연관시켜 동기부여를 기술하였다. 총 5단계로 나누어 설명하였는데 이는 인간의 욕구를 생리적 욕구(physiological needs), 안전의 욕구(security needs), 사회화의 욕구(socialization needs), 자존의 욕구(self-esteem needs), 자기실현의 욕구(self-actualization needs)이다. 각 욕구단계에서 추구하는 것이 달성될 때까지 인간은 일정한 행동을 촉구하며, 일정 욕구단계에서의 욕구가 달성되면 더 이상의 행동을 촉구하지 않고 피라미드의 다음 단계로 이동한다고 믿는다. 예를 들어, 인간은 생리적 욕구와 안전에 대한 욕구를 채우기 전에는 사회화 욕구에 의해서 동기부여 되지 않는다. 매슬로우의 이론은 자원봉사자가 계속적으로 활동에 참여하기를 바라는 조직에게 자원봉사자들이 추구하는 지배적인 욕구가 무엇이고 이러한 욕구가 어떻게 성취되는지에 대해 민감하게 대처할 필요성을 시사해 주고 있다(볼런티어21, 2002).

매슬로우가 제시하고 있는 욕구 5단계와 자원봉사자의 동기와 대응시켜보면 〈표 2-1〉과 같다.

〈표 2-1〉 욕구단계별 자원봉사자 배치유형

욕구	잠재적 자원봉사자	자원봉사자 배치유형
자기실현의 욕구	활용하지 못하고 있는 능력 또는 재능이 있음	능력을 발휘할 수 있는 기회
자아존중감의 욕구	다른 영역에서 인정받지 못하고 가치절하되거나 드러나지 못하고 있다고 느낌	보상받고 공개적으로 인정받으며, 주목을 끌 수 있는 기회
애정의 욕구	외로운 느낌	타인과 만나고 사귈 수 있는 기회
안정 혹은 안전의 욕구	실직에 대한 두려움 가짐	새로운 직업기술, 새로운 경험을 할 기회
생리적 욕구	저소득임	무료의 음식을 제공받을 기회나 쾌적한 환경에서 일할 수 있는 기회

출처: 류기형 외(2009).

(3) 헤르츠버그의 동기-위생이론

헤르츠버그(Herzberg)는 인간의 직무만족에 관계된 요인을 두 가지로 분리하고 있다. 하나는 "동기요인(satisfiers, motivators)"으로써 이는 일에 관계된 성취, 인정, 책임의 증대는 직무의 만족을 증대시킨다는 것이다. 또 다른 하나는 "불만요인(또는 위생요인, dissatisfiers, hygiene, factors)"인데, 곧 나쁜 인간관계, 지나친 감독과 만족하지 못한 작업환경은 직업의 불만을 증대시킨다는 것이다. 즉, 불만은 고통에 의해 생겨나며 이 고통은 작업환경 속의 위생적인 문제들이 원인이 된다는 것이다. 헤르츠버그는 자원봉사자의 동기부여에 영향을 주는 다양한 요인이 활동의욕에 영향을 미친다고 하였다. 이것은 자원봉사활동의 정책 및 행정, 기술적인 지도감독, 대인관계, 안정감, 활동조건, 지위 등을 말한다. 이들은 소극적인 동기부여 요소들이라고 볼 수 있으며, 적극적인 면에서 진정한 동기부여 요소들은 성취, 인정, 향상, 일 자체, 성장 가능성, 책임 등이다(최성재 외, 2006).

(4) 맥클랜더의 성취동기이론

맥클랜더(McClelland)는 인간의 행동을 유발시키는 동기요인으로 3가지로 정의하였다. 이는 성취의 욕구(needs for achievement), 친교의 욕구(needs for affiliation), 권력의 욕구(needs for power)이다. 즉, 성취욕구가 강한 사람은 과업의 완수, 친교의 욕구가 강한 사람은 원만한 인간관계를 형성, 권력의 욕구가 강한 사람은 지도자가 될 기회의 포착에 의하여 동기가 유발된다는 것이다. 인간에게 있어 이 3가지 욕구는 복합되어 존재하지만 흔히 한 가지 동기가 지배적으로 나타난다. 유형에 따른 우선순위는 없으며 다만 욕구가 다를 뿐이다.

맥컬리와 린치(McCulrey & Lynch, 1996)는 대부분의 사람에게 공통적으로 존재하는 욕구는 소속감과 자율성이지만 일의 공로에 대한 인정, 성취, 관리감독, 변화, 발전, 친교, 권력, 그리고 즐겁고 독특한 경험에 대한 욕구 또한 자원봉사활동에 참여하도록 결정하는 데 영향을 준다고 주장한다. 프란시스(Francies)는 또한 경험, 사회적인 책임, 사회참여, 다른 사람의 기대에 대한 순응, 사회로부터의 인정, 미래의 보상과 성취 등의 개인적 욕구들이 자원봉사활동을 함으로써 달성될 수 있다고 보고한다. 이와 같이 인간의 욕구는 다양하게 계속 변화하지만, 변화하는 인생의 주기에 따른 자극과 기본적인 심리적 욕구를 충족시키는 직무들로 인해 사람들은 자원봉사활동에 참여하는 것이다.

2) 의식적인 이유

자원봉사활동에 참여하는 동기부여의 두 번째 요인은 의식적인 이유이다. 이유는 대상을 누구에게로 두느냐에 따라 이유가 달라질 수 있다. 즉, 어떤 이유는 과업에, 어떤 이유는 지역과 환경에, 또한 서비스를 받게 되는 클라이언트에 초점을 맞춘다. 다른 사람을 돕기 위해, 지역사회에 봉사하고 싶어서, 자신이 살고 있는 지역사회를 더 살기 좋은 곳으로 만들기 위해, 인간관계와 지역사회서비스의 개선 또는 환경보호를 위해 등 다양한 이유로 자원봉사를 한다(최유미, 2015).

어떤 이유는 자원봉사자 자신에게 초점을 맞춘다. 클라이언트와 함께 일을 함으로써 기쁨을 얻기 위해, 다른 자원봉사자들과 사회적 관계를 유지하기 위해, 새로운 친구를 사귀기 위해, 남에게 받은 보상을 갚기 위해, 명성을 높이기 위해, 요구조건을 채우기 위해, 직업에 관련된 경험을 얻기 위해, 사업의 이익을 증대시키기 위해 등의 이유로 자원봉사를 한다(최유미, 2015).

또한, 샤롯(Sherrott)은 자원봉사활동을 수단적인(instrumental) 면과 윤리적인(moral or normative) 면의 두 가지 영역으로 나누어 설명한다. 전자는 자원봉사활동을 고용의 대용물로, 고용을 위한 준비물로, 불만족한 직장생활에 대한 보상의 방법으로, 사회적 관계형성과 친구를 사귈 수 있는 기회로, 여가활동을 위한 적극적인 방법으로 보는 것 등을 말한다. 후자는 도움을 제공하기 위한 우호적인 방법으로, 종교적인 믿음의 표현방법으로, 사회적 의무감의 표현으로 또는 죗값의 보상방법으로 등으로 행하는 것을 말한다(볼런티어21, 2002).

3) 기대되는 이익

자원봉사활동에 참여하는 동기부여의 세 번째 요인은 기대되는 이유이다. 이 이론을 뒷받침하는 이론으로는 대표적으로 사회교환이론(social exchange theory)을 사용한다. 기드론(Gidron)은 자원봉사를 통해 얻는 만족과 다양한 정신적인 보상은 단순한 비의도적인 부산물이 아니라 자원봉사활동에 투자된 노력과 시간에 대한 이익이라고 보았으며, 자원봉사를 통하여 기관과 자원봉사자 간에는 교환이 일어나고 있다고 보았다(최유미, 2004).

(1) 브룸의 기대이론

기대이론은 레빈과 톨먼(Levin & Tolman)의 인지적 개념들에 뿌리를 두고 있으며, 1964년 브룸(Vroom)에 의해 처음으로 조직행위에 적용될 수 있도록 이론적으로 형성되었다. 이 이론은 인간행동의 본능이론을 거부하고 개개인은 사고와 이성을 지닌 존재로서 현재와 미래의 행위에 대해 의식적인 선택을 한다고 가정하고 있다(최유미, 2015).

기대이론은 자원봉사자들이 어떻게 지속적으로 활동에 참여하느냐를 설명하기에 설득력 있는 이론이다. 자원봉사자가 담당한 업무가 그의 기대에 상응하지 못할 때에는 그의 활동을 계속하려는 동기는 감소할 것이기 때문에 자원봉사자를 계속 머물게 하려면 봉사업무의 수준과 성격이 그들의 기대에 적합하도록 유지되어야 한다(Moore, 1985)는 것이다. 즉, 자원봉사자는 자신이 하고 있는 일에 대해 만족을 하고 이에 따라 흥미를 느끼며 일을 통하여 자신이 원하는 보상을 받고, 원하는 일을 잘 수행할 수 있다고 여길 때 그 일을 지속하게 될 것이다. 이러한 기대이론에서 인간행동을 지속화하는데 영향을 미치는 요인으로는 세 가지 요소, 즉 '선호성', '수단성', '기대성'이 있다고 주장하였다.

① **선호성**(valence): **일에 대한 흥미**

자원봉사활동을 지속하려면 먼저 자신이 하고 있는 자원봉사업무에 대해 흥미를 가져야 한다. 사람들은 자기가 하고 있는 일이 자신이 생각하기에 중요하고 가치 있다고 여길 때 만족하는 경향이 있다. 선호도는 유인이나 흥미(interest)로 대치할 수 있는데, 하나의 특정한 결과나 일에 대하여 개인이 부여한 가치의 정도라 할 수 있다(최유미, 2004).

선호도에는 긍정적인 선호도와 부정적인 선호도가 있다. 같은 자원봉사업무를 하더라도 자원봉사자에 따라서 그 업무에 대하여 긍정적인 태도를 갖거나 부정적인 반응을 보일 수 있다. 이런 선호도에 따라 자원봉사자는 자신이 하고 있는 자원봉사업무에 대한 만족 또는 불만족감을 느껴 자원봉사활동의 지속 및 중단 결정에 영향을 받게 된다.

② **수단성**(instrumentality): **욕구충족에 대한 신념**

동일한 행위를 지속적으로 하는데 영향을 주는 두 번째 요인으로 기대이론이 제시하고 있는 것은 수단성이다. 수단성은 개인의 마음에 있는 신념과 관련된 것으로 이것은 한 사건과 다른 사건 간의 상관관계에 관한 신념이다. 자원봉사활동에 이 개념을 적용시켜 보면, 자원봉사자의 참여동기 내지 욕구들의 충족과 자신이 하고 있는 자원봉사활동과의 관계에 관한 것이라 할 수 있다. 즉, 자원봉사자가 자신의 자원봉사활동을 지속하려면 자신이 현재 행하고 있는 활동이 자신의 자원봉사활동에의 참여동기 내지 욕구를 충족시킬 수 있다는 신념이 있어야 가능하다는 것이다(Moore, 1985). 예를 들어, 자신이 가진 재능을 활용하고 발전시키고 싶어 자원봉사활동을 시작한 자원봉사자는 재능을 활용할 수 있고, 그것을 통해 개인적으로 도움이 된다고 믿을 경우 그는 자신의 자원봉사활동을 지속하고자 하는 동기를 부여받을 수 있다는 것이다(최유미, 2015).

③ **기대성**(expectancy): **자원봉사활동 수행능력에 대한 신념**

자원봉사를 지속하려면 자신이 자원봉사활동을 가치롭고 중요하다고 여기고 또한, 그 활동이 자신의 참여동기를 충분히 충족시킬 수 있다는 신념이 있어도 자원봉사활동을 잘 감당할 수 없다고 느낄 때는 중단하게 될 것이다. 따라서 자원봉사업무를 지속적으로 하려면 주어진 업무(과업)를 잘 수행할 수 있다는 신념이 있어야 한다(최유미, 2015).

다양한 요인들이 개인의 기대신념의 정도에 영향을 미친다. 이러한 요인들로서는 자기기술능력에 대한 평가, 자신감의 정도, 특정 과업에 대한 경험의 정도, 그리고 과업을 성취하는데 따르는 어려움을 극복하는데 있어서 타인으로부터 받는 인상 등이 있다. 한 개인이 새로운 기술을 습득하고 새로운 경험을 얻고, 많은 사람의 성공과 실패를 관찰함으로써 자신의 능력에 대한 인식이 바뀌고 따라서 기대의 신념이 바뀔 수 있다. 다시 말해, 기대요소는 한 개인이 특정한 과업이나 목표를 성취할 수 있을지에 대한 개인적인 신념을 다룬다. 만일 어떤 특정 과업을 성취할 수 있으리라 여겨지지 않을 때는 기대가 낮다고 볼 수 있으며 반대로 과업이 다루기 쉽게 보이면 기대는 높다고 할 수 있다. 기대이론에 따르면 자원봉사업무에 대한 개인의 기대가 높으면 높을수록 이를 지속적으로 시도하고자 하는 힘이 점점 더 커질 것이다(최유미, 2004).

이처럼 자원봉사자는 자신이 맡은 봉사활동에 만족을 하고 흥미를 갖고, 자원봉사활동 참여동기가 있다면 자원봉사활동에 끊임없이 참여할 수 있을 것이다. 즉, 인간은 그 활동의 수행이 성공할 것이라는 기대, 그 활동의 수행으로 인정받게 되고, 이익을 얻을 것이라는 기대, 그 활동의 결과 개인에게 긍정적인 가치를 부여할 것이라는 기대 속에서 특정한 활동에 참여하게 된다고 주장한다. 자원봉사관리자는 자원봉사자의 기대에 관한 정보를 체계적으로 수집함으로써 자원봉사자가 기대하고 있는 이익이 무엇인지를 파악하여 충족시켜 줄 수 있는 적재적소에 그들을 배치할 수 있다(볼런티어21, 2002).

(2) 스미스의 연속적 단계모델

인간의 자발적 행동에 관하여 스미스(Smith, 1980)는 두 가지로 나누어서 설명하고 있다. 첫 번째는 "일반적 행동모델(General Activity Model: GAM)"을 이용하여 설명하고 있다. 일반적 행동모델(GAM)은 인간들이 자유로운 시간에 왜 그들이 하고 있는 바로 그 행동들을 하는지에 대하여 초점을 맞추고 있는데, 이는 곧 자발적 행동을 사회교환이론으로 설명하고자 하는 하나의 시도이다. 일반적 행동모델은 인간이 어떻게 자유시간을 사용하는지를 설명하고자 하는 시도로서 6개의 개념적 범주의 예측요인을 사용한다. 즉, ① 환경적 맥락요인, ② 사회적 배경과 역할요인, ③ 성격적 요인, ④ 태도에 영향을 주는 개인적 성향들, ⑤ 보유한 정보들, ⑥ 상황요인들이다(이성록, 2001: 28, 최유미, 2004).

두 번째는 자원봉사행동 그 자체에 관한 직접적인 연구로서 "다양한 요인들이 어떻게 자원봉사행동 결정에 영향을 미치는가?" 혹은 "어떠한 인과관계에 의하여 영향을 미치는가?"에 관한 방대한 연구 분야이다. 스미스는 자원봉사행동에 관련된 요인들이 자원봉사행동 결정에 영향을 미치는 요인을 크게 환경적 맥락요인, 개인적 배경요인, 상황요인 세 단계로 나누었으며, 각 단계의 변인들은 연속적 단계를 거쳐서

직 · 간접적으로 영향을 준다고 가정하고 있다(이성록, 2001; 최유미, 2004). [그림 2-1] 참조.

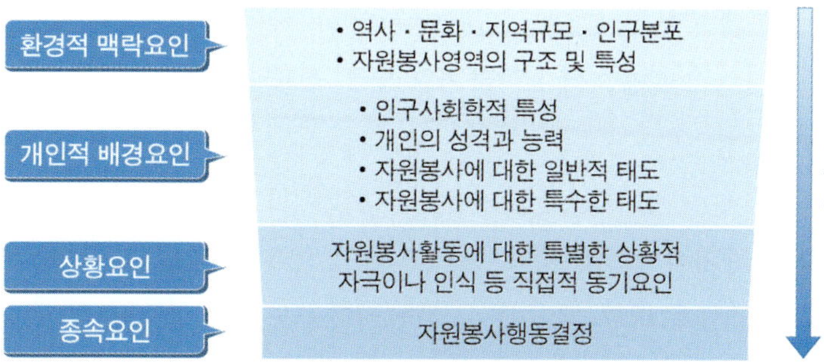

[그림 2-1] Smith의 연속적 단계모델

출처: Smith(1980). "Participation in Social and Political Activities".

(3) 트로스의 심리적 계약모델

트로스(Troth, 1999)의 심리적 계약모델은 사람들은 어떤 심리적 기대를 가지고 자원봉사에 참여하며, 사회적 교환이 어떻게 사회적 통합을 도출하게 되는가에 대한 설명에 있어서 중요한 단서를 제공해 줌과 동시에 개인 차원에서의 자원봉사행동 연구와 조직 차원에서의 자원봉사행동 연구를 연결하는 가교로서의 의의를 갖고 있다. 자원봉사행동의 동기요인으로서 기대이익을 설명하는 조사연구들이 꾸준히 이루어지고 있으나, 대개 기대이익의 당위성 내지는 기대하는 이익의 성격에 대한 논의에 머물고 있다(이성록, 2001; 최유미, 2004 재인용). 따라서 중요한 과제는 개인이 기대이익을 형성하는 과정에 대한 예측과 기대이익이 다른 요인들과 어떻게 작용하는가에 대한 연구이다. 이와 관련하여 최근 들어 부각되는 이슈는 심리적 계약(psychological contract)의 영향력에 대한 이론이다(이성록, 2001). [그림 2-2] 참조.

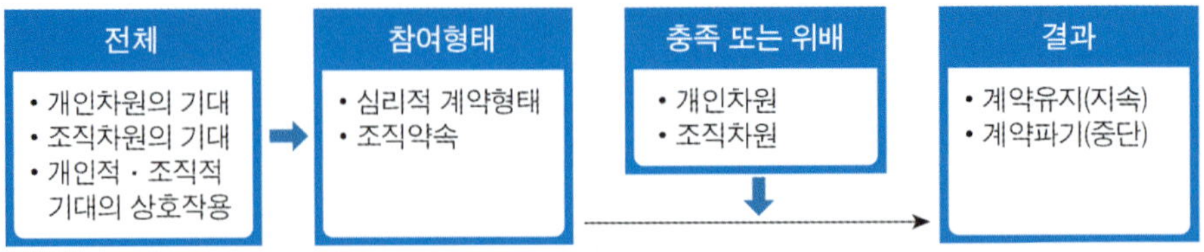

[그림 2-2] 심리적 계약 모델: 전제와 결과

출처: Troth, M. A.(1999). The Psychology Contract of Volunteer Workes and Its Consequences, 최유미(2004) 재인용.

심리적 계약은 사회적 교환(social exchange)이 어떻게 성립되는지를 설명하는 이론으로서 공식적 문서에 의한 계약이 아니라 상호공조를 바탕으로 한 암묵적 신뢰관계를 의미한다. 이러한 심리적 계약이론은 자원봉사행동에 미치는 영향을 설명하는 데 유용한 이론으로서 자원봉사행동의 공식적 계약관계에 있어서 공식적으로 표방한 동기와 관련된 이슈를 넘어서 심리적으로 내재되어 있는 잠복된 동기의 존재를 조명하고 있다(이성록, 2001).

자원봉사자들은 물질적 보상을 받기를 원할지도 모른다. 그러나 자원봉사자들은 물질적 보상보다 변화를 일으킬 기회나 미래의 직업을 위한 기술훈련, 자기개발, 사회적 관계 확대, 성취감과 보람 등을 더 기대하고 있다. 자원봉사자들은 자신의 일정한 시간을 조직에 위임할 수도 있고 충성이라는 말로 표현될 수 있는 조직에 대한 헌신을 동의할 수도 있다. 그러나 자원봉사자들은 표방된 외재적 동기로서 타자지향적인 동기와 함께 잠복된 내재적 동기로서 자기지향적인 동기를 동시에 가지고 있다. 외면적으로 조직의 기대에 부응하려는 심리와 함께 내면적으로 조직에 대한 자기기대를 가지고 있다고 볼 수 있다.

3. 자원봉사의 인정과 보상

1) 자원봉사자에 대한 인정보상

이성록(2001)에 의하면, 동서양과 남녀노소를 막론하고 모든 인간은 타인으로부터 인정받기를 원하고, 인정받고자 하는 욕구가 매우 강하다고 한다. 여기에서 자원봉사자도 예외일 수는 없는데, 자원봉사자들이 보람과 만족을 느끼면서 지속적으로 봉사할 수 있도록 지지하는 가장 큰 요인은 바로 인정이며, 봉사를 지속할지의 여부를 결정하는 데 보다 더 결정적인 역할을 하는 것이 바로 보상이다. 그는 인정의 개념을 시장 영역에서의 화폐와 같은 역할을 하는 것으로 설명하고 있으며, 자원봉사활용 조직은 인정이라는 사회적 화폐를 지불하고 시민들로부터 자원봉사라는 서비스를 구매하는 것이라고 설명하고 있다. 즉, 인정을 주변사람들의 칭찬과 감사, 존경 등의 사회심리적 기제로 구체화하고 있다.

이강현, 정진경(2006)은 자원봉사 실천현장에서 혼재되어 사용되는 '실비'와 '인센티브'의 개념을 다음의 〈표 2-2〉와 같이 구분하고 있다.

〈표 2-2〉 인정보상의 의미

개념	사전적 의미	자원봉사활동 관리적 의미
인정 (Recognition)	어떤 것을 가치 있다고 받아들여 승인하고 알아줌	· 자원봉사활동의 가치 증진 · 자원봉사자에 대한 감사
보상 (Reward)	어떤 것에 대한 인정에 대해 선물이나 무엇인가를 주는 것	· 인정에 대한 표시의 방법
실비 (Actual Cost)	실제로 드는 비용	· 자원봉사활동에 소용되는 비용(재료/원료비, 교통비, 식비 등)
인센티브 (Incentive)	동기부여를 목적으로 행하는 자극	· 자원봉사자 모집과 활동시작의 동기유발 · 지속적 활동을 위한 동기강화

출처: 이강현, 정진경(2006). '자원봉사조직 및 자원봉사자의 인정·보상 시행 경험에 관한 연구. 한국비영리연구 Vol. 5, No.1.

2) 인정보상의 차원 및 유형

자원봉사활동의 인정보상에 대한 차원은 크게 심리적 보상, 사회적 보상, 경제적 보상의 차원으로 구분할 수 있다(박용순 외, 2015).

첫째, 심리적 보상은 자원봉사활동에 대한 심리적인 안녕감이나 만족감을 의미하는 것으로 타인지향적 동기와 자아지향적 동기 양 측면 모두의 충족이라고 볼 수 있다. 즉, 자원봉사활동에 참여함으로써 사회문제를 이해하는 기회, 직업이나 진로를 결정하는 계기, 공동체의식의 향상, 건전한 여가활동, 건전한 이성교제, 자신의 삶을 더 의미 있게 만드는 계기, 자신의 잠재능력을 발견하는 기회, 새로운 경험과 기술을 배우는 기회 등은 개인적 심리에 만족을 주는 심리적 보상이 될 수 있다. 둘째, 사회적 보상은 비물질적 보상이라는 측면에서 심리적 보상과 유사한 개념으로 사용되고 있으나 약간의 차이가 있다. 심리적 보상이 개인의 심리적 만족감에 영향을 주는 것이라면, 사회적 보상은 경제적 보상처럼 직접적인 금전적 보상은 아니지만 사회제도를 통하여 이에 상응하는 보상을 제공하는 것이다. 즉, 표창, 자원봉사 은행제도, 회원제도, 근무시간 인정 및 경력화, 자원보상 학점의 제도화 등의 제도를 들 수 있다. 셋째, 경제적 보상은 아직 우리나라에서는 미미한 수준이나 가정봉사원제도에서 유급으로 운영되는 부분이 있으며, 일반 자원봉사자에게도 주차비 면제나 식사비 할인 등의 실비지급 등의 사례가 있지만 아직 미흡한 수준이다.

인정보상의 유형을 살펴보면, 자원봉사활동에 대한 인정보상은 일반적으로 사회심리적 인정보상, 교육문화적 인정보상, 경제적 인정보상 등으로 구분한다(박용순 외, 2015).

첫째, 사회심리적 인정보상은 자원봉사활동을 통해 자부심과 보람, 성취감, 자아성장, 타인에게 도움을 줌으로써 얻게 되는 기쁨과 같은 내적인 만족을 주게 된다. 즉, 이를 통해 주변의 칭찬과 격려 등 외부적으로 얻을 수 있는 자부심 등이 있다. 둘째, 교육문화적 인정보상은 자원봉사활동을 통하여 유익하면서도 흥미로운 프로그램에 참여할 수 있다는 것과 정기적인 연구나 견학과 같은 교육의 기회가 부여된다는 것이다. 셋째, 경제적 인정보상은 자원봉사 시간을 적립하여 적립된 시간을 바탕으로 할인 혜택을 받거나 금전적 혜택을 받는 등의 직접적인 보상을 받는 것을 의미한다. 또한 교통비나 재료비와 같이 자원봉사활동을 행하는 데 소요되는 최소한의 경비를 제공하는 형태라 할 수 있다. 이에 자원봉사 인정보상의 유형을 제시하면 〈표 2-3〉과 같다(유길준, 2012).

〈표 2-3〉 자원봉사 인정보상의 유형

종류	내용
사회심리적 안정보상	· 자부심, 보람, 성취감, 자아성장, 남에게 도움을 주는 기쁨 · 주변의 칭찬, 격려, 존경 · 기관과 사회에의 소속감 · 지역사회에서 유력한 사람들과의 만남 및 영향력 행사 기회 · 봉사하는 기관에서 직책을 부여받고 회의에 참석하고 발언하는 기회 · 사회에 대한 이해와 원만한 대인관계 배우기 · 감사장, 우수자원봉사자 시상, 자랑스러운 시민상 등 다양한 표창 · 생일축하카드, 감사편지 등 지속적인 관심과 감사 표시 · 봉사활동에 대한 정기적이고 공정한 평가와 그에 따른 후속조치 · 자원봉사 유니폼, 자원봉사 신분증, 기념배지 등 신분표시물 제공 · 지원봉사의 날 기념행사, 각종 공식행사, 친교모임 등에 초청받는 기회
교육문화적 인정보상	· 유익하고 흥미로운 프로그램에 참여하는 기회 · 정기적인 연수회, 견학교육 등의 기회 · 취미활동 프로그램 제공 · 교양, 건강강좌, 자녀교육 강좌 등 각종 강좌 개최 및 참가 기회 · 소식지 등 간행물 제공 · 사회에 대한 이해와 원만한 대인관계 배우기
경제적 인정보상	· 자원봉사 시간 적립, 마일리지 적립제도 · 공공주차시설 무료이용 등 공공시설 이용 시 할인혜택 · 교통비, 식비, 탁아비 등 최소한의 경비 제공 · 명절이나 기념일 등에 기념품, 선물 제공 · 교육비, 연수비, 행사참가비 등의 면제나 지급 · 무료건강진단 · 위험이나 사고 대비 보험가입 제공 · 세금감면혜택 · 재료비 제공

출처: 유길준(2012), 자원봉사활동 인정 · 보상에 관한 연구, 한남대학교 박사학위논문.

이상에서 자원봉사활동의 인정보상은 시행방법에 따라 '공식적'인 것과 '비공식적'인 것으로 유형을 구분하기도 한다. 조휘일(1990)은 인정보상을 공식적인 것으로는 배지, 핀, 활동증서, 감사장, 연례만찬, 파티, 식사초대, 시상, 소식지 게재, 지역사회 신문 게재, 장기근속자 표창 등을 들고 있으며, 비공식적인 것으로는 매일 매일의 지지와 감사의 표현, 직원과 동등한 대우, 중요한 업무부여, 기관야유회 초대 등을 제시하였다. 또한 인정보상의 내용이 '무형'인지 '유형'인지에 따라 구분되기도 하고, 화폐를 기준으로 하여 '금전적 보상' 또는 '비금전적 보상'으로도 구분된다. 이에 인정보상의 내용에 따른 구분은 〈표 2-4〉와 같다(이강현 · 정진경, 2006).

〈표 2-4〉 자원봉사 인정보상의 유형화

← 무형(Intangible)					유형(tangible) →
← 비공식적					공식적 →
정신적 보상	**기회**	**현물**	**신용**	**현금**	**사회적 보상**
· 언어적, 비언어적 감사 표시 · 감사편지, 생일카드 등	· 교육(전문, 특기 교육의 기회) · 행사참여 기회 · 새로운 업무 기회 등	· 기념품 (배지, 접시, 컵 등)	· 상품권 · 할인권 · 주차권	· 교통비 · 식비 · 재료비	· 표창, 인사, 취업 가산점 · 인증서 발급
· 모든 봉사자	· 필요성, 공헌도, 전문성, 성과, 봉사자 역할	· 봉사시간 · 봉사기간 · 신규봉사자 활동기념 등	· 성과 · 시간/기간	· 특정기관 · 특정대상자 요건 · 활동시간	· 공헌도 · 봉사시간/기간 · 사회적 기여
· 자원봉사자가 충분히 느낄 수 있을 정도	· 1인당 최소 1회 중복 기피	· 1현물 단가 최고 1만 원 이하	· 1인 1회 원칙 최대 3만원 미만	· 최저임금 적용 · 시간 3,100원	· 월 단위 (인증서) · 1인 중복 기피

출처: 이강현, 정진경(2006). 101-135. 자원봉사조직 및 자원봉사자의 자원봉사 인정 · 보상 시행 경험에 관한 연구. 한국비영리연구, Vol.5 No.1

3) 인정과 보상의 발전방안

자원봉사활동에서 인정과 보상은 훌륭한 일을 해준 데 대한 감사를 표현하는 것을 말하며 자원봉사관리에 있어서 매우 중요한 과정이다. 이는 기존 활동가들에 대한 격려 수단으로써만이 아니라 잠재적 자원봉사자들의 참여동기 유발을 위해서도 필요하다. 인정과 보상의 형태로는, 감사의 표시, 공적인 포상이나 행사, 감사장이나 배지 수여, 자원봉사자 수첩이나 펜 등의 기념품 제공, 지역사회의 공공시설물에 대한 무료 또는 할인 이용의 혜택의 제공을 들 수 있다. 다음은 인정과 보상에 대한 발전방안을 정부 측면과 기관 측면, 직원 측면으로 구분하여 자세히 살펴보고자 한다(고재욱 외, 2013).

(1) 정부 측면에서의 발전방안

① 자원봉사활동의 사회경력 인정

군복무를 사회경력으로 인정해 주듯이 자원봉사자가 자원봉사활동을 행하여 일정기간, 수준에 도달하면 자원봉사활동을 사회경력으로 인정하는 제도가 시행되어야 한다. 이를 위해 자원봉사활동이 체계적으로 조직화되고 분야별로 공정한 평가가 반영될 수 있도록 하는 제도의 도입이 선행되어야 한다.

② 자원봉사활동과 관련된 최소한의 경비지원

자원봉사활동 중에 소요되는 최소한의 경비를 지급할 수 있는 제도의 도입이 필요하다. 단, 실비의 선을 넘지 않는 상태에서의 최소 경비만을 지급해야 한다. 가급적 현금을 지급하기보다는 버스카드, 지하철승차권, 전화카드 등을 지급하여 유료봉사와의 차별을 두어야 한다.

③ 사회적 분위기 조성

공익광고 캠페인과 같이 자원봉사활동 캠페인을 지속적으로 실시하여 자원봉사활동이 우리 자신들을 위해 꼭 필요하다는 인식을 갖도록 정부 주도하에 사회적 붐을 조성하는 데 앞장서 주어야 한다. 유명 인사들이 자원봉사활동에 앞장서거나 학교 교과과정에서부터 의무적으로 교육을 확대한다면 더욱 좋은 결과를 얻을 것이다.

(2) 기관 측면에서의 발전방안

① 자원봉사자 인정과 보상에 대한 내규 설정

자원봉사자 인정과 보상에 관한 기관 자체 내의 규정을 정하여 자원봉사자에 대한 체계적인 관리가 이루어질 수 있도록 하여야 한다. 이 규정에는 자원봉사자 역할분담 및 직위, 포상규정, 포상내용, 소관 부서 등을 구체적으로 명문화하고 공정한 평가를 위한 평가틀을 제시하여야 한다.

② 전담인력의 배치 및 재교육

자원봉사자 관리뿐만 아니라 자원봉사자에 대한 인정과 보상 측면에서 가장 중요한 요소는 전담인력의 배치 및 다른 업무와의 중복을 피하는 것이라 할 수 있다. 자원봉사자들이 자원봉사활동을 지속적 · 적극적으로 전개하도록 도와주기 위해서는 이들의 교육과 훈련, 지도감독, 인정과 보상 등을 담당하는 전담인력이 있어야 하며 끊임없는 재교육을 필요로 한다.

③ 기관의 정책

자원봉사자를 효율적으로 활용하고 체계적으로 관리하기 위해서는 기관의 목표와 자원봉사자의 욕구가 일치될 수 있도록 기관의 정책방향이 이에 부합해야 한다. 이는 기관장의 인식에 따라 크게 달라질 수 있으므로 기관장의 인식이 선행되어야만 가능하다.

④ 예산 확보 및 편성

자원봉사자에 대한 인정과 보상 프로그램을 확립하고 유지하는 데 있어서 중요한 요소는 예산의 확보 및 편성일 것이다. 예산편성에 있어서는 직접경비와 간접경비가 모두 산출되어야 하며 교통비, 운영비, 준비물 등과 같은 최소경비 등이 포함되어야 한다.

⑤ 신분보장

자원봉사자를 활용하는 기관에서는 자원봉사자들이 그 기관의 일원으로서 그에 상응한 자격이 있음을 인정하고 활동 시 장애가 되지 않도록 보호해 주어야 한다.

⑥ 자원봉사자 편의시설 제공

자원봉사자들이 부담 없이 이용하고 상호 교류할 수 있는 휴게실과 같은 장소를 확보하여 제공할 수 있도록 해야 한다. 아울러 자원봉사활동에 필요한 기자재를 확보하여 필요 시 활용할 수 있도록 해야 한다.

(3) 직원 측면에서 발전방안

① 자원봉사자에 대한 관심 표현 및 격려

자원봉사자에 대한 따뜻한 말 한마디, 관심 표현, 격려 등을 잊지 말아야 한다. 특히 자원봉사관리자에게 보내는 신호를 민감하게 포착하고 자연스럽게 지원봉사자에게 말을 걸거나 편지, 전화, 이메일, 문자메시지 등의 방법을 통해 반응해야 한다. 기관 내에서 가족적인 분위기를 형성하고, 기존의 자원봉사자 및 직원과의 인사 소개 등도 필요하다. 그러나 이러한 것들은 전담직원뿐만 아니라 모든 직원의 협조와 배려가 동시에 이루어져야만 극대화될 수 있다.

② 자원봉사자에 대한 소속감 부여

자원봉사자 신분증 발급, 자원봉사자 수첩 및 유니폼 등의 제작을 통해 기관에서 같이 활동하고 있다는 소속감을 부여한다. 활동 분야별로 유니폼, 배지, 명찰 등의 색깔과 모양을 만들어 부착하도록 한다. 또한 자원봉사자 자신들이 봉사활동 회보를 제작하여 계속 관심을 가질 수 있도록 유도하면 더욱 좋을 것이다.

③ 자원봉사자에 대한 인정과 보상의 기사화

자원봉사자에 대한 인정과 보상은 관내에 자원봉사자 명단이나 활동사진을 부착한다든가 하는 사소한 일이나 배려에서부터 시작된다. 경조사뿐만 아니라 자원봉사활동 종결 시에도 감사 카드를 발송하거나 자원봉사자 기본 교육에 자원봉사활동 선배로서 교육을 담당하게 한다. 또한 지역사회에서 기관을 대표하여 사례발표 기회를 부여하고, 소식지 및 언론매체에 활동내용을 적극 홍보한다. 또한 활동내용을 파워포인트(PPT) 등으로 자료화하여 홍보하거나, 무비카메라로 촬영 후 배급, 프로그램 이용 시 할인혜택, 활동증명서 및 추천서 발급, 식사제공 등의 인정과 보상에 대한 구체적인 실천이 요구된다.

④ 자원봉사자 직책 및 직위 부여

활동 분야별로 책임자를 선정하게 하여 직책 및 직위를 부여하고 기관의 직원처럼 대우한다. 직책 및 직위의 부여는 윤번제로 담당하도록 하고 활동 분야별 책임자는 집단별로 소속 자원봉사자들 간의 의견교환과 조정 그리고 소속 자원봉사자의 활동 상황 점검 및 사후관리를 담당하도록 한다. 아울러 명확하고 정확한 업무분담을 통해 효과적으로 활용되어야 한다.

⑤ 유대관계 강화

직원과 자원봉사자, 자원봉사자와 자원봉사자 간의 유대를 강화하는 일은 매우 중요하다. 직원과 자원봉사자 그리고 자원봉사자 간의 만남의 자리를 주선하는 일에서부터 야유회, 수련회, 체육대회, 자원봉사자 가족 간의 친목회 등의 다양한 친목도모 프로그램의 시행을 통해 유대관계 강화를 위한 노력이 필요하다.

⑥ 자원봉사자 평가회 및 연수

정기적인 평가회를 통한 사례회의 및 사례발표 이외에도 자원봉사자의 제반 건의사항 수렴 및 그룹 토론을 위한 기회를 제공한다. 아울러 일정 기간 이상 활동한 자원봉사자에게는 연수 등의 재교육 프로그램에 참석하도록 배려한다.

⑦ 자원봉사자에 대한 슈퍼비전

자원봉사활동 기록을 복사하여 매회 평가하여 돌려주거나 일정한 양식을 준비하여 활동에 대한 평가, 전달사항, 의견수렴 등을 통해 상호 교류하여 지지 역할을 수행하고 발전적인 방향으로 나아갈 수 있도록 한다.

Chapter 3

자원봉사자의 자세와 역할

1. 자원봉사자의 자세

1) 사회복지와 자원봉사

사회복지 실천에서 자원봉사는 보수나 대가를 바라지 않고 자발적으로 조건 없이 자신이 가진 재능을 다른 사람의 복리를 위해 기부하는 것이다. 즉, 대상이 존재하는 활동으로 자원봉사를 실행하기에 앞서 무엇을 어떻게 수행할 것인지에 대해 계획하고 실천방향에 대한 마음가짐과 자세를 갖추는 것이 필요하다.

오늘날 자원봉사활동의 영역은 과거와 달리 인간뿐 아니라 자연환경이나 동식물을 대상으로 하기도 하나 사회복지 실천 영역에서는 보편적으로 사람이 사람에게 제공하는 것을 자원봉사활동이라고 말할 수 있다. 따라서 사회복지와 관련된 자원봉사활동은 자신이 스스로 결정하여 타인을 위하여 활동하는 것임에도 자원봉사를 주관하는 기관과의 협의를 통해 일감을 제공받고 활동을 하는 것이 일반적이다. 실제로 대부분의 복지기관은 지역자원사업을 통해 봉사자를 모집하여 활용하고 있다. 이러한 과정에서 자원봉사자는 복지기관과의 관계에서 갈등을 가질 수 있어 자원봉사활동에 앞서 사회복지에 대한 이해를 도와주는 것도 중요하다.

사회복지 실천에서 펄먼(Perlman, 1957)은 실천의 주요 구성요소를 문제, 사람, 장소, 과정의 4p를 말하고 있다. 이러한 요소들은 자원봉사활동이 일어나는 사회복지 관련 실천 분야에서 이루어지는 자원봉사활동에서도 유사한 고려요인이 될 것이다. 그리고 이러한 부분을 자원봉사자가 이해하도록 돕는다면 실제 활동에서 바람직한 봉사자의 자세를 확립하는데 도움이 될 것이다.

① 문제(problem)는 대상이 지닌 문제뿐 아니라 문제가 가진 의미를 정확히 이해하여야 한다는 자세를 견지하여야 한다.

② 사람(person)이란 어떠한 욕구가 결핍되어 있는 사람인지를 파악하고 이를 근거로 인권을 존중하는 자세로 활동하여야 한다.

③ 자원봉사활동이 실천되는 장소(place)와 함께 활동계획을 수립하고 지원하는 기관

에 대한 이해를 함께 지녀야한다.

④ 자원봉사활동의 과정(process)은 실제로 도움을 주는 활동으로 대상별로 계획된 목표 달성에 필요한 적절한 실천이 이루어져야 한다는 것을 이해하여야 한다.

2) 자원봉사의 자세 및 태도

자원봉사활동에 참여하는 사람들의 동기요인은 일반적으로 다양한 측면에서 발현된다고 하는데 박애정신, 종교적 신념의 실행, 시민 참여정신의 발현 등 자발성이 강하다(최덕경 외, 2006). 이러한 특징으로 자원봉사활동에의 참여에 있어 활동에 대한 자세를 결정짓는 요인 역시 개인적인 동기와 관련된 영역으로 자원봉사활동이 필요한 다양한 분야만큼이나 자원봉사자의 참여 동기 역시 매우 다양하다(윤설민 · 신창열 · 이충기, 2014).

자원봉사활동은 주로 봉사자의 개별적 태도와 마음가짐으로 활동에 임하는 경우가 많은데 개별 활동으로 효과적인 자원봉사활동을 위해 다음과 같은 기본적인 자세와 태도를 갖추는 것이 바람직하다(김영모, 1989).

① 자신이 관심을 가진 분야의 일부터 시작한다. 현재 필요한 활동이나 기관의 요구가 있다고 해도 자신이 흥미를 가지지 못한 분야의 역할을 맡게 된다면 지속적으로 활동하기는 어려울 것이다.

② 자기 주위에 가까이 있는 일부터 시작한다. 봉사 일감이나 지리적으로도 자신에게 접근성이 좋은 활동을 하는 것이 필요하다. 봉사활동도 자신에게 익숙한 분야를 선택하기 위해 자신이 경력과 관련된 분야의 자원봉사활동을 시작한다면 보다 체계적이고 전문적인 활동이 가능할 것이며, 생활터전의 주변에 있는 대상이나 공익을 위한 활동부터 시작하는 것이 좋을 것이다.

③ 신뢰관계 형성을 위해서는 상대가 요청하거나 필요로 하는 일을 하여야 한다. 자원봉사활동이 봉사자의 판단이나 막연히 필요할 것이라는 생각으로 하는 것은 대상에게 불쾌감을 줄 수 있다. 자원봉사자의 활동이 이타주의를 기반으로

하나 봉사를 받는 대상의 입장에서는 스스로 할 수 있는 일까지도 하지 못하게 방해하는 것으로 여길 수도 있기 때문이다. 실제로 시각장애인 방문봉사의 경우 대상의 허락 없이 일상용품을 정리한다면 매우 곤란을 겪을 수 있으므로 반드시 도움이 필요한지 의사를 확인하여야 한다. 이러한 자원봉사활동으로 대상과 신뢰관계를 형성할 수 있다.

④ 봉사활동은 구체적인 계획에 따라 서비스가 마무리 될 때까지 실천하되, 무리하게 활동하는 것은 바람직하지 않다. 자원봉사활동은 상대가 있는 활동이므로 무엇을 어떻게 제공할 것인지를 사전에 결정하여야 하며, 봉사자의 역량에 맞추어 계획되어야 한다. 만약 그렇지 못한 경우 서비스의 중단으로 개입 목적 달성이 어려워질 수 있다.

⑤ 약속을 반드시 지키며, 신뢰받는 활동과 책임 있는 언행을 하여야 한다. 자원봉사활동이 무보수일지라도 자원봉사활동기관과 대상이라는 관계가 존재하며, 일정 수준의 활동을 제공하겠다는 의사표시가 이루어지므로 계약관계가 형성되는 것으로 볼 수 있다. 따라서 봉사활동 기간, 횟수, 시간 등 기본적인 활동사항에 대하여는 반드시 약속을 지켜야 하며, 그렇지 못한 경우 기관에서 활동을 대체할 수 있는 시간적 여유를 두고 사전에 알리는 것이 중요하다. 또한 자원봉사활동이 상대적으로 사회적 약자나 취약계층이 되는 경향이 많으므로 말 한마디나 제스처에서도 상대가 무시를 받고 있다고 느끼지 않도록 주의하여야 한다.

⑥ 자원봉사활동에 한계를 정한다. 자원봉사활동은 무조건적인 사랑이나 헌신과는 구분되어야 한다. 자원봉사활동에 있어 체계적이고 계획적인 활동이 이루어져야 하며, 이를 위해서는 일의 양, 시간, 목적, 대상 수 등을 명확히 정하여 시작하여야 한다.

⑦ 활동의 점검과 일의 경과를 기록하여 평가와 지도, 발전의 자료로 비치한다. 자신의 활동에 대한 경과와 일에 대한 기록은 비치된 활동일지 등을 통해 성실히 작성하여 활동기관에 제출되어야 한다. 복지 서비스 활동에서 평가는 제공된

프로그램의 효과성을 판단하는 중요한 자료이기 때문에 더 나은 서비스가 제공되기 위한 방침에 적극적으로 협조하여야 한다.

⑧ 자원봉사자로서 학습을 통해 자기성장을 이루도록 노력한다. 자원봉사자는 단순한 보조적인 역할에서나 자신의 전문적인 재능기부 활동에서든 언제나 최신의 지식과 활동 정보를 얻는 활동을 지속하여야 한다. 이러한 자기성장 활동은 자신의 발전을 가져오며, 그 결과로 보다 나은 자원봉사활동이 이루어질 수 있다.

⑨ 자원봉사활동은 상호 존중과 감사한 마음, 겸손한 태도로 임하여야 한다. 자원봉사는 일방적으로 전달되는 활동이 아니라 대상의 욕구 충족을 통해 개인적 만족감과 성취감을 얻을 수 있는 활동이다. 이런 의미에서 봉사자는 상대를 함께 만족하고 성장하는 동반자라는 마음가짐을 가지는 것이 중요하다.

⑩ 활동 시작 전에 가족과 직장의 이해를 구하여야 한다. 자신의 만족을 추구하는 활동은 자원봉사로 보기 어려운데 이는 자원봉사활동은 이타성을 기반으로 하기 때문이다. 그러므로 자원봉사활동으로 인해 가족이나 직업활동에 문제가 발생한다면 바람직한 봉사라고 할 수 없다. 그리고 자신의 가정이나 가족을 책임지는 활동에 소홀한 경우 자원봉사활동에서도 최선을 다할 것이라고 기대하기 어려울 것이다.

⑪ 자신이 모든 자원봉사자를 대표한다는 마음으로 올바른 활동을 하여야 한다. 봉사를 받는 사람이나 자원봉사를 하려고 생각하는 사람들은 지금 현재 활동을 하고 있는 자원봉사자의 모습에서 자원봉사자의 상을 판단하거나 추측할 수도 있다. 그렇기에 자원봉사자가 가져야 할 개인적 자세는 물론 내가 활동하는 수준과 마음가짐에도 세심한 주의를 기울여야 한다.

⑫ 가족, 이웃, 그리고 전 국민을 자원봉사자로 만들겠다는 적극적인 자세를 가진다. 변화를 위한 활동에 있어 자신뿐 아니라 사회구성원들이 변화에 동의하고 적극적인 동참이 이루어져야 소기의 성과를 거둘 수 있다. 자원봉사활동에 있어서도 일부 여유 있는 사람들의 활동으로나 청소년들이 의무적으로 실시하는

활동으로 치부한다면 자원봉사활동의 발전을 기대하기 어렵다. 나 자신의 봉사활동이 가진 의미를 알리고 보람을 나눌 수 있는 활동에 가까운 사람들이 기꺼이 참여하도록 권하고 독려하는 활동도 바람직한 자원봉사자의 자세이다.

⑬ 활동 중 알게 된 비밀을 보장하여야 한다. 대인활동 봉사나 기관에서의 봉사를 막론하고 자원봉사활동 중에 알게 된 비밀은 다른 사람에게 알리거나 전달하여서는 안 된다. 자원봉사활동이 개인의 사생활과 관련된 부분인 경우 비밀 누설은 자칫 법적인 문제로 이어질 수도 있다. 또한 자원봉사를 주관하는 기관의 행정이나 인사상의 내용 역시 기관 고유의 목적 달성이나 조직 효율성을 위해 결정되는 업무상 비밀사항으로 비윤리적이거나 법령위반을 제외하고 비밀보장을 지켜야 한다.

또한 자원봉사활동에서 지켜야 할 태도로서 주의하여야 할 사항으로 다음과 같이 제시하고 있다(사회복지자원봉사 정보안내, 1997).

① 봉사활동을 너무 쉽게 생각하지 않는다.
② 자칫 자기도취나 우월감에 사로잡혀 자만에 빠지지 않는다.
③ 자원봉사활동은 스스로의 삶을 성숙하게 하는 과정임을 잊지 않는다.
④ 약속을 쉽게 하지 않는다.
⑤ 자원봉사활동 시 알게 된 기관이나 봉사대상자의 비밀은 절대로 누설하지 않는다.
⑥ 자원봉사는 대상이 원하는 사항을 지원하는 것을 원칙으로 하며, 그 이상을 해주거나 대상자에 대한 잘못을 추궁하거나 비판하지 말아야 한다.
⑦ 개인사정이나 심리적인 상황으로 마음이 불안하거나 긴장상태에 놓인 감정을 인지한 경우에는 봉사활동을 잠시 중단한다.
⑧ 어떠한 상황이더라도 연락이나 통지 없이 일방적으로 자원봉사활동을 중단해서는 안 된다.
⑨ 자원봉사활동과 관련된 소속기관의 정책이나 운용목적, 종교, 봉사정신, 기관 고유의 특수성과 체계 등을 인정하고 수용하는 태도를 가진다.

⑩ 자원봉사자는 자신의 자아성장을 위한 질문을 수시로 자신에게 묻는다.

⑪ 자원봉사활동이 타인의 복지를 위한 활동임을 알고 그 활동 속에서 자아발견을 위한 자신의 노력을 게을리 하지 않는다.

자원봉사활동은 그 활동의 결과가 대상자 등에게 이익을 가져다주기 때문에 사회에 기여하는 활동임에는 대부분 동의한다. 그러나 자원봉사는 상대가 존재하는 활동이며, 혼자가 아닌 팀을 이루어 움직이는 경우에는 개인의 마음가짐, 자세에 따라 결과에 영향을 미칠 수도 있다. 특히 여러 사람이 함께 해야 하는 활동에서는 더 큰 문제가 초래될 수도 있다.

이것은 활동이 특정한 개인의 의지와 행동이 아니라 서로 다른 생각과 사고, 경험을 가진 여러 사람의 의지와 행동으로 이루어지기 때문이다. 그리고 이러한 활동은 조직관계, 대인관계, 업무관계 등 상호작용 속에 수행되므로 서로 다른 입장과 자원, 그리고 목표로 인하여 다양한 형태의 갈등이 발생할 수 있다(박현정 · 권웅, 2014).

이러한 면에서 전국 광역자치단체와 시 · 군 · 구 단위에 설립된 자원봉사센터는 사전교육을 통해 자원봉사에 대한 자세와 태도 등에 대하여 의무적으로 교육을 실시하고 있다. 그러나 자원봉사자 역시 자원봉사활동 참여를 결정하기 이전에나 활동에 임하기 전에 "나는 왜 자원봉사를 시작하는가?"에 대한 질문과 답변을 통해 올바른 자원봉사의 자세를 생각해 보는 것이 필요하다.

실제로 자원봉사활동을 주관하는 자원봉사센터 현장에서 일하면서 바람직하지 못한 활동자의 사례를 보아 온 경험을 바탕으로 자원봉사자가 바람직한 자세를 확립하여야 하는 이유를 다음과 같이 구분하여 보았다.

첫 번째로 자원봉사자 개인의 자세나 태도가 자원봉사의 기본 가치와 원칙과 관련된다. 자원봉사활동은 자발성, 이타성, 지속성, 무보수성을 주요 원칙으로 하는데 개인의 판단과 사고를 중심으로 활동한다면 자원봉사활동 거부나 단절로 이타성이나 지속성을 저해할 수 있기 때문이다.

두 번째로 자원봉사 일감을 제공하는 기관마다 고유한 미션과 비전을 가지고 있다.

서비스를 제공하는 기관은 각각 설립 목적이나 운영방침이 다를 수 있기 때문에 자원봉사활동 경험자가 새로운 기관에서 활동을 시작하면서 다른 기관과 비교하거나 자신이 해왔던 활동방식을 내세우는 경우 기관과 마찰이 발생하면서 봉사를 받는 대상에게도 영향을 미칠 수 있다.

세 번째로 실천과정에서의 갈등 예방을 위해서이다. 자원봉사자 스스로 자기 중심적인 활동이나 의견을 고집할 경우 기관의 직원은 물론 자원봉사 동료들과의 관계에서 어려움을 겪을 수 있다.

자원봉사 현장에서 문제는 주로 봉사활동에서가 아닌 기관과 직원, 자원봉사 동료와의 관계에서 비롯되는 경우가 많다. 그리고 갈등이 해결되지 않는 경우 자신, 기관, 동료 모두 상처를 입을 수 있으므로 올바른 자세의 확립이 필요하다.

사례

○○시 자원봉사센터에서는 매년 우수 자원봉사자를 추천하여 자치단체장 표창을 수여하였다. 그 해 취약계층의 나들이와 복지기관 운전봉사에 열심히 참여한 봉사자를 단체로부터 추천받아 표창을 수여하였다.

그러나 수상을 받은 이후 해당 자원봉사자는 추천 단체에서 갑작스럽게 활동을 중단하여 모두 의아해 하였다. 시간이 지난 후 함께 활동했던 자원봉사자 동료들은 그 이유를 그가 다니던 직장 동료로부터 전해들을 수 있었다. 그 회사는 단체장 수상실적이 점수로 환산되어 일정 점수에 도달하면 개인적으로 혜택을 받을 수 있는 제도를 적용받는 회사로 수상점수를 채웠기 때문이라고 하였다.

3) 우리나라의 자원봉사활동 규범

우리나라는 시민자원봉사헌장의 행동강령과 자원봉사자 윤리강령을 통해 자원봉사자의 바람직한 활동 자세에 대하여 구체적으로 언급하고 있다.

① **시민자원봉사 헌장**(한국자원봉사포럼, 2007)

1. 서 문

새천년을 앞두고 인류는 세계 평화와 번영, 풍요로운 삶을 더욱 갈구하고 있다. 그러나 개인, 계층 간의 이기주의와 가족기능의 약화 등 급변하는 사회환경은 다양한 사회문제를 파생시켜 진정한 민주시민 공동체 사회의 실현을 가로막고 있다. 현대의 공적 사회제도는 개인의 존엄성을 실현시켜줄 만큼 완벽하지 못하다. 그래서 우리 시민들이 스스로 사회문제를 해결하고 진정한 민주사회 발전을 위해 나서지 않을 수 없다. 자원봉사는 우리 시민들이 새로운 천년을 향해 나아갈 기본 방향이다. 인간에 대한 순수한 인도주의의 발로이며 건강한 사회를 이끄는 등불이다. 그래서 시민의 일원으로 참여해야 하는 당위성을 가진다고 믿는다. 자원봉사란 시민이 자발적으로 참여해 대가없이 지역사회의 요구와 문제해결을 위해 제공하는 모든 공익적 활동을 의미한다.

2. 기본정신

- 우리시민은 자원봉사가 민주시민 공동체 형성과 성숙을 위한 필수적 활동임을 믿는다.
- 우리시민은 자원봉사가 시민의 권리이자 의무임을 인식하고 실천으로 옮긴다.
- 우리시민은 자원봉사활동을 통하여 자아성장을 꾀하고 잠재력을 개발한다.
- 우리시민은 자원봉사가 개인의 성장과 사회발전, 인류의 평화와 번영을 가져온다고 믿는다.
- 우리시민은 사회문제해결과 삶의 질 향상을 위해 상호보완적 동반관계에 있는 정부와 서로 협력한다.

3. 행동강령

- 우리시민은 인간의 존엄성에 대한 믿음을 가지고 자원봉사 대상자의 자율적 결정을 존중하면서 자원봉사활동을 한다.
- 우리시민은 자원봉사 대상자의 신체적·정신적·경제적·사회적 모든 특성에 편견을 가지거나 차별을 하지 않는다.
- 우리시민은 자원봉사에 필요한 교육과 지도를 받을 권리와 의무가 있으며 자원봉사기관은 이에 대해 필요한 교육과 편의를 제공하여야 한다.
- 우리시민은 개인적 특성과 능력 그리고 희망에 상응하는 자원봉사활동에 참여

한다.

- 우리시민은 성실하고 진지하게 자원봉사활동을 하며 자원봉사 대상자 및 업무와 관련된 비밀을 지킨다.
- 우리시민은 성공적인 자원봉사활동을 위해서 봉사기관 내의 다른 구성원과 협력하며 필요시 지역 및 국제적 연대를 통해 봉사활동의 목적을 달성한다.

② **자원봉사자 윤리강령**(1999년 6대 민간단체협의회 "자원봉사자 전국 지도자 대회"선포)

첫째, 자원봉사자는 생명의 귀중함과 모든 사람은 평등하다는 것을 인정하며 차별을 두지 않고 상대의 입장을 이해하는 겸허한 자세로 활동하여야 한다.

둘째, 자원봉사자는 사회를 구성하는 모든 영역과 분야에서 삶의 질 향상과 건강한 지역사회 조성 및 더불어 함께 살아가는 공존복지공동체 구현을 위해 활동하며 전통문화의 존중과 새로운 문화 창출에도 이바지하여야 한다.

셋째, 자원봉사자는 올바른 가치관과 윤리관을 가지고 자신의 능력과 자질을 향상시키기 위한 노력을 하여야 하며, 스스로 참여하고 활동하는 일에 대하여 투철한 사명감을 가지고 책임과 의무를 이행하여야 한다.

넷째, 자원봉사자는 민주시민정신의 실천자로서 지역사회의 다양한 욕구에 부응하고 사회적으로 발생되는 제반 문제에 대하여 예방과 치료 및 지원, 협조, 대책을 강구하는 활동의 제공으로 특정한 보수나 대가를 대신 한다.

다섯째, 자원봉사자는 활동대상의 권익과 사생활을 보호하고 활동과 관련된 인격존중과 기관의 규칙을 준수하여야 하며 활동 중에 알게 된 비밀을 지켜야 한다.

여섯째, 자원봉사자는 자신의 참여와 활동을 통하여 봉사대상 새롭게 보호, 변화, 발전하는 것이 곧 자신에게 보람과 긍지를 주고 삶의 의미를 인식케 하는 것이며, 또한 자신의 발전과 바람직한 인격을 갖게 하는 원동력 이라는 확신을 가져야 한다.

일곱째, 자원봉사자는 지역사회공동체와 국가사회발전에 기여하고 나아가 세계평화와 인류애를 실천하는 봉사자가 되어야 한다.

2. 자원봉사자의 역할

1) 사회와 자원봉사의 역할

인간은 사회를 형성하고 사회 속에서 자신의 역할과 가치를 추구하게 된다. 따라서 자신이 참여하는 사회조직에서 일정한 지위와 역할을 부여받거나 스스로 탐색하듯이 자원봉사자는 자원봉사자로서 다양한 역할을 가지면서 자원봉사에 대한 정체성을 형성하게 된다.

자원봉사자의 역할은 사회구성원으로서의 역할과는 다른 차원을 가진다. 자원봉사는 활동의 특성상 공식적 역할을 수행하여야 한다. 그 이유는 자원봉사활동은 그 대상이 존재하고 있으므로 활동내용과 수준에는 사회적 합의와 윤리적 가치기준이 적용되어야 하기 때문이다. 이러한 인식기반에서 자원봉사활동이 이루어져야만 자원봉사자로서의 역할이 무엇인지에 대한 역할 정체성을 형성하며, 이 정체성은 자원봉사를 지속하게 하는 요인으로 작용할 수 있다(Harlow and Cantor, 1996).

우리나라를 비롯하여 자원봉사자를 포함한 비영리 민간단체가 사회에 제공하는 서비스와 활동은 지속적으로 증가하는 추세로 전통적으로 정부가 책임지고 있던 사회적 업무를 많은 부분 대신하고 있다(Bales, 1996). 자원봉사활동은 자선활동과는 달리 해당 분야에 대한 지식과 그 지식을 활용하여 대상과 환경을 변화시킬 수 있는 기술도 요구된다. 이 외에 체계적이고 조직적이며, 변화를 위한 전체적 목적이나 목표와의 일관성을 유지하는 것 역시 중요하게 여겨지고 있다(최남희, 2008).

이처럼 현대사회에서 다른 대상을 위한 활동으로 자원봉사의 역할은 그 중요성이 높아지면서 단순히 서비스를 제공하는 수준에 그치지 않고 사회 속에서 개인의 만족을 상호 주고받는 관계가 형성된다. 따라서 우리가 살아가는 사회에서 자원봉사는 반드시 필요한 역할임과 동시에 중요한 역할을 하고 있음을 알 수 있다.

2) 자원봉사활동 분야

자원봉사활동이란 봉사에 대해 물질적인 보상을 바라지 않고, 공적·사적 기관이나 단체에 자발적으로 참여하여 여러 가지 활동을 통해 기여 혹은 공헌하는 것이라 정의할 수 있다(정성애·손대현, 2001).

자원봉사활동에 있어 사람과 관련된 활동에서는 특히 사회복지적인 가치가 중요하다. 사회복지서비스가 경제적 곤란뿐만 아니라 여러 가지 원인으로 사회적 기능의 부적응 문제를 가진 개인이나 가족에 대한 서비스로 "그의 자립정신을 저해함이 없이 '내재할 수도 있는 가능성을 유도·개발·육성할 수 있도록 전문적인 지식과 방법을 동원하여 건강한 삶을 수행할 수 있도록 정부 및 민간단체에서 지원하여 주는 서비스 과정'"이기 때문이다(김만두, 1985).

칸과 카머스(Khan & Karnerman, 1980)는 대인복지서비스를 구분하는 국가 간 비교연구를 통해 필요한 서비스를 다음과 같이 구분하였다. 이러한 서비스 제공에 있어 상담이나 자립지원과 같은 전문 영역을 제외한 분야에서 자원봉사자의 활용이 이루어질 수 있으므로 대인서비스에서 자원봉사자의 활동 영역에 대한 기준을 찾을 수 있다.

① 아동을 위한 프로그램: 일반적인 아동의 보호, 부양이 필요하거나 및 방치된 아동을 위한 시설에서의 보호, 가정위탁보호, 입양보호
② 노인을 위한 프로그램: 보호, 지역서비스
③ 장애인을 위한 프로그램: 보호, 자조 및 협동 활동 서비스
④ 가족서비스와 가족상담 프로그램
⑤ 청소년을 위한 상담 프로그램

⑥ 가사조력 서비스
⑦ 지역사회복지관 서비스
⑧ 탁아서비스
⑨ 가족, 노인, 장애인, 아동을 위한 캠프
⑩ 정보제공과 위탁 프로그램
⑪ 급식제공 프로그램
⑪ 대인관련 시설 서비스

일본에서는 "자원봉사활동의 유형"의 분류를 통해 다음과 같이 자원봉사활동 분야를 제시하고 있기도 하다(류상열, 1997).

① 행정위촉 활동형: 행정기관의 위촉을 통해 수행하는 봉사활동
② 직무 · 관리 활동형: 사회기관이나 단체에 참여하여 심사, 의결 등의 봉사활동
③ 전문기능 제공형: 의학, 법률 등 자신의 전문 기능을 활용한 봉사활동
④ 계속 · 계약 활동형: 복지시설이나 사회봉사단체의 계약 등으로 이루어지는 봉사활동
⑤ 액션형: 사회변화를 위한 계몽, 조례개정 등의 실천형 봉사활동
⑥ 지역보호 활동형: 지역사회 변화를 위한 활동에 참여하는 봉사활동
⑦ 일상 활동형: 어려운 이웃이나 주변환경 개선 등의 봉사활동

우리나라 자원봉사기본법에서는 '자원봉사활동'을 "개인 또는 단체가 지역사회 · 국가 및 인류사회를 위하여 대가 없이 자발적으로 시간과 노력을 제공하는 행위"(자원봉사법 제3조 제1호)로 정의하고 있다. 또한 동법 제7조를 통해 활동 분야를 밝히고 있어 간접적으로 자원봉사자의 역할에 대한 예시를 들고 있다고 볼 수 있다.

제7조(자원봉사활동의 범위) 이 법의 적용을 받는 자원봉사활동의 범위는 다음 각 호와 같다.

1. 사회복지 및 보건 증진에 관한 활동
2. 지역사회 개발 · 발전에 관한 활동
3. 환경보전 및 자연보호에 관한 활동
4. 사회적 취약계층의 권익 증진 및 청소년의 육성 · 보호에 관한 활동
5. 교육 및 상담에 관한 활동
6. 인권 옹호 및 평화 구현에 관한 활동
7. 범죄 예방 및 선도에 관한 활동
8. 교통질서 및 기초질서 계도에 관한 활동
9. 재난 관리 및 재해 구호에 관한 활동
10. 문화 · 관광 · 예술 및 체육 진흥에 관한 활동
11. 부패 방지 및 소비자 보호에 관한 활동
12. 공명선거에 관한 활동
13. 국제협력 및 국외봉사활동
14. 공공행정 분야의 사무 지원에 관한 활동
15. 그 밖에 공익사업의 수행 또는 주민복리의 증진에 필요한 활동

3) 자원봉사자의 역할

자원봉사자의 역할과 관련하여 각국의 내용을 살펴보면 다음과 같다.

미국에서는 1997년 『사회사업 백과사전』 17판에서 잠재적인 자원봉사자의 역할을 다음과 같이 제시하고 있다.

① 치료적 또는 재활적 서비스를 필요로 하는 조건들이나 문제들을 확인하는 역할

② 정책을 결정하는 역할

③ 직접적 서비스를 전달하는 역할

④ 기금을 조성하는 역할

⑤ 조직의 대변인 역할로 해당 조직의 프로그램이나 지향하는 문제들을 설명하는 역할
⑥ 제공된 프로그램에 대한 지역사회의 반응을 보고하고 평가하는 역할
⑦ 지역사회계획 활동에 협력하는 역할
⑧ 새로운 서비스 전달체계를 개발하는 역할
⑨ 가난한 자 및 권리가 박탈된 사람에 대하여 권익을 옹호하는 역할
⑩ 항의 및 공적 활동을 하는 역할

1987년 18판은 자원봉사자의 역할에서 시민들을 대상으로 조사한 갤럽조사를 바탕으로 다른 사람을 돕는 전통적인 개인 활동으로서 서비스 활동, 변화와 권익옹호 활동, 시민참여운동, 거버넌스(governance)활동, 기금조성활동으로 분류하여 제시하였다.

일본의 전국활동진흥센터에서는 "자원봉사의 성격과 역할"을 제시하면서 자원봉사자의 역할에 대해 기준을 제시하고 있다.

① 지역복지에 주체적으로 관계하여 다른 사람과의 관계에서 자신을 보다 잘 실현하는 활동이다.
② 자원봉사활동에서 지역복지에 창조적 · 선구적 활동을 중시한다.
③ 자원봉사활동이 개인의 구체적인 문제를 해결하는 것이 그치지 않고 파급되고 개방적으로 전개되도록 한다.
④ 자원봉사활동은 계획적이고 계속적으로 실천되도록 개인의 일상생활 속에서 우선시 되어야 한다.
⑤ 자원봉사활동은 원칙적으로 금전적 대가를 요구하지 않는다.
⑥ 자원봉사활동은 행정과 협력하는 주민의 주체적 활동이다.
⑦ 자원봉사활동은 행정에 대하여 적극적으로 문제를 제기하고 이를 행정에 반영시키는 활동이다.
⑧ 자원봉사활동은 지역복지를 위하여, 주민생활문제를 조사하고 관심을 환기하여

주민들이 참가하도록 계기를 제공하는 활동이다.

⑨ 자원봉사활동은 자유로운 활동이므로 제도적으로 해결할 수 없는 부분에 대하여 보다 세밀하고 개별적으로 서비스를 제공할 수 있다.

⑩ 자원봉사활동은 개인의 구체적인 정보나 서비스가 행정과 주민 사이에서 부드럽게 연결될 수 있도록 하는 역할을 한다.

우리나라에서는 자원봉사자의 역할에 대하여 부성래 · 유판수(1987)는 다음과 같이 정리하였다.

① **문제발견자의 역할**: 어려움을 겪고 있거나 위험한 상황에 처할 우려가 있는 개인이나 가족, 집단을 위해 미연에 방지하기 위해 문제를 적극적으로 찾는 역할이다. 문제의 기준은 사회의 보편적 통념과 문화척도에 의하는데, 복지사각지대로 인한 서비스를 받지 못하는 대상을 발견하는 역할을 수행한다.

② **중개인의 역할**: 사회적 활동에 어려움을 겪을 수 있는 대상을 위한 장애물의 제거나 사회관계의 회복과 대체, 기능적 회복을 위해 필요한 사회자원을 연결하거나 연계하도록 도움을 주는 역할로 조직과 조직, 개인과 조직 간의 조정적 기능을 수행 한다.

③ **변호자의 역할**: 법률적 문제에 대한 한정된 변호가 아닌 인권 존중의 대변자 역할이다. 대상은 자연환경이나 소비자보호, 취약한 여건으로 자신의 권리를 주장하기 어려운 여건에 놓인 분야에 대한 기술적 · 제도적 내용을 개선하는 활동이다. 광범위한 활동으로 심리적 · 사회적 변화 못지않게 입법을 통한 법 제정을 촉구하고 호소하는 활동까지도 포함된다.

④ **평가자의 역할**: 정보나 통계의 수집, 분석, 평가를 통해 보다 나은 변화를 이룰 수 있도록 하는 활동이다.

⑤ **동원자의 역할**: 현재 준비된 인적 · 물적 자원이나 제도, 조직 자원 등 사회복지 자원을 동원하기 위해 동기를 부여하는 역할을 수행한다.

⑥ **교사의 역할**: 인생의 경험이나 생활을 통해 체득한 지식을 전달하거나 전수하는

역할이다.

⑦ **행동변화자의 역할**: 사회나 사람들의 변화를 이끌어 내기 위해 충격이나 자극을 주는 역할이다. 이익을 추구하는 영리기업에게 사회공헌활동을 손실이 아닌 기회비용임을 자각시켜 새로운 변화를 할 수 있도록 자극하는 것 등을 포함한다.

⑧ **자문가의 역할**: 공익기관, 단체 등에 자문위원으로 위촉되어 자신의 경험과 지식을 활용하여 도움을 제공하는 역할이다.

⑨ **기획가의 역할**: 사회와 관련된 바람직한 결과를 얻기 위한 계획에 있어 기획 단계부터 참여하여 의식적, 계획적 변화가 가능하도록 지원하는 역할이다.

⑩ **통계자료 관리자의 역할**: 통계나 사회지표는 그 사회가 가진 문제나 해결방향에 대한 정보를 제공하는 유용한 자료이다. 가치 있는 정보를 체계적으로 분석하고 정리, 해석하거나 지역사회에 정보센터, 정보은행을 만드는 역할을 수행한다.

⑪ **행정가의 역할**: 사회서비스 조직에서 서비스와 함께 효과적, 효율적인 조직관리를 위한 인력도 필요하다. 특히 조직이 방대할수록 체계적인 관리가 필요한데 관련기관에서 조직, 인사, 행정관리 등의 역할을 수행한다.

⑫ **보호자의 역할**: 사회활동이나 개인 활동에 어려움을 겪는 사회적 약자나 취약계층을 대상으로 실제로 필요한 보호나 서비스를 직접 제공하는 역할이다.

김영호 등(2006)은 자원봉사자가 수행하여야 할 역할을 중심으로 다음과 같이 네 가지로 분류하여 전문적인 관점에서 자원봉사 역할을 분류하였다.

① **문제예방 및 치료자의 역할**: 사회문제나 욕구를 발견하는 것을 넘어 예방과 통제, 치료를 실시하는 사회복지기관의 활동에 참여하거나 기관의 방침을 결정하는 과정에의 참여활동

② **옹호자 및 매개자의 역할**: 도움을 필요로 하는 개인, 집단, 지역사회가 겪고 있는 문제를 알리고 옹호하는 역할과 함께 지역사회와 대상, 기관을 중재하는 매개자로서의 역할을 실천

③ **변화 및 개혁자의 역할**: 사회가 나아가야 할 바람직한 변화를 위해 노력하여 적절

한 사회적 서비스가 제공되도록 하며, 인간존중의 정신이 구현될 수 있도록 제도와 사회구조적 개혁을 주장하고 관철시키는 활동

④ **건설적인 비판자 역할**: 제공되는 복지서비스의 질적 효과를 측정하고 분석, 평가하여 서비스 개선을 제안하며, 현재 부족한 서비스가 제공될 수 있도록 제도와 시책의 개선이 이루어지도록 추진하는 활동

Chapter 4

자원봉사활동의 영역

1. 사회복지시설 및 기관

1) 사회복지시설 및 기관에서 자원봉사활동

(1) 사회복지시설 및 기관의 정의

사회복지시설에는 수혜자가 시설 내에서 생활하면서 의식주를 제공받는 입소시설과 국민 모두가 서비스를 선택하여 이용할 수 있는 기관(이용시설)이 있다. 종래의 사회복지시설 및 기관은 가정에서 생활할 수 없는 사람, 재활이 필요로 하는 사람을 보호·수용하는 곳으로 이해되었다.

오늘날에는 사회복지의 의미가 확대되어 모든 국민이 충분한 능력을 개발하고 행복을 추구하기 위한 사회적 노력을 사회복지로 파악됨으로 그 대상은 국민 모두가 된다. 따라서 사회복지시설 개념도 지역사회주민의 다양한 욕구를 충족하기 위해 상시 이용할 수 있는 각종 복지시설을 포함한 넓은 의미로 변화되고 있다.

한국에는 「사회복지사업법」과 개별법에 의하여 설치·운영되는 사회복지시설 및 기관으로는 아동복지시설 및 기관(영유아시설, 탁아시설, 입양기관), 장애인시설 및 기관(시각장애, 지체장애, 청각장애, 언어장애 등), 여성복지시설 및 기관(모자보호시설 및 여성직업보도시설 등), 노인복지시설 및 기관, 부랑인시설, 종합사회복지관 등이 있다.

(2) 사회복지시설 및 기관에서 자원봉사활동 유형

① 직·간접에 따른 구분

가. 직접봉사: 시설이나 기관, 가정에서 자원봉사 대상자에게 개별적 혹은 집단적으로 돌봐 주는 활동으로 다음과 같은 것을 들 수 있다. 상담, 환자 시중들기, 목욕시키기, 식사보조, 호스피스 활동, 빨래, 청소, 밥 짓기, 설거지, 영유아 돌보기, 아동지도, 취미지도, 이·미용봉사, 선도 및 교정, 장애인 외출동행, 장애인 차 태워 주기 등이 있다.

나. 사무봉사: 시설이나 기관에서 직원을 돕는 활동으로 타이핑, 서류와 문서정리, 우편물 처리, 전화응답, 시간약속 해 주기, 병원업무보조 등이 있다.

다. 홍보와 재정봉사: 시설이나 기관의 유지·발전에 관계되는 활동으로 홍보물 제작, 보도자료 제작, 뉴스레터 편집, 대중연설, 모금활동(바자회, 결연활동, 교부금 등) 등이 있다.

라. 정책결정과 자문봉사: 과거에 경영이나 행정에 경험이 많은 사람이 담당하는 자원봉사활동으로 이사, 위원회의 위원, 자문위원으로 기관의 정책결정과 운영에 참여하는 활동이 있다.

〈표 4-1〉 직접봉사와 간접봉사

유형	활동분야	봉사활동
직접봉사	아동·청소년	말벗, 상담, 생활 및 학습지도, 동반외출, 여행
	장애인	재활서비스, 말벗, 상담, 물리치료보조, 동반외출, 여행
	노인	말벗, 상담, 독서보조, 외출보조, 결연 맺기
간접봉사	근로봉사	전문가 보조, 환경미화, 청소 및 세탁, 가사보조, 시설보수, 행사지원
	기능봉사	사서활동, 점자번역, 녹음, 법률상담, 이·미용, 진료활동

② **활동의 장(場)에 따른 구분**: 자원봉사활동 영역을 어느 하나의 기준으로 설정하기는 어렵고, 필요에 따라 활동의 장, 분야, 봉사대상, 내용별로 분류할 수 있다. 이 중에서 가장 일반적인 것으로 '활동의 장'에 따른 분류를 들 수 있다. 구체적 내용은 〈표 4-2〉와 같다.

〈표 4-2〉 활동의 장에 따른 자원봉사활동

구분	활동영역
장소별 봉사활동	사회복지시설 및 기관, 지역사회, 해외 등
분야별 봉사활동	복지·의료분야, 교육·문화분야, 정치·경제, 환경분야, 지역공동체 분야
대상별 봉사활동	보육, 아동, 여성, 노인, 청소년, 장애인 등
내용별 봉사활동	직접봉사, 모금, 수집활동, 상담 등

2) 사회복지시설 및 기관에서 자원봉사활동 시 유의할 점

대부분의 사람은 시설 및 기관에서의 자원봉사활동을 쉽게 생각하고, 특별한 훈련이나 준비 없이 방문하여 시설에 실제적 도움을 주지 못하는 경우가 많다. 따라서 자원봉사자는 보다 훈련된 소양과 준비를 가지고 활동에 임할 필요가 있다.

① 사전에 시설의 성격과 현황을 충분히 파악한다. 시설마다 성격이나 분위기, 요구하는 도움이 다를 수 있으므로 먼저 시설현황에 대해 충분한 정보를 파악해야 한다.

② 방문 전에 적절한 시간을 조정한 후 방문한다. 시설은 나름대로 생활리듬과 계획이 있는데, 이를 무시하고 자원봉사자가 편리한 시간에 방문하면 오히려 폐가 될 수도 있다. 사전에 시설과 충분히 협의하여 시간을 조정하고, 가능한 정기적으로 활동하는 것이 바람직하다.

③ 시설생활인, 직원과 친밀감을 형성한다. 성공적 활동이 되기 위해서는 시설직원과는 물론 시설생활인과의 친밀감을 형성해야 한다. 인간관계의 형성은 동정심이나 시혜적 자세로는 불가능하다. 은근하고 끈기 있는 마음으로 서서히 다가서는 자세가 필요하다.

3) 재가복지 자원봉사활동 시 유의할 점

(1) 재가복지 자원봉사활동 내용

자원봉사자는 지역의 종합복지관이나 자원봉사센터를 통해 집과 가까운 곳에 살고 있는 재가복지 자원봉사의 수혜자에게 필요한 도움을 줄 수 있다. 자원봉사활동내용은 다음과 같다.

- 가사지원: 가정청소, 식사준비, 식사보조 등
- 정서서비스: 아동・노인・장애인 보살피기, 목욕보조, 말벗 등

- 사회적 보호: 연금 및 지원금 수령, 편지 대필, 공과금 대납, 외출보조 등
- 자립능력지원: 노인, 장애인 및 소년소녀가장이 자립할 수 있는 능력을 유지·회복하도록 보조

(2) 재가복지 자원봉사자의 유의사항

자원봉사자의 올바른 태도와 깍듯한 예의는 도움을 받는 사람에게 깊은 인상을 남기며 활동의 질과 효과에 영향을 미친다. ① 수혜자의 개별성 존중, ② 수혜자의 의사 존중, ③ 비밀보장, ④ 무분별한 약속이나 금품지원 금지, ④ 명확한 공사관계 구분과 같은 기본원칙은 특히 대인서비스를 수행하는 자원봉사자에게 도움이 된다 (http://cafe.daum.net/gwdhacking).

2. 시민단체의 자원봉사

1) 시민단체의 정의와 활동분야

(1) 시민단체의 정의

비정부조직(NGO)은 국제연합이 1949년 선진국을 중심으로 자원활동을 하는 조직체를 지칭하는 말로 사용되었다. 오늘날에 와서는 정부운영기관이나 영리단체를 제외한 모든 단체나 집단, 조직을 지칭하는 포괄적 개념으로 사용되고 있다.

NGO는 환경, 평화, 법, 정치, 그리고 예술과 체육에 이르기까지 사회의 거의 전 분야에서 활동한다. 이러한 분야에서 약자나 소외된 소수의 이해를 대변하여 여론을 형성하고 사회적 억압기제나 불평등 구조의 혁파와 개혁을 위해 노력하는 사적 조직이라고 할 수 있다. 동시에 여론형성을 통해 시민을 학습시키고 그들이 직접 참여하여 스스로 문제를 해결할 수 있도록 지원함으로써 참여민주주의를 실현하려는 노력을 하기도 한다.

NGO는 사회의 거의 전 영역에서 활동하고 있기 때문에 활동분야별로 분류하는 것은 그리 쉬운 일은 아니다. 왜냐하면 영역별로 하나의 과제를 갖고 활동하는 NGO도 있고, 여러 영역에 걸쳐 활동하는 NGO도 있기 때문이다. 이는 각 영역이 각기 독립적이면서도 상호 종속적이기 때문이다.

(2) 시민단체의 활동분야

① **사회개혁적 분야**: 시민단체의 활동이 사회전반적 개혁에 초점을 두고 활동을 전개하는 것으로 한국의 경제정의실천연합(경실련), 참여연대, 정치개혁시민연대, 인간성회복운동추진협의회 등을 들 수 있다. 경제정의실천연합은 경제정의의 안정적 유지를 통해 공정하고 깨끗한 사회를 목적으로 결성된 시민단체이다. 그리고 정치개혁시민연대는 국가권력 감시 및 시민권리 보장을 목적으로 설립된 단체이다.

② **사회복지 분야**: 사회복지 분야에 중점을 두고 활동하는 시민단체는 사랑의 장기기증운동본부, 장애우권익문제연구소, 건강사회를 위한 약사회 등이 있는데, 이들은 사회적 취약계층의 이익을 대변하기 위한 단체이다.

③ **환경 · 교통 분야**: 환경운동연합, 녹색연합, 녹색교통운동 등을 들 수 있는데, 환경운동연합은 우리가 살고 있는 지구의 환경문제 해결을 위해 설립된 단체로 국토오염 방지를 목적으로 설립되었다.

④ **소비자 생활 분야**: 녹색소비자연대, 한국소비생활연구원, 우리 농산물 살리기 운동본부 등이 있는데, 이들은 소비자를 보호하고 환경을 보호하는 것을 목적으로 하고 있다. 우리 농산물에 대한 소비촉진과 건전한 소비문화를 조성하는 것을 주장하고 있다. 녹색소비자연대는 소비자의 권리를 보호하고 인간다운 사회를 건설하기 위해 소비자가 만든 단체로 소비자 교육, 환경친화적 소비생활연구 등을 하는 단체이다.

⑤ **교육 · 문화적 분야**: 참교육을 위한 전국 학부모회와 열린문화운동시민연합 등을 들 수 있는데, 이들은 훼손되어 가고 있는 문화유산을 보호하고 '우리 역사 바로

알기 운동'을 전개하는 단체이다. 그리고 참교육학부모회는 사교육 억제와 참교육을 주장하는 모임이다.

2) 자원봉사주체로서 시민단체

(1) 시민단체의 자원봉사활동의 필요성

현대사회는 정부나 기업의 역할만으로 감당할 수 없는 분야가 많아졌다. 이 분야는 국가 공권력의 개입보다는 민간의 자율적 · 자발적 활동에 의해 해결되는 것이 바람직한 것으로 이해되고 있다.

정부의 행정력이 미치지 못하는 부분과 그 부분에서 발생되는 문제, 그리고 정부의 행정력으로 감당하기 어려운 부분은 시민이 스스로 참여하여 해결할 수밖에 없다. 민주사회의 발전은 사회구성원의 공동체 의식과 지역사회주민의 상호 협조에 있다. 시민의 자발적 자원봉사 참여를 통하여 복지공동체를 성숙시키는 것이 중요하다.

이러한 분위기 속에 시민단체의 자원봉사활동은 시민생활과 직접 관련 있는 분야뿐만 아니라 국가적 과제에 이르기까지 다양한 주제와 영역에서 전개되고 있다.

(2) 시민단체 자원봉사활동의 활성화 방안

① **조직의 역량 및 전문성 강화**: 사회 전반의 상황을 분석하고 여건변화에 따른 사업의 방향조정 및 프로그램 개발에 앞장서고 있다. 자원봉사자를 효율적으로 동원하고 기획할 수 있는 인적 자원의 확보를 통해서 시민과의 관계구축을 통한 자발적 참여를 도모한다. 이로 인하여 실생활과 밀접하게 관련되어 있는 보편적이며 공감대를 형성할 수 있는 활동을 강화한다.

② **정부나 지방자치단체의 재정지원과 재정자립을 위한 제도적 장치 마련**: 시민단체지원 관련법 제정을 통해서 재정적 지원의 투명성과 공정성을 확보하고 회비나 후원금의 세금감면 등을 통해서 재정의 자립을 위한 장치를 마련한다.

③ **시민단체 상호 간의 연대체계 구축**: 연대체계 구축으로 시민의 힘을 집중시키고 문제해결에 효과적·효율적 대응으로 사회복지의 전반적 발전을 도모할 수 있다. 오늘날은 교육·복지·문화·정서 등을 통합된 영역으로 접근해야 주민의 삶의 질을 높일 수 있다.

④ **홍보사업의 강화와 국제화**: 시민단체활동에 대한 이해를 높이고 일반인의 인식변화를 통한 적극적 참여를 유도한다. 한국 시민단체의 활동을 세계에 알리기 위한 각 단체의 국제화도 필요하다.

3) 시민단체 자원봉사활동의 기대효과

사회가 다양화되고 전문화되어 감에 따라 역할주체도 다양하게 등장하는 경우를 볼 수 있다. 종래에는 모든 정책을 행정주체가 의도하는 대로 운영했으나 이제는 다양한 목소리를 반영해야 한다. 시민단체의 역할에 정부가 귀를 기울이고 이들의 정책적 조언을 받아들이고 있다. 이러한 의미에서 시민단체의 자원봉사활동은 다음과 같은 기대효과를 가질 수 있다(윤석인, 2007).

(1) 사회공동체 역할의 약화방지

현대사회는 가족기능이 약화되고 사회문제 발생이 크게 증가하기 때문에 다양한 주체들이 이러한 문제를 예방하여야 한다. 이러한 점에서 사회공동체 역할의 중요한 자원이 되는 시민단체의 자원봉사는 개인이나 집단의 이익을 위해서 매우 중요하다. 또한 국가적 측면에서도 사회통합화와 안정을 유지시켜 주어 사회적 약자의 사회적응을 돕고 일탈을 막는 데 도움이 된다.

(2) 사회문제 해결과 예방

자원봉사활동은 일반시민이 사회문제에 대한 새로운 인식과 문제의 발견을 위해 제도적·정책적 노력이 효과적으로 가능하도록 도와준다. 기존의 거대한 관료조직은 때로는 경직되어 신선한 자각과 인식을 결여하기 쉽지만 자원봉사활동을 통해서 다양한 의견을 받아들임으로써 사회문제 발생을 사전에 예방할 수 있다.

(3) 새로운 욕구의 발생에 대처

현대사회의 급속한 변화현상으로 나타나는 도시화와 산업화, 핵가족화에 따른 새로운 문제와 욕구가 발생하고 있다. 새로운 욕구에 대처하기 위해서는 기존의 사회적 · 제도적 장치로는 어려움이 있다. 이러한 욕구를 시민단체의 활동을 통해서 지역주민의 의견을 수렴하여 정책적 건의를 하면 새로운 욕구에 대처할 수 있다.

(4) 교육 · 복지의 증진과 사회참여 확대

자원봉사활동은 과거에는 선별적 복지정책의 일환으로 소수의 약자를 위한 정책이었으나 오늘날에는 보편적 복지를 추구하는 방향으로 나아가고 있다. 모든 국민을 대상으로 사회복지에 대한 수혜자가 증가하고, 이들이 자원봉사의 주체인 동시에 객체로 존재하고 있다. 따라서 시민단체의 자원봉사를 통해서 사회복지서비스 제공에 참여하고, 나아가 민주주의 실현 및 사회참여를 증진시키는 계기가 되는 것이다.

3. 지역사회의 자원봉사

1) 지역사회의 특성

'지역사회'의 사전적 의미는 "문화와 전통의 유사성이 높은 집단" 또는 "공감대가 가장 강한 조직"이다. 그러나 교통이 발달하고 정보화가 진전되고 인구밀집도가 커지면서 지역사회라는 말의 개념도 "동일 거주지역의 공동체", 심지어는 "행정구역 중심의 공동체"로 확대 해석되고 있는 경향이다.

현대사회는 산업화, 도시화, 핵가족화가 진행되고 고령화 사회의 진입으로 사회복지욕구의 다양화 등 양석 증대와 질적 변화를 가져오고 있다. 이로 인하여 현대 산업구조의 변화에 따라 지역사회에 기반을 둔 지역사회복지 또는 재가복지서비스가 활발히 전개된다. 따라서 복지의 방향도 주민생활에 근거하며 인권을 존중하고, 주민주체에 의한 복지가 되어야 한다는 것이 중요하다. 사회연대감과 상호부조의 정신에 기초한 지역공동체 건설이 중요하다.

더구나 현대사회는 인간성 상실과 지역사회의 붕괴, 가족기능의 약화로 인해 이웃 간에 따뜻한 사랑을 나눌 수 없게 되었으며, 가족기능이 약화되고 지역 간 공동체의식이 희박해져 각 개인의 삶의 질이 문제시되고 있다.

2) 지역사회 자원봉사활동

(1) 지역사회 자원봉사활동의 중요성

자원봉사는 고대사회에서부터 이미 존재해 왔다. 고대의 씨족, 부족 단위 중심의 공동체사회에서는 의식주를 비롯한 모든 생활이 공동으로 이루어졌다. 문자 그대로 완벽한 지역공동체였다. 남자들은 공동으로 사냥과 수렵, 영역방호(전쟁) 임무를 맡았다. 그리고 여자들은 공동으로 입을 것 만들기(길쌈, 가죽 벼리기), 요리, 육아, 양축 임무를 맡았다. 각자의 임무가 법이나 규정에 의해 배정된 것이 아니고 각자의 힘과 재능에 따라 자연스럽게 이루어졌다. 뿐만 아니라 분배와 혜택에 차별이 없었다. 다시 말하면 각자의 힘과 기술을 최대한 제공하는 자원봉사였다.

1990년대를 전후로 한국은 정부주도하의 복지정책이나 서비스 제공 측면보다는 지역사회 중심의 사회복지에 초점을 두고 있다. 지역사회주민의 자발적 참여를 통한 복지공동체 실현을 강조하고 있다(한국사회복지협의회, 1991). 이와 관련하여 자원봉사활동 참여를 활성화하기 위한 다양한 유인체제 및 프로그램을 개발하는 등 자원봉사에 대한 정책적 접근을 확대하고 있다. 특히 지역사회 중심의 자원봉사는 지역문제를 주민 스스로가 처리하기 위한 집합적 노력의 매개체로서의 기능을 수행하며 지역사회의 공동체의식을 증진시키는 데 기여하였다(김필두, 1994).

(2) 지역사회가 가지고 있는 문제점

현대의 지역사회가 안고 있는 문제점은 중앙정부나 지방자치단체의 행정서비스에만 의존해서는 결코 해결될 수 없다. 지역사회가 안고 있는 문제점은 크게 다섯 가지로 나누어 볼 수 있다.

첫째는 청소년문제이다. 청소년의 탈선과 범죄증가 현상은 사회 전체를 어지럽게 할 뿐만 아니라 미래에 대한 불안까지 가중시키고 있다.

둘째는 노인문제이다. 노인이 겪는 병약, 지체장애, 외로움에 대한 치료, 보호, 위로수단이 태부족한 실정이다.

셋째는 가족기능 약화이다. 현대사회의 핵가족화에 따른 가족 간 유대감 결여, 이혼증가로 인한 결손아동 발생, 교육부진 등은 사회병폐의 악순환 고리의 시발점이 되고 있다.

넷째는 가치관의 혼돈문제이다. 빈부격차, 사치풍조, 퇴폐문화 등이 유발점이다.

다섯째는 환경문제이다. 우리의 생존조건을 위협할 만큼 심각한 환경파괴가 끊이지 않고 있다.

이상과 같은 문제는 지역사회 발전의 걸림돌로 반드시 제거, 축소되어야 한다. 그러나 자체 정화능력이 없는 독소이고 보면 제삼자의 도움이 필요할 것은 자명한 일이다. 따라서 이제 자원봉사자는 내 지역사회의 지킴이, 세움이, 가꿈이로서 역할을 해야 한다.

자원봉사활동에 대해 어떤 학자들은 '잉여 에너지의 사용'이라는 개념으로 정의하고 있는데, 이는 자원봉사활동의 이념적 토대인 '시민정신'을 간과한 해석이다. 이제는 자원봉사활동이 '보유 및 잠재 에너지의 최대 활용'이라는 사회구조적 차원에서 재조명되어야 한다.

(3) 지역사회 자원봉사활동의 필요성

지역사회 자원봉사활동의 필요성을 살펴보면 다음과 같다(표갑수, 1998).

첫째, 복지사회를 실현하기 위해서는 국가를 포함한 전체 사회의 책임이 요구된다.

이것은 한 사회의 발전과 복지는 정부나 몇 개의 사회단체 또는 엘리트의 노력만으로 이루어지는 것이 아니며, 시민 대다수가 참여하고 협동하는 힘에 의해 가능한 것이기 때문이다.

둘째, 지역사회 자원봉사활동은 각 개인으로 하여금 사회적으로 필요한 존재라는 것을 경험하게 함으로써 정신적 질병이나 일탈행위를 예방하고, 개인적 만족감과 통합감을 느끼게 하며 고립감에서 벗어나게 한다.

셋째, 지역사회 자원봉사활동은 제반 사회적 상황에 대한 생생한 지식과 정보 및 규범을 배울 기회를 제공하며, 사회계층 간의 간격을 좁혀 준다.

넷째, 지역사회 자원봉사활동은 다양한 자조적 사업에 참여함으로써 지역사회의 건강을 증진시키며, 지역사회의 발전과 변화를 주도한다.

다섯째, 지역사회 자원봉사활동은 자원이 부족한 공공·민간복지기관의 인력을 보충해 준다.

여섯째, 지역사회 자원봉사활동은 사회복지 전문인력의 전문성 제고를 위해 필요하다.

일곱째, 최근 강조되고 있는 사회복지 이념인 통합화와 정상화 및 탈시설화를 실현하는 요소로서 지역사회 자원봉사활동이 필요하다.

결국 자원봉사는 개인 차원의 단순한 선행행위로 끝나는 것이 아니라 지역사회 주민의 삶의 질을 한 단계 향상시키는 중요한 활동이며, 사회복지 욕구의 팽창과 함께 그 중요성이 강조되고 있는 것이다.

3) 지역사회 자원봉사활동의 영역과 대상

자원봉사활동은 지역사회 문제나 욕구를 해결하고 지역사회 발전을 위해 지역사회 주민이 언제나 어디서나 누구나 자유롭게 참여할 수 있는 자발적인 활동이다. 따라서 자원봉사활동 프로그램은 지역사회주민이 가지고 있는 지식, 기술, 경험, 관심 및 특성 등에 맞게 개발되어야 하고 효과적 활동을 위하여 적절한 교육, 훈련, 지도, 감독,

보상, 평가 등을 받아야 한다.

자원봉사활동은 활동 영역과 활동장소에 따라 분류된다. 자원봉사의 장은 지역사회의 각종 활동이 일어나고 있는 장소(환경) 또는 기관 및 시설을 말한다. 일반적으로 알려진 자원봉사활동의 장으로는 ① 가정, ② 사회복지기관 및 시설, ③ 의료기관 및 시설, ④ 교육기관 및 시설, ⑤ 환경단체 및 시설, ⑥ 경제단체 및 시설, ⑦ 사회문화단체 및 시설, ⑧ 정부 및 지방자치단체 산하기관, ⑨ 국제관계기관, ⑩ 기타 지역사회 안전과 질서를 유지하기 위한 기관 및 시설 등이 있다(이계완, 2001).

자원봉사활동의 대상으로는 생활능력이 없는 ① 아동 및 청소년, ② 노인, ③ 장애인, ④ 질병환자, ⑤ 지역사회의 비복지적 환경개선활동 등을 들 수 있다.

4) 지역사회 자원봉사활동을 위한 네트워크 활성화 방안

(1) 자원봉사 네트워킹 구축의 중요성

과거의 자원봉사활동이 개별 자원봉사기관, 혹은 자원봉사자(단체) 위주의 활동이었다면 현재는 수혜자 중심의 맞춤형 통합적 서비스를 제공하고 있다. 수혜자의 만족도 제고를 위해 한정적인 인적·물적 자원을 소유한 여러 관련 기관, 단체들이 자원을 공유하고 서로 협력해야 한다. 또 네트워킹 과정을 통해 참여자(기관, 단체)들이 자원의 공유과정을 통해 서로에 대해 배우는 기회가 된다. 이로 인하여 전반적으로 지역사회의 문제해결을 다양한 측면에서 접근할 수 있고, 서로 간의 장점을 공유하여 역량강화의 계기가 되며 신뢰를 구축하는 기회가 된다.

(2) 자원봉사센터를 중심으로 한 네트워크 구축

그동안 자원봉사센터의 역할이 많이 논의되었고, 그 핵심내용이 「자원봉사활동기본법 시행령」에 명시되어 있다. 기초단위센터의 기본역할은 지역의 기관·단체들과의 상시협력체계 구축, 모집 및 교육·홍보, 배치, 프로그램의 개발·보급, 관련 정보의 제공, 자원봉사활동 진흥에 기여할 수 있는 사업 등이다. 자원봉사활동을 위한 상시협력체계구축은 물론이고 자원봉사자를 모집하고 또 적절히 교육·훈련하고 홍보하는 등 센터의 기본적 역할을 수행한다. 그리고 지역의 다양한 기관, 집단들과의 연대협력을 통해 그 성과를 더욱 공고히 할 수 있음은 주지의 사실이다.

자원봉사자 교육의 경우만 하더라도 어디에 어떠한 자원이 있는지, 어떤 인적 자원을 활용하여 해결할 것이지, 배출된 자원을 어떤 활동 영역에 배치할 것인지의 여부가 네트워크의 내용과 수준으로 판가름 난다고 볼 수 있다. 누군가 "아는 만큼 보인다."라고 했던 것처럼 관리자와 센터의 조직역량에 따라 지역사회 자원봉사수준이 판가름 난다고 보면 자신이 가지고 있는 자원네트워크를 제대로 수립하는 것이 매우 중요하다.

또한 사업의 단위적 성과에만 집착하여 나열할 것인가? 아니면 조직적 성과를 염두에 두고 전략적으로 배치할 것인가를 결정해야 할 시기이다.

4. 국제사회의 자원봉사

1) 국제사회 자원봉사활동의 의미와 역사

(1) 국제사회 자원봉사활동의 의미

국제사회 자원봉사활동(International Voluntary Service)이란 국제적 자원봉사활동에 자발적으로 참여하는 활동을 말한다. 즉 언어, 종교, 정치, 사회·경제적 장애를 뛰어넘어 자신의 시간, 능력, 에너지를 사용하여 사회변화, 경제발전, 환경보전 등을 실천하는 것이다.

국제사회 자원봉사활동은 인류공동체적 의식으로 지구촌 어디든지 도움이나 기타 사회적 욕구나 사회문제가 존재할 때에는 지원함이 필요하다는 것이다. 국제사회 자원봉사활동은 과거 종교의 포교활동과 더불어 전개된 것이 효시였으나 최근에는 이와 관계없이 그 지역 또는 국가의 사회문제를 해결하는 데 지원하기 위한 수단으로 국제적 자원봉사활동이 일어나고 있다. 그리고 국제적 우호증진 및 선린 차원에서 자원봉사활동이 이루어지고 있는 경우도 있다.

한국에서 대표적인 국제사회 자원봉사활동사업인 한국해외봉사단은 상호의존과 공존의 인류공동체, 문화상대주의와 호혜성 원리, 인도주의라는 세 가지 협력이념을 바탕으로 하고 있다.

(2) 국제사회 자원봉사활동의 역사

국제사회 자원봉사활동은 유럽에서 시작되었으며, 1920년 SCI(Service Civil International)에서 프랑스의 마을재건을 위해 최초의 워크캠프(Workcamp)를 조직한 것이 시초이다. 그 후 1934년 인도에서 지진이 발생했을 때 인도의 Bihar로 SCI의 작은 팀을 보내어 본격적인 해외파견 사업을 하였다.

1961년에는 케네디 대통령이 만든 평화봉사단(Peace Corps)을 들 수 있는데, 이것은 정부지원을 받는 것으로 해외활동을 본격적으로 전개하였다. 그 후 유럽, 캐나다, 일본 등이 정부지원을 받는 수많은 단체를 창설하여 주로 개발도상국에 훈련되고 조직화된 자원봉사활동자를 파견하였다. 해외파견단체들은 순수한 협력과 연대의 이념을 가지고 있었지만, 정부지원은 종종 정치적·경제적 이익뿐 아니라 이데올로기적·문화적 관련성에 기인하기도 하였다.

2) 국제사회 자원봉사활동의 동향과 기대효과

(1) 국제사회 자원봉사활동의 동향

① **자원봉사에 대한 관심과 프로그램 증가**: 최근 국내 자원봉사활동은 물론 국제사회 자원봉사활동에도 많은 관심을 가지고 있으며, 그 활동양상이 증가하고 있다. 한국해외봉사단 자료를 보면 〈표 4-3〉과 같다. 2008년을 기준으로 대상국가 수가 43개국에 대상인원이 1,443명으로 나타났다.

〈표 4-3〉 해외봉사단 활동현황(2008년 11월 현재) (단위: 명, % 개국)

구분	계	KOV				NGO
		소계	일반단원	협력요원	협력의사	
합계	1,443	1,284	1,071	169	44	159
비율	100.0	89.0	74.2	11.7	3.0	11.0
국가	43	33	31	21	13	29

출처: 한국국제협력단(KOICA) 홈페이지.

또한 〈표 4-4〉에서 대상국가별로 보면 아시아 지역이 50.0%로 가장 많고, 중남미 지역이 21.6%, 아프리카 지역이 20.7% 순으로 나타났다.

〈표 4-4〉 해외봉사단 지역별 활동인원 및 비율(2008년 11월 현재) (단위: 명, %)

구분	계	아시아	아프리카	중남미	동구 · CIS	중동
인원	1,443	721	299	312	96	15
비율	100.0	50.0	20.7	21.6	6.7	1.0

출처: 한국국제협력단(KOICA) 홈페이지.

자원봉사활동의 프로그램별로 보면 〈표 4-5〉에서와 같이 교육 분야가 32.6%로 가장 많고, 보건의료가 16.5%, 정보통신 18.6%, 산업에너지가 10.7% 순으로 나타나고 있다.

〈표 4-5〉 해외봉사단 분야별 활동인원 및 비율(2008년 11월 현재) (단위: 명, %)

구분	계	교육	보건의료	산업에너지	정보통신	행정제도	농어촌개발	환경여성
인원	1,443	471	238	155	269	63	91	156
비율	100.0	32.6	16.5	10.7	18.6	4.4	6.3	10.8

출처: 한국국제협력단(KOICA) 홈페이지.

② **민간 차원의 활동이 증가**: 민간 차원에서 NGO 활동이 과거에는 국내문제에 많은 관심을 가지고 있었고, 국제적 문제에 대해서는 관심 영역이 아니었다. 그러나 2000년대에 들어서면서 국내문제는 물론 해외의 자원봉사활동 영역까지 NGO

활동이 활발하게 전개되고 있다. 이들은 국경을 초월하여 다양한 활동을 전개하고 있으며, 한국의 경우 2004년에는 32명이던 것이 2008년에는 29개 국가에 159명으로 크게 증가하였다.

(2) 국제사회 자원봉사활동의 기대효과

① **세계시민으로 여러 사람을 만남**: 국제사회 자원봉사활동을 통해서 인생관과 가치관이 전혀 다른 사람들과의 만남으로 새로운 경험을 배울 수 있어서 자기발전에 기여한다. 특히 학생시절에 국제사회 자원봉사활동은 자신의 인생을 설계하는데 커다란 힘이 될 수 있을 뿐만 아니라 많은 경험을 할 수 있는 기회를 갖게 된다.

② **국제사회에 공헌**: 한국인으로서가 아니고 지구시민의 일원으로서 국제사회를 위해 기여할 수 있다. 인류가 공통적으로 직면하고 있는 다양한 문제에 함께 고민하고 실천하는 자세는 좁게는 지역과 국가에 이바지하고 넓게는 세계에 기여하는 점이 크다고 할 수 있다.

③ **자신의 성장과 발견**: 국제사회 자원봉사활동은 특정 분야의 경험으로 견문을 넓히고 자신을 성장시키며, 문제해결에 효과적으로 작용할 수 있다. 자신의 나라와 가족과 떨어져 타국에서 활동함으로써 자기발견의 기회를 가지고 자신의 새로운 모습을 발견할 수 있는 계기가 된다.

3) 국제사회 자원봉사활동의 형태와 영역

(1) 국제사회 자원봉사활동의 형태

국제사회 자원봉사활동의 형태는 다음과 같다(류기형, 2009).

① **워크캠프형**: 국제 워크캠프는 서로 다른 인종과 사상과 국적을 가진 사람들이 지역 후원자에 의해 2~3주로 기획되는 프로젝트에 함께 참가하면서 지내는 것이

다. 대부분 워크캠프는 여름기간에 발생하며, 10~30명의 참가자들로 지역사회 주민과 함께 사회활동을 하며 일하는 것이다.

② **정기방문형**: 해외의 민간단체사무소나 병원 등의 복지시설에 정기적으로 통근하면서 활동하는 형태이다. 자기 집에서 통근하는 국내 자원봉사활동의 해외판으로 볼 수 있다. 유학이나 민박을 하면서 활동하는 사람, 해외에 몇 개월 사는 동안 활동하는 사람도 있다.

③ **장기개발형**: 최저 1년 이상 현지에 체류하면서 개발활동(환경, 교육, 농촌개발활동, 기술지도 등)에 종사하는 형태로 주로 개발도상국의 활동이 주를 이루고 있다. 이들은 전문가로 종사하기 때문에 전문적 지식이나 경험이 필요한 경우가 많다.

④ **긴급원조형**: 이것은 재난에 따른 긴급사태에 대한 원조로 인명구조, 난민원조 등이 있다. 일반적으로 의료관계, 난민원조관계가 대부분을 차지하고 있다. 최근에도 긴급원조형 자원봉사활동을 많이 볼 수 있다. 2010년에 발생한 아이티 지진 대참사 때 세계 각국에서 긴급원조형 자원봉사활동이 활발하게 진행되었던 사례를 볼 수 있다.

⑤ **인턴십형**: 외국에 나가 자신이 흥미롭게 생각하는 분야를 NGO나 기업 등에서 재학 중 인턴을 통해서 하는 경우를 들 수 있다. 이들은 인턴생활을 하면서 귀중한 현장경험을 쌓는다. 영국이나 미국에서는 인턴십의 정보를 담고 있는 책자가 다양하게 발행되고 있어서 학생이 활용하는 데 필요하다.

(2) 국제사회 자원봉사활동 영역

① 난민 / 빈민 국제구호

가. 현장활동

- 기술지원: 르완다 난민 정착 지원, 기아봉사단 파견 등
- 행정지원: 르완다 난민 아동의료 지원 등

나. 국내후원

- 모금활동: 사랑의 달리기 모금, 북한 어린이 급식 후원 등

- 업무지원: 사랑의 맨발걷기, 동전분류 업무지원, 카드분류와 봉입 등

② 제 3 세계 개발지원

가. 지역사회개발

- 기술지원: 베트남 직업훈련원사업, 르완다 재건교육, 네팔 상수원건설 등
- 행정자문: 연변지역 새마을운동, 인도네시아 양돈사업 / 양어장 사업 등
- 교육지원: 필리핀 교육봉사, 스리랑카 한국어 교육 등

나. 주민서비스

- 의료지원: 네팔 병원 · 학교 건립, 탄자니아 의료 지원, 네팔 가족계획업무 등

③ 외국인 보호 / 후원

가. 보호활동

- 권익옹호: 외국인 노동자 법률상담소 운영, 외국인 상담소 상담
- 생활안정: 외국인 상담소 의료 지원

나. 후원활동

- 교육지원: 외국인 상담소 상담 및 통역
- 위문활동: 해외입양동포 모국어 연수, 외국인 노동자 문화축제

④ 국제친선교류

가. 행사지원

- 현장활동: 국제 기독교 청소년 교류, 청소년 국제교류파견사업

나. 편의제공

- 후원활동: 외국청소년 민박, 한국 · 에티오피아 친선교류 등

(3) 국제사회 자원봉사조직 및 기구

① **세계자원봉사연합회**(IAVE: International Association for Volunteer Efforts): 1970년 개인의 시간과 재능으로 이웃을 돕고 건강한 지역사회를 건설하여 더불어 사

는 지구공동체 건설을 목표로 창설되었다. 국제 간 자원봉사활동 활성화와 자원봉사센터 설립지원 등을 추진하는 대표적인 민간협의체로 발전하였고, 설립목적은 ㉠ 자원봉사활동의 가치옹호, ㉡ 이웃을 돕고 건강한 지역사회의 건설에 헌신, ㉢ 전 지구적 사회변화와 경제성장 실현에 기반을 두고 있다.

② **국제자원봉사워크캠프기구**(International Workcamp Organization): 이 기구는 1920년 Ceresole의 평화주의와 James의 철학 속에서 병역의무의 대안으로 발전하였다. 현재는 다양한 테마와 유형의 워크캠프들이 매년 75개국에서 약 2,000여 개 개최를 목표로 하고 있다.

③ **한국국제협력단**(KOICA, https://joinkov.koica.go.kr): 1991년 외무부 산하 정부출연기관으로 창설하였고, "함께 사는 인류사회 건설" 이념 아래 한국의 경제발전 경험과 기술을 필요로 하는 개발도상국과 각종 국제협력사업을 수행하고 있다.

④ **한국해외봉사단**: 1989년 창설하였으며, 한국국제협력단 창설로 사업이 이관되었다. '나눔과 섬김'의 봉사정신으로 개발도상국 주민과 함께 생활하면서 상호이해와 협력을 바탕으로 자원봉사활동을 통해 파견국의 경제 · 문화 · 사회발전에 기여함으로써 모든 인류가 더불어 잘사는 사회를 이룩하는 데 노력하고 있다.

⑤ **국제협력봉사요원제도**: 현역병 입영대상자 또는 보충역 판정자 중 우수자원을 선발 · 파견하여 해외자원봉사활동을 만료하면 병역을 필한 것으로 인정(32개월 복무)하는 제도이다.

Chapter 5

선진국의 자원봉사활동

1. 미국의 자원봉사활동

1) 자원봉사활동 발달과정

미국의 자원봉사활동은 신개척지를 향해 오던 이민자들이 생존을 위해 상부상조를 통한 인간애를 가지고 빈민이나 병자의 구호활동에까지 자발적으로 참여하면서 시작되었다. 1657년에 병자를 돕고 빈민을 구제해 주는 최초의 우호방문협회인 스콧자선협회(Scot's Charitable)가 보스턴에 설립된 이후 각각의 자선협회가 설립되기 시작했으며 그 외에도 고아원, 병원 등이 생겨나기 시작했다(한국복지원, 1988: 89).

그 후 1820년을 시작으로 많은 민간기관이 설립되기 시작했는데 1840년대에 이르러 뉴욕에만 30개 이상의 민간단체가 설립되었다. 시민전쟁 발발 이후에는 자원봉사활동이 폭발적으로 증가하여 1877년에는 버팔로에 최초의 자선조직협회가 설립되었고 보스턴, 뉴욕, 볼티모어 등 대도시에 4,000명의 우애방문원을 두며 성황을 이루었다(박병현, 1994: 113-114).

미국에서 전문적이고 조직적인 자원봉사의 시초로 꼽히는 것은 1887년에 창설된 헐 하우스(Hull House)이다. 헐 하우스가 설립되면서 주민의 자발적 사회참여의 길이 열리고 인보관(Settlement House) 등 조직화된 사회복지단체가 창설되었으며, 사회사업이 전문직으로서 지위를 확립하게 되어, 기술적 훈련을 받은 전문직원이 사회사업의 주요 기능을 담당하게 되었고 1920년경에는 500명이나 되는 이주민을 수용하게 되었다. 1926년에는 보스턴에서 여성 자원봉사자를 중심으로 최초의 자원봉사자사무국(Volunteer Bureau)이 세워져 각 민간보건 및 사회단체를 조사하고, 모든 시민을 모집·훈련하여 지역사회 전체를 위해서 활동했으며, 1932년에는 전국자원봉사자협의회가 설립되어 전국 28개 도시에 자원봉사국이 지방사회복지기관협회(Council of Social Service Agencies)를 구성하였는데 이 협의회는 자원봉사자가 지역사회의 여러 사회복지관에서 봉사활동을 할 수 있도록 개방·조정하는 역할을 하였다(김영호 외, 1998: 152).

1943년에는 전국사회사업자원봉사자위원회(The National Committee on Volunteers in Social Work)가 생겨 자원봉사활동이 하나의 조직으로 연합되면서 전 분야에 따른 자원봉사자의 업무와 훈련의 원칙·방법 등이 명확히 제시된 시기이기도 하다.

제2차 세계대전 이후 미국의 빈곤문제 등 여러 가지 사회문제를 해결하기 위해 정부는 자원봉사활동을 적극 추진하기 시작했다. 1961년에 Kennedy 대통령이 창설한 평화봉사단(Peace Corps)은 국제평화의 공헌과 여러 후진국의 경제사회개발을 도와주는 대규모의 조직적 자원활동을 시작하였다(승금희, 2005). 이후 1964년에 Johnson 대통령은 VISTA(Volunteers in Service to America)라는 봉사단체를 조직하여 빈부의 격차를 좁히는 봉사활동을 전개했는데, VISTA는 1950년대와 1960년대의 미국의 빈곤문제 등 여러 가지 사회문제에 대한 대처방안으로 자원봉사활동을 적극 추진하기 위해 만들어진 기구로 경제기회법청(Office of Economic Opportunities ACT)에 의해 지원되었다.

1969년 Nixon이 집권하면서 자원봉사에 대한 정부지원이 보다 강화되었고 민간자원봉사 프로그램을 지원하는 정부의 독립기구로서 1971년 창설된 ACTION은 VISTA, FGP, RSVP를 통합하였고, 1973년 결손노인자원봉사 프로그램(Senior Companion Program)을 출범시켰다. 더불어 자원봉사활동을 더욱 법적으로 보장할 「국내자원봉사활동법(Domestic Volunteer Service Act)」이 만들어졌다. 1979년에는 전국자원봉사활동정보센터(The National Information Center on Volunteerism)와 통합되어 전국시민참여센터(The National Center for Citizen Involvement)인 VOLUNTEER가 설립되어 현대적 의미의 자원봉사센터의 개념을 확립하였으며, 400여 개나 되는 자원봉사센터와 네트워크화하였다.

1980년대 접어들어 신연방주의(New Federalism) 운동이 일어나면서 사회복지분야에서 연방정부의 부담을 줄이는 대신 주 혹은 지방정부의 책임이 강조되었으며 이와 더불어 자원봉사활동은 더욱 부각되었다.

1990년 Bush 대통령의 선거공략으로 촛불재단(POLF: Point of Light Foundation)이 설립됐고, 「국가 및 지역사회봉사법(National and Community Service Act)」이 제

정되어 자원봉사활동에 대한 지원이 더욱 강화되었고, 1993년 클린턴 행정부가 「전국 및 지역사회자원봉사신탁기금법(National Service Trust Act)」을 새로이 제정하여 자원봉사활동을 위한 별도의 전담기구 및 예산지원이 행해졌다(류기형 외, 2009).

George Bush 대통령은 2001년의 9·11 사건 이후 Ameri Corps의 참여자 수를 연간 75,000명으로 증원하였으며 특히 2005년 미국의 걸프만을 강타한 호리케인 카트리나·리나로 재난재해 극복의 국가적 역할을 도모하는 데에 큰 역할을 하게 되었고 이후 229천 여 명의 지역사회 내 자원봉사를 조직하는데 기여하였다.

국가봉사단에 대한 정부의 지원은 오바마 행정부 이래로 한층 증가되는데 특히 2009년 「미국봉사법(Edward M. Kennedy Serve America Act, 2009)」에 따라 국가봉사단에 대한 예산과 지원이 지속적으로 증대되고 있다.

2) 자원봉사활동 현황

미국은 전 세계에서 자원봉사활동이 사회 전체에 퍼져 있는 유일한 국가라고 할 정도로 자원봉사활동이 활발히 진행되고 있다. 미국은 자원봉사를 공공정책으로 인식하고 중요하게 다루고는 있지만 공공 및 민간을 포함하는 전체 자원봉사에 대한 포괄적인 법은 마련되어 있지 않다. 그러나 새로운 대통령이 선출될 때마다 자원봉사에 대한 정책 및 관련법들이 제정되었고 1980년대를 거치면서 자원봉사활동에 관련한 정부 프로그램과 자금이 늘어났으며 1990년대에 들어서는 부시 행정부의 「전국지역사회봉사법(National and Community Service Act)」의 제정으로 보다 확고한 정부-민간체계가 형성되었으며 자원봉사활동 활성화를 위한 법적 지위가 강화되었다(이번송 외, 1996: 181).

1993년에 클린턴 행정부가 「전국봉사지원법(National Service Trust Act)」을 새로 제정하고 이 법에 의해 생긴 지역사회서비스를 위한 국가자문위원회(National Commission on National and Community Service)와 1971년에 창설된 ACTION을 통합하여 국립자원봉사협력기구(Corporation for National Service)를 새롭게 창설하였다.

〈표 5-1〉 정부가 자원봉사활동을 육성하기 위해 만든 기구의 변천

연도	활동내용	비고
1961	평화봉사단(Peace Corp) 창설	케네디 대통령
1964	VISTA(Volunteer In Service to America)	존슨 대통령
1969	전국자원봉사활동프로그램법(National Program for Voluntary Act) 제정	
1971	ACTION 창설	닉슨 대통령
1979	VOLUNTEER 창설	
1990	Point for Light Foundation 설립 전국 및 지역사회봉사법(National and Community Service Act) 제정	부시 대통령
1993	국립자원봉사활동협력기구 창설	클린턴 대통령

미국의 자원봉사활동에 대한 지원은 정책 차원에서 매우 적극적으로 행해지고 있다. 특히 정부가 바뀌더라도 자원봉사 지원의 내용이 일관되고 연속성 있게 다루어지는 것은 자원봉사 진흥에 대한 강력한 의지를 엿볼 수 있게 한다. 그러나 연방정부 내 자원봉사만을 다루는 특별한 주무부처는 없고 각 관계부처들은 프로그램별로 민간의 자원봉사활동을 지원하고 있다(최일섭 외, 2007: 81).

연방정부가 전국의 자원봉사활동에 관한 지원을 적극적으로 추진하고 있는 것과 병행하여 주정부에서는 독립된 주자원봉사국(Staff Office of Volunteerism)이나 주지사 관할의 기구(Governor's Officer on Volunteerism) 등을 설치하여 자원봉사단체들을 서로 연결해 주고, 기업의 후원을 장려하는 등 보조적 역할을 한다. 주 차원의 자원봉사 사무소는 일반적으로 주의 한 부서나 주지사에 의해 실시되는 조정단체로 주 차원의 자원봉사 프로젝트의 활동에 대한 지지 메커니즘으로 이바지한다(Ellis, 1989: 13-15).

미국의 각 시정부는 자원봉사에 관한 다양한 입장을 취하고 있으며 지역에 따라 여러 형태의 자원봉사 지원모델이 있다. 많은 경우 시정부의 각 부처에서 자원봉사자를 활용하여 시민을 위한 사업을 운영하고 있으며, 시정부 관리들은 자원봉사옹호자로서 자원봉사캠페인을 벌이고, 기업이나 각계 단체 간의 교류를 주선하며, 자원봉사자를 표창하는 역할을 하고 있다(이번송 외, 1996: 186).

2005년 국가・지역사회봉사공사(CNCS)가 발표한 통계에 의하면 2005년 동안 미

국 성인 국민의 28.8%인 6,540여 만 명이 연 평균 50시간 자원봉사를 한 것으로 나타나고 있으며, 여성의 자원봉사활동참여율이 남성보다 높다. 특히 여성의 경우에는 전업주부의 자원봉사보다 직업여성의 자원봉사활동참여율이 더 높은 것으로 나타나고 있는데, 활동이 많을수록 자원봉사활동이 활발하다고 볼 수 있다.

미국의 직장인 1억 640만 명 중 26.5%가 자원봉사에 참여한 경험이 있으며, 직장인의 자원봉사활동참여율은 전체 미국인의 평균 28.8%보다 다소 낮다. 1970년대 제록스, 체이스맨해튼 은행, IBM사 등의 대기업이 자원봉사활동을 시작한 이래 오늘날 거의 모든 미국의 기업이 임직원 자원봉사활동을 펼치고 있다.

자원봉사활동분야는 종교기관을 통한 활동(34.8%)이 가장 많고, 청소년 교육・서비스(26.2%), 사회・지역사회서비스(13.4%), 병원 및 의료활동(7.7%) 등의 순서이다.

2005년도의 28.8%보다는 다소 낮지만, 지금도 미국의 자원봉사활동참여율은 높은 수준을 유지하고 있다. 최근 자료인 2008년의 국가・지역사회봉사공사(CNCS)의 통계에 의하면 2008년에는 경기침체에도 불구하고 자원봉사활동참여율이 26.4%를 기록하여, 2007년의 26.2%보다 오히려 증가하였다. 2008년에는 6,180만 명이 자원봉사에 참여하였으며, 특히 청년층의 자원봉사가 크게 늘어, 2007년의 780만 명에서 2008년에는 820만 명으로 늘었다. 자원봉사활동참여자의 35.9% 정도가 종교기관에서 또는 종교기관을 통해서 자원봉사를 하였다. 1년 동안 미국인이 자원봉사에 사용한 시간은 총 81억 시간에 달한다(임은희 외, 2010).

미국은 모범적 자원봉사활동이 시민정신으로 실천되고 있는데, 클린턴 행정부에 와서는 국가봉사단(CNS: Corporations for National Service)을 조직하고, 부시 행정부에 와서는 새로운 국가봉사단(USA Freedom Corps)으로 전면 확대하는 등 미국은 조직적 정책으로 연방정부가 자원봉사정책을 주도해 왔다. 연방정부조직부터 주정부, 시정부, 지방자치단체에 이르기까지 전국이 자원봉사 네트워크로 연결되어 있다. 자원봉사센터들이 지방단위로 확대・조직화되면서 촛불재단 등 전국협의체가 구성되었으며, 이러한 민간단체의 활동에 대해 정부가 지원하고 진흥하는 역할을 맡다가 정부전달체계가 확립되었던 것이다.

부시 행정부가 전국의 민간 자원봉사단체를 지원하기 위해 1990년에 설립한 조직이 촛불재단이며, 클린턴 행정부가 최초의 연방정부가 주도하는 정부 전달체계를 확립한 것이 1993년에 창설된 국가봉사단(CNS)이고, 2001년 9·11 테러사태 이후에는 부시 행정부에 의해 새로 확대된 국가봉사단(USA Freedom Corps)이 출범하였다.

(1) 국가 및 지역사회봉사법과 촛불재단

미국은 1990년대에 「국가 및 지역사회봉사법(National and Community Service Act 1990)」을 제정하여 국민의 자원봉사를 국가의 중요정책으로 다루어 왔다. Bush 대통령 재임 시 제정된 「국가 및 지역사회봉사법」은 민간단체인 촛불재단의 설립을 뒷받침하였다.

학생에 대한 봉사학습(Service Learning) 프로그램, 청소년봉사단, 전국적 규모의 유급봉사모델이 개발되어 봉사법에 의해 시행되었다. 민간 자원봉사단체로 1990년에 설립된 촛불재단은 보다 많은 사람들의 사회문제해결을 위해 자발적으로 지역사회봉사에 참여시키는 것에 목적을 두고 정부와 민간의 재정적 지원을 받아 자원봉사에 대한 공공의 인식증대를 위한 각종 캠페인과 행사를 수행한다.

촛불재단은 회장을 대통령이 직접 임명하고 국회에서 독립적 예산편성을 받는 정부출연기관으로 창립된 후 미국 전역의 자원봉사센터연합체인 VOLUNTEER와 통합하여 민간 차원의 전국적 기구로 성장하였다.

(2) 국가봉사단

국가봉사단은 1992년 당시 Clinton 대통령 후보가 선거캠페인으로 공약했다가 당선 직후 만든 것인데, 기존의 연방정부 지원하에 있던 봉사조직들을 통합하였다. 연방정부에 속한 독립기관으로 대통령이 최고책임자이고, 15명의 이사로 구성되어 있으며, 재원은 정부지원과 민간지원으로 충당하고 있다.

국가봉사단의 목적은 모든 연령과 배경의 미국인을 국가를 위해 자원봉사에 참여하도록 하여 미국의 교육 및 공공안전과 인간적·환경적 욕구, 사회문제해결에 대한 시민의 책임을 공유하고, 사람 간의 유대 강화와 서비스에 참여하여 헌신하는 젊은이에게 교육적 기회를 제공한다는 것이다.

국가봉사단의 세 가지 주요 프로그램으로는 미국봉사단(Ameri Corps), 학습봉사(Learn and Serve America), 전국노인봉사단(National Senior Service Corps)이 있다.

(3) 평화봉사단

Kennedy 대통령은 세계를 향한 봉사와 희생이라는 메시지를 발표하면서 후진국의 경제개발을 도와주고 국제평화에 공헌하기 위하여 '뉴 프론티어(New Frontier)' 정책의 일환으로 1961년 국제적 봉사단체로 평화봉사단(Peace Corps)을 창설하였다. 개발도상국가에 평화봉사단을 파견하여 문맹퇴치운동과 빈곤의 퇴치 그리고 미국의 청년들에게 교육, 기술개발, 의료 등 각 분야에서 활동할 수 있는 기회를 제공하는 사업을 수행하면서 민간 차원에서 외교활동을 담당하였다.

(4) VISTA(Volunteers in Service to America)

1964년 존슨 대통령은 국내 평화봉사단이라 할 수 있는 VISTA를 조직하였다. 이 조직은 주로 해외에서 활동하고 있는 평화봉사단과는 다르게 1950년대의 지속적 경제성장과 함께 나타나고 있는 미국 국내의 빈부격차를 해소하기 위해 창설되었다. VISTA에서는 이러한 빈곤문제에 관심 있는 시민들을 동원해 교육시킨 후 빈민을 돕는 일을 지원하는 것을 기본 목적으로 하고 있다.

(5) 자원봉사센터

자원봉사센터(VC: Volunteer Center)의 역할은 자원봉사 장려, 자원봉사자 모집과 배치, 지역사회봉사 프로그램 개발, 자원봉사단체 훈련 및 지원, 자료정보제공 등이 있다. 재원은 공동모금회, POLF, 연방, 주, 모금행사, 기부금 등으로 운영되고 있으며, POLF에서 센터 직원들의 직원훈련, 센터 신설 지원, 정보제공 네트워크 형성·평가·인정 등을 지원하고 있다. 현재 498개소가 있고, 312개 지역에서 신설을 고려중에 있으며, 독립기관(46%), 지방 United Way 산하(38%), 시 혹은 카운티 산하

(4%), 기타 대학 등 조직의 부분으로 존재(12%)하는 형태로 설치되어 있다.

(6) 시민봉사단

2001년 9·11 테러사태가 지금의 대규모 국가봉사단 조직의 탄생을 강요하였다. 시민봉사단(Citizen Corps)은 2002년 1월 국가봉사단(USA Freedom Corps)이 과거의 국가봉사단(CNS)을 확대·개편하면서 신설된 프로그램이다. 주로 국토방위와 시민의 안전을 최우선 사명으로 활동하는 조직이다. 시민봉사단은 신설된 국토방위청이 주관해서 법무성과 보건성의 공조로 운영되는 조직이다.

시민봉사단의 조직은 ① 지역사회 긴급구호팀(Community Emergency Response Teams), ② 의료상비팀(Medical Reserve Corps), ③ 마을감시팀(Neighborhood Watch), ④ 자원경찰팀(Volunteers in Police Service) 등으로 구분된다. 이 네 가지 프로그램에 미국인 누구나 참여해서 봉사활동을 할 수 있도록 개방하고 있다. 시민봉사단은 민·관 지도자들이 공조하는 시민봉사단위원회에 의해 운영된다.

(7) 대학의 사회봉사

자원봉사에 대한 대가로 학점과 관계없이 조직화된 대학생의 자원봉사는 19세기 후반 이래 미국 교육의 전통이 되어 왔다. 역사적으로 미국 대학들은 종교적 가치와 사회봉사의 의미를 통합하여 자원봉사를 장려해 왔다. 그 대표적인 예가 100번째 자원봉사의 전통을 가진 하버드대학이다. 하버드대학에는 '필립스 브룩스 하우스협회(Phillips Brooks Association)'라는 미국에서 가장 전통 있고 규모가 큰 학생들이 운영하는 사회봉사의 집이 있다. 학교의 부속기관이면서 하나의 독립법인체이다.

'필립스 브룩스 하우스협회'는 대학의 자원봉사센터 역할을 하되, 전적으로 학생이 중심이 되어 자율적 봉사를 하는 것이 특징이며, 7명의 직원이 있지만 학생에게 조언자 역할을 할 뿐이다. 자원봉사자의 모집은 1년에 두 번 하고 있으며 약 80개의 프로그램 위원회가 각각 1~2학년을 대상으로 회원을 모집한다. 학부생 6,400명 가운데 1,700명, 즉 4명 가운데 한 명 정도가 모집되어 자원봉사를 한다. 학생 자원봉사자들이 주로 하는 프로그램은 빈민지역의 어린이 캠프, 방과 후 보호 및 학습지도, 상담지도, 법률구조, 오락지도, 난민에 대한 영어교육, 기근퇴치를 위한 모금운동, 그 밖에 문맹퇴치를 위한 프로그램 등 학생이 비교적 쉽게 할 수 있는 것들이다.

자원봉사자들은 주로 빈민지역의 문맹퇴치와 아동·청소년에 대해 개별적으로 조언을 하고 역할모델이 되어 준다. 학생들은 남들을 돕는 경험을 통해서 한 인간으로서의 정체감을 확립해 나가는 한편, 지역사회의 문제와 그 해결방법을 익히게 됨으로써 미래의 지도자로서 역량을 키워 나갈 수 있다. 바로 그 때문에 '필립스 브룩스 하우스협회'는 하버드대 '최고의 과정'으로 불린다.

2. 영국의 자원봉사활동

1) 자원봉사활동 발달과정

영국의 자원봉사는 18세기 시민의식의 성장에 따른 자원봉사정신과 민주주의 철학을 토대로 하여 전통적 기독교의 자선활동에서 비롯되었다고 할 수 있다. 18세기 말 산업혁명으로 인한 도시화, 공업화의 영향으로 인구의 도시 유입과 함께 여성과 아동이 공장의 열악한 환경에서 작업하는 문제가 야기되었다. 그 결과 빈곤문제와 빈부격차현상 등 새로운 사회문제가 야기되면서 많은 시민은 사회개량에 관심을 갖게 되었다. 당시의 자원봉사자들은 실업가, 은행가 등 주로 신흥중산계급의 기독교인이 대부분이었다. 이들 중상류계층의 박애주의자들은 후일 자선협회에 가담하게 되었다.

19세기 후반 영국에 있어서 조직적 자원봉사활동의 대표적인 것은 자선조직협회와 인보사업운동(Settlement Movement)이다. 1869년에 세워진 자선조직협회는 그동안 비체계적으로 이루어졌던 교회의 자선활동과 민간사회복지활동을 효과적, 효율적으로 수행하기 위하여 조직되었던 것으로, 런던 시를 몇 개의 지구로 나누어 각 지구에 구빈위원회를 두어 구제대상자를 판별하였다. 구제대상자로 승인된 빈민에 대해서는 때때로 가정방문을 통한 지도를 했는데, 우애방문원(friendly visitor)이 이 역할을 하였다. 이 우애방문원으로 참여했던 사람들은 대개가 중상류 계층의 부인들이었고, 이들은 상당한 책임감과 열정으로 활동하였는데, 1886년 런던의 자선조직협회는 1년에 2만 5,000사례를 다루었다(류기형 외, 2009).

한편 19세기 후반에 이르러 빈곤이 개인의 책임이 아니라 사회의 구조적 결함으로 인하여 발생한다는 사회개량주의가 태동하면서 그 영향으로 인보관운동(Settlement House Movement)이 시작되었다.

인보관운동은 자원봉사자들이 빈민지역에 지역사회주민과 함께 거주하면서 다수의 지역사회주민을 사회악(빈곤, 무지, 질병, 나태, 불결)으로부터 구제하고자 한 운동으로, 이들이 독립심과 자존심을 갖도록 격려해 주고, 그들의 취미를 살리는 음악, 미술 등을 즐길 수 있는 기회뿐만 아니라 교육의 기회까지 마련해 주면서 시작했다. 1884년 런던 동부 슬럼지역의 토인비 홀(Toynbee Hall)을 시작으로 기독교의 자선(charity)정신을 토대로 케임브리지나 옥스퍼드 등의 대학에도 영향을 주었고, 점차 시민도 관심을 갖게 됨에 따라 여러 곳에 인보관이 설립되었으며, 이는 자원봉사활동이 확대되는 토대가 되었다.

제2차 세계대전은 민간활동을 더욱 촉진시켜 그 규모가 점점 커지고 전담하는 유급직원이 생기면서 보다 과학적이고 전문적인 서비스를 할 수 있게 되었다. 1960년대에는 자원봉사활동에 대한 국민의 이해와 사회의 역할이 더욱 강조되어 새로운 법이 제정되기 시작한다. 민간사회사업기관과 단체의 보호 육성을 목적으로 한 「자선법(Charity)」과 지방 차원에서 자원봉사활동을 지원하기 위한 「지방정부 사회복지서비스법(Local Authority Social Service Act)」이 제정되기에 이르렀다.

영국 자원봉사활동의 발달에 전환점을 마련한 것은 1968년의 아베스(Aves)보고서의 발표였다. 이 보고서는 전문직원의 서비스 보완 및 사회서비스 제공의 통합을 위하여 자원봉사자가 필요하며 이를 위하여 자원봉사자의 증강, 훈련, 원조에 관한 표준이 필요하다고 지적하였다. 그 결과 1970년대는 자원봉사활동의 전문화·관료화 현상이 일어나기 시작하였다(Sheard, 1995; 류기형 외, 2009).

1970년대에는 정부의 자원봉사에 대한 지원과 역할이 보다 확대되어 모든 분야의 사회복지서비스국은 지역 내의 자원봉사활동을 포함하는 모든 서비스에 대해 조정 및 지원의 역할을 수행하였다.

1990년대에 들어 지역사회 보호, 새로운 복지 다원주의(Welfare Pluralism)를 둘러싼 정치적 합의로써 대처정부의 민영화정책은 자원봉사활동의 주요 활동 영역이었던 사회서비스, 공공서비스 및 복지서비스 등의 영역에 있어서 국가개입의 축소로 나타나게 되었고 이는 민간 중심의 자원봉사활동에 많은 영향을 미쳤다.

영국의 자원봉사활동은 보수당의 집권을 통해 자원봉사활동을 육성하였으며 1992년 「자선법(Charity Act)」이 개정되면서 민간사회복지기관과 단체를 보호하고 육성하며, 자선위원회에 등록된 단체에 대하여 모금승인이나 조세감면 등 다양한 자원봉사활동의 진흥을 위한 법안이 만들어졌다. 이후 영국은 전반적으로 정부 차원에서 행해진 사회복지서비스가 개인, 민간단체 등으로 전환되면서 자원봉사 영역이 그 어느 때보다 더 큰 영역을 차지하며 발달해 오고 있다.

2) 자원봉사활동 현황

(1) 자원봉사활동 관련법

영국에는 직접적으로 자원봉사 관련법은 존재하지 않으나 「인권법(Human Right Act)」, 「자선법(Charities Act)」 등의 개별법이 간접적으로 그 근거가 되고 있다.

1992년에 개정된 「자선법」은 민간사회사업기관 및 단체의 보호와 육성을 목적으로 자선위원회(Charity Committee)에 등록된 단체에 대한 감독과 모금승인 및 조세감면을 규정하고 있다. 법 개정을 통해 연간 수입이 5천 파운드 이상인 단체에 대해서 동일한 목적을 가진 단체는 합병할 수 있도록 이사회의 권한을 강화하였으며, 소규모 단체의 통합 역시 장려되어 자원봉사단체의 이사회가 특별한 이유 없이 거부할 수 없도록 제도화하였다.

그 외에도 자원봉사자들이 차별받지 않고 보험에 가입할 수 있도록 「인권법」이

1998년 제정되었으며, 특수 전문가는 손해보험까지 가입할 수 있도록 하였다. 또한 자원봉사자의 신상자료가 본인의 동의 없이 활용되지 않도록 사생활을 보호해 주는 「신상자료보호법(Data Protection Law)」(1998) 자원봉사자들이 위험한 환경에서 작업하지 않도록 하는 「직장안전관리법」(1974) 등이 있다.

(2) 영국 정부의 자원봉사활동 지원

전통적으로 영국의 자원봉사활동은 민간단체가 중심이 된 체제였다. 정부 주도의 자원봉사 프로그램이 만들어진 것은 미국보다 다소 늦은 1998년의 밀레니엄 자원봉사단(MV: Millennium Volunteers)이란 프로그램이었다. 밀레니엄 자원봉사단은 잉글랜드 지역뿐만 아니라 영국 전역에서 추진되는 운동으로, 16~24세 영국인의 자원봉사활동참여를 유도, 지원한다.

밀레니엄 자원봉사단의 활동은 주로 지역방범, 병원봉사, 장애아동학교에서의 교사보조, 스포츠 지도자, 어린 학생의 여행보조, 환경보호활동 등이다. 그러나 이와 관련하여 국가가 공인하는 자원봉사자격증은 없고, 민간기구의 수료증이 그 역할을 대신할 뿐이다.

밀레니엄 자원봉사단의 활동은 경제적 보수가 없는 것을 원칙으로 하지만, 훌륭하게 활동을 완수한 경우 이를 증명하는 수단으로서의 상장이 주어진다. 100시간 이상 자원봉사활동을 했을 때에는 격려증서(Certificate of Recognition), 200시간 이상 했을 때는 우수상(award of excellence)이 주어진다.

청소년 학생의 자원봉사의 경우에는 2005년 내무부가 발표한 '관대한 사회(A Generous Society)'라는 정책이 있다. 이 정책은 중·고등학교 학생에게 500파운드의 정부보조금이 따르는 자선계좌를 개설하게 하고, 각자 이 계좌에 돈을 넣어 기부 습관을 기르도록 하는 것을 목적으로 한다(임은희 외, 2010).

(3) 민간기관과 자원봉사단체

① **자원봉사센터**(NCV: National Centre for Volunteering)

자원봉사조직을 총괄하는 민간독립기구로 1973년 설립된 단체로서 자원봉사관리자 및 각종 자원봉사조직지원, 자원봉사활동개발, 자원봉사활동참여 유도, 자원봉사활동의 가치를 옹호하는 것을 목적으로 하고 있다.

활동으로는 자원봉사활동 계획수립을 위한 조사·연구사업, 자원봉사내용·결과·참여 등 전국의 자원봉사활동에 대한 조사활동, 출판사업, 연수 및 훈련사업, 캠페인 및 활동전개, 자원봉사자를 위한 인센티브[incentive: 6월 한 주를 볼런티어주간(volunteer week)으로 지정하고 자원봉사자를 위한 포상 및 파티를 제공]를 제공하고 있고, 세부 프로그램으로는 기업과의 연계를 통한 근로자 자원활동참여 프로그램인 피고용인 프로그램(employee program)이 있다. 이 프로그램을 통하여 복지기관은 근로자의 전문기술을 제공받을 수 있고, 자원봉사자는 자기계발의 기회를 마련할 수 있다.

② **영국자원봉사사무국연합회**(NAVB: National Association of Volunteer Bureaux)

영국에서 가장 규모가 큰 전국조직으로 전국에 걸쳐 자원봉사사무국(Volunteer Bureaux)과 지부를 회원조직으로 두고 있다. 자원봉사사무국의 조직형태를 보면 매우 다양하며 독립되었거나 자원봉사 관련 기구에 설치되어 있고, 지역자원봉사 발전전략 수립, 자원봉사활동참여 유도, 정보제공, 훈련, 연구, 캠페인 등의 활동을 하고 있다. 재정은 정부보조금과 기타 기업협찬, 수익사업 등으로 운영된다.

③ **자원봉사단체협의회**(National Council for Voluntary Organization)

영국 최대의 자원봉사단체협의회로서 전국 단위 혹은 지방 단위의 자원봉사단체협의회와 각 분야별 자원봉사단체를 망라해 전국의 자원봉사단체가 가입되어 있다. 정부정책결정 자문·건의, 밀레니엄봉사단 및 각 정당정책 관여, 자원봉사관리자 교육, 자원봉사단체의 컨설팅을 해 주고 있다. 재정은 정부의 기금지원을 받고 있다(승금희, 2005: 45-46).

자원봉사단체협의회(NCVO) 활동의 특징은 영국의 국가적 현안에 대한 정부정책결정과 자문 그리고 건의와 세미나 개최뿐만 아니라 통합 유럽의 자원봉사활동 활성화 등과 같은 국제적 현안에 깊숙이 개입되어 활동하고 있으며 특히 정부의 재정지원을 받기 때문에 정부의 주요 정책자문에 응하고 정부의 정책결정에 결정적 역할도 수행한다는 것이다.

정부와 민간단체 간의 협약(compact)정책건의, 블레어 정권의 밀레니엄 봉사단, 각 정당의 정책에 자원봉사정책의 반영 등과 같은 주요 현안에 관여하고 있을 뿐만 아니라 정책연구를 포함한 각종 주요 간행물 발간, 자원봉사관리자의 교육·훈련을 담당하고, 자원봉사단체의 컨설팅을 해 주는 기능을 갖고 있다.

〈표 5-2〉 영국의 자원봉사단체 현황

기관명	주요 프로그램 내용
Birmingham PHAB camps	장애인과 비장애인을 위한 통합캠프 운영
Centre for World Development Education	영국 내 제3세계에 대한 교육의 확대
Cities In Schools(CIS)	학교에서 자신감이 없거나 자아상이 분명하지 않은 학생을 위한 기관
Community Action Projects (CAP)	6~16세의 청소년을 대상으로 한 캠프
Greenhill YMCA National Centre	체육교육에 목표를 둔 다양한 활동에 주력
Leonard Cheshire Foundation	영국 전역에 78개의 장애인 그룹홈 운영
Nansen Highland	행동에 문제가 있는 아동에서부터 학습지체아동에 이르기까지 특수교육을 필요로 하는 아동의 교육·지도
Quaker Volunteer Action (QVA)	국가 간의 이해를 도모하며 국제적 협력을 통한 공동체 강화
Royal Society for Mentally Handicapped	지적장애인과 가족을 위한 서비스 제공
The National Trust	정규 직원과 함께 환경보호활동에 참여
The Simon Community	자선단체로서 노숙자에 대한 숙식제공 및 새로운 생활을 할 수 있는 기회제공
Waterway Recovery Group	장기부채를 갚지 못했거나 기계사용에 어려움을 겪는 이들을 단체 측면에서 지원

3. 캐나다의 자원봉사활동

1) 자원봉사활동 발달과정

17세기 이후 캐나다에서는 종교기관을 주축으로 사회단체들이 설립되었다. 19세기 후반과 20세기 초반에는 많은 지역사회단체가 설립되었으며, 공동모금회(United Way)는 정부의 사회복지체계를 보완하기 위하여 설립된 모금단체이다.

캐나다 정부는 의료와 복지부문에서 비교적 큰 역할을 수행해 왔으므로 자선단체와 같은 사적 기금에 대한 수요는 그다지 큰 기능을 하지 않았다. 그러나 1990년대 경제불황에 직면한 이후, 캐나다 정부는 의료 및 사회복지비용의 지출을 상당 부분 축소하였으며, 이는 결과적으로 '자선단체'의 역할이 다시 증가하는 계기를 마련하였다. 1998년에는 기업의 지원금이 전체 예산의 2%에 불과하였음에도 불구하고 현재 자선기금들은 보다 더 기업의 후원에 의존할 수밖에 없는 실정이며 캐나다 국세청에 등록된 자선단체는 면세혜택을 부여받고 있다.

2) 자원봉사활동 현황

캐나다의 자원봉사활동은 시민사회 내 지역단체의 연대활동과 1998년 자원봉사 관련 국제회의 개최를 계기로 운동, 오락, 문화, 건강, 복지 그리고 종교 등 다양한 영역에 걸쳐 이루어지고 있다.

1997년 실시된 기부 및 자원봉사활동참여에 관한 전국실태조사(The National Survey of Giving, Volunteering and Participation)에 의하면, 15세 이상 캐나다 인구의 1/3가량이 1년간 하나 이상의 자원봉사활동에 참여하였으며, 이들이 활동한 자원봉사시간이 전체 자원활동시간의 80%를 차지하는 것으로 나타났다. 특히 전일제보다 시간제나 실직자의 참여율이 더 높은 것은 이색적이라고 할 수 있다.

캐나다에서의 자원봉사활동의 참여는 나이와 교육 그리고 수입과 같은 요소와 관련이 있으며, 종교단체와도 매우 높은 관련이 있는 것으로 나타났다. 이들은 많은 시간을 할애함과 동시에 상당한 금액도 기부하고 있으며, 많은 종교단체들은 집이 없는 사람과 노약자를 위한 음식을 제공하는 등 크게 기여하고 있다. 이들 종교단체의 활동은 육체적·조직적·인적 연계망을 구축함으로써 자원봉사활동을 촉진시키는 것이다.

1998년 캐나다 자원봉사회의 한 연구에 의하면, 대부분의 자원봉사활동이 양로원, 병원, 재가간호 영역 등의 의료 관련 분야에서 이루어지고 있음을 지적하고 있다. 그러나 구조조정, 규모의 축소, 지역사회보호(community care) 등은 자원봉사자를 둘러싼 환경에 변화를 가져왔는데 자원봉사자의 역할이 질적·양적 측면에서 전문직과 대립을 가져올 수 있는 환경으로 변화된 것이다. 영연방계열의 캐나다는 민간부문 중심의 자원봉사활동이 매우 활성화되어 있다. 인접 국가인 미국의 영향을 상당히 받아 기업 사회봉사활동을 활성화시키고 있으며, 학생의 지역사회봉사활동에도 많은 프로그램을 개발하고 있을 뿐만 아니라 자원봉사주간 등을 정해서 각종 행사 등을 전개하고 있다.

(1) 캐나다 자선센터

캐나다는 기금마련, 캠페인, 상호 협력 증진, 정책 및 전략개발, 정보제공 및 조사·연구 등의 책임을 수행하는 전국 단체를 시민사회의 인프라로 구축하고 있다. 캐나다 자선센터(Canadian Center for Philanthropy)는 캐나다의 자선단체 부문 가운데 가장 대표적인 기구 중 하나이며 이 조직은 시민들로 하여금 금전과 시간의 기부를 장려하고 있다.

(2) 상상 프로그램

상상 프로그램(imagine program)은 1988년에 시작되었으며, 정부와의 차별화된 서비스를 대상자에게 지속적으로 제공하여 지역사회의 자립도를 증진시키는 것을 목적으로 한다. 이 프로그램은 교육, 양육, 문화, 청소년, 노약자 보호 등과 같은 분야에 대한 기부와 자원봉사활동을 촉진하여 지역사회를 강화하고자 하는 데 역점을 두고 있다. 또한 보살피는 기업(caring enterprise) 개발에 초점을 두고 있으며, 이미 이익의 최소 1%를 좋은 일에 기부하는 기업들이 등장하고 있는데, 어떤 기업은 직원들의 참여를 적극 장려하고 있다.

(3) 자원활동부문 원탁회의

캐나다 자선센터와 캐나다 자원봉사회(Volunteer Canada)를 포함한 전국적 규모의 단체들은 자원활동부문 원탁회의(VSR: Voluntary Sector Roundtable)를 결성하고 1995년 이후 자원활동부문의 능력강화를 위해 노력하고 있다. 이 단체 회원들은 자원부문의 사회적 책임과 과세 관련 입법 및 정부와의 협력 그리고 정책개발을 위한 의견개진에 초점을 두고 있는데 이는 정치적 결정이 시민사회에 미치는 영향력을 직시하기 때문이다. 이에 따라 회원들은 그 분야의 국회의원과 접촉하여 위원회를 구성하는 등 다양한 방법을 동원하여 사회적 이슈에 대한 논의에 동참하고자 노력하고 있다. 이러한 목적을 달성하기 위해 『국회의원과 대화하는 방법(Communication with Your MP How to-Kit)』이라는 정보지를 발행하고 각 회원 조직에 배포하기도 한다.

자원활동부문 원탁회의(VSR)는 시민사회가 공공부문과 민간부문과 더불어 사회를 지탱하는 제3의 기둥으로서의 역할을 담당하고 있어 그 중요성이 농후함에도 불구하고 정책가들은 이 분야의 규모와 본질, 기능, 부여하는 가치 그리고 이것이 직면하는 도전에 대해 충분히 깨닫지 못하고 있다고 비판한다. 그리고 더 나아가서는 자원봉사 및 시민사회단체들이 지역사회의 심장부를 구성하고 있고, 이들은 시민이 속해 있는 지역사회에 대한 연대를 갖도록 하며, 삶의 질을 향상시키고, 지역사회 공동선을 추구하며, 시민참여를 통해 지역사회에 대한 이해를 증진시킨다는 점을 강조한다. 주와 지역정부는 청년의 자원봉사활동참여의 중요성을 인식하고 있으며 이를 장려한다. 예를 들어 온타리오 주는 모든 고교생이 40시간씩 지역사회봉사에 참여하도록 하고 있고, 브리티시 컬럼비아에서는 청소년의 지역사회봉사에 대한 대가로 학비를 면제받을 수 있도록 지원하고 있다.

(4) 자원봉사센터

캐나다에는 다양한 자원봉사센터(Volunteer Center)가 운영되고 있으며, 이들은 자원봉사자의 배치 및 자원봉사활동을 촉진시키는 독립적 지방기구로서의 역할을 수행한다. 어떤 기관은 교육·훈련과 자원봉사자의 이익대변, 조직육성, 청소년, 노인, 범죄자, 장애인 등 특정 집단을 대상으로 하는 활동과 같은 추가적 업무도 수행한다.

(5) 캐나다 봉사회

영국식의 전국봉사센터연합회(NAVB)와 전국자원봉사단체협의회(NCVO)가 하나로 통합된 형태의 전국자원봉사단체 및 센터연합회(Canadian Association of Volunteer Bureau and Centers)가 '캐나다 봉사회(Volunteer Canada)'라는 별칭으로 존재한다.

이 조직은 비영리, 비정부 조직으로 5대 권역(British, Columbia, Saskatchewan, Ontario, Quebec and Atlantic)을 대표하는 이사들의 조직인 이사회가 주요 정책결정의 책무를 수행한다. 재정은 연방정부의 기금보조, 회원의 회비 및 기업 등 재단의 기부금 등으로 조달된다(최덕경 외, 2008).

이 조직에 가입한 자원봉사센터는 주 단위 센터와 자원봉사센터연합 그리고 지역 자원봉사센터들과 긴밀하게 협조하고 있다. 이 센터들은 각기 독립성을 유지하며, 캐나다 봉사회를 구성하는 주요 회원조직들이며 이 단체는 자원봉사센터에서 자원봉사자를 관리하는 자원봉사자, 기업과의 파트너십, 효율적 자원봉사관리와 같은 주제의 교육자료를 제공하기도 한다. 또 다른 회원조직은 각계를 대표하는 자원봉사단체들과 자원봉사관리자, 정부관리자 등 매우 다양하다. 이들은 자원봉사활동의 질적 향상을 위해 애쓰며 조사·훈련, 지역사회 참여증진을 위한 전국적 캠페인을 전개하기도 한다.

한편 캐나다 봉사회는 청년의 자원봉사활동을 증진시키기 위하여 '자원봉사활동이 일자리를 만든다(Volunteering Works!)'와 'V세대(Generation V)'라는 사업을 전개하였는데 '자원봉사활동(Volunteering Work!)'이라는 사업은 실직한 청년들이 자원봉사활동을 통하여 새로운 직업을 구할 수 있도록 기회를 제공하는 것을 말한다. 이를 위하여 소책자, 안내문, 포스터와 웹사이트를 통해 청년 자원봉사자와 그들의 부모 및 자원봉사관리자에게 자원봉사활동이 청년에게 미칠 수 있는 긍정적 효과와 가치를 홍보하는 데 역점을 둔다.

반면에 'V세대' 사업은 캐나다 인적자원개발원(Human Resource Development Canada)으로부터 재정적 지원을 받아 15~30세 사이에 해당하는 청년들에 의해, 그리고 그들을 위하여 실시되었다. 이 프로그램은 수백 개의 캐나다 자선단체의 역량을 증진시키고 이와 더불어 청년들로 하여금 자원봉사활동이 주는 이점을 깨닫게 해준다. 그 목적은 캐나다 청년의 자원봉사활동참여를 증진하고, 자원봉사단체가 청년들로 하여금 프로그램에 참여하도록 유인하며, 우수사례 발굴 등 청년에게 자원봉사관리자로서의 경험을 습득할 수 있는 기회를 제공하는 것 등이다.

〈표 5-3〉 캐나다의 자원봉사단체 현황

기관명	주요 프로그램 내용
Canadian Crossroads International (CCI)	캐나다를 포함하여 25개 국가에서 자원봉사자들이 활동하는 국제자원봉사단체로서 지역사회주민의 건강문제, 여성의 권익증진, 농업·환경·사회복지 등 다양한 분야에 활동
Horizon Composite	전 세계의 자원봉사 인턴십 연결
Camphill Village Ontario	공동체 생활을 통해 장애아동과 장애인이 인간답게 살 수 있는 환경을 제공하는 데 그 목적을 둠
Canadian Bureau for International Education	매년 개최되는 국제적 행사로 열리는 캠프를 지원하며, 다양한 프로그램을 통해 캠프가 이루어짐
Frontiers Foundation/Operation beaver	불어로 번역할 수 있는 능력이 필요하며, 자원봉사에 대한 사전경험이 있어야 함
CUSO	국제개발기구로서 각 지역의 환경 및 문화를 보호하며, 삶의 질을 향상하고자 하는 차원에서 설립되었으며, 전문직 자원봉사자 활용

4. 일본의 자원봉사활동

1) 자원봉사활동 발달과정

일본 자원봉사활동의 기원은 동양의 관습적인 상부상조 생활의식에서 출발한 비조직적 협조형태의 봉사활동이었으며, 1945년 이후부터 자발적 활동의 틀이 자생적으로 서서히 지역복지활동으로 전환되어 갔다.

1917년도 조직된 민생위원제도는 지역사회주민의 모범이 되어 추천받은 민생위원들이 시청·구청·동사무소와 밀접한 유대관계를 맺고 아동 및 청소년복지문제에 참여하고 있다(승금희, 2005). 이 민생위원제도는 1948년 「민생위원법」이 제정되면서 전국적 조직을 갖게 되었다. 「민생위원법」으로 법제화된 민생위원(民生委員)은 정부에서 각 지역마다 봉사정신이 투철한 사람을 임명하여 마을의 어려운 사람들을 돌보도록 한 제도이다. 이들에게는 적지만 매월 소정의 활동비가 지원되었으며 집의 대문에도 '민생지원의 집'이라는 표찰을 달아 주어 생활이 어려운 사람들은 이곳을 찾아가 상담할 수 있도록 하였다. 이들은 행정기관과 사회복지시설의 중간에서 조정자의 역할을 수행하는 주민조직의 지도자이기도 했다. 그러나 일본 민생위원의 역할은 나름대로 긍정적 측면도 있었지만 정부는 이들의 기능을 활용하여 사회통제의 수단으로 사용했다고 하여 비판하는 학자도 있다(김범수 외, 2007). 1951년에 설립된 민간기관인 사회복지협의회는 일본에서 자원봉사의 중추기관 역할을 맡아 왔다.

1960년대와 1970년대에 걸친 고도성장과 1973년 불어닥친 유류파동은 일본 사회에 큰 영향을 미쳤으며, 특히 지역사회의 노인, 장애인, 아동 등의 복지문제가 심각하게 대두되었다. 이로 인하여 지역사회공동체를 형성하고 자원봉사활동을 육성하기 시작했다. 이에 1973년 중앙이나 지방자치단체의 보조에 의한 사회복지협의회를 중심으로 중앙에 자원봉사진흥센터, 도·도·부·현 지정 도시에 '자원봉사센터'를 설립하는 등 자원봉사활동 추진체계가 정비되기 시작하였다. 1975년 협의회의 부설기관으로 전국자원봉사진흥센터를 설립하여 오늘에 이르고 있다.

1971년 후생성에서는 노인을 중심으로 노인사회봉사단을 결성하였고, 총리부가 신생활운동의 일환으로 조성한 향토봉사활동 등을 함으로써 이때 비로소 정부가 자원봉사활동에 관심을 갖기 시작하였다.

1970년 자원봉사의 특징이 사회복지시설이나 기관 중심의 자원봉사였다면, 1980년대 이후에는 재가복지분야를 중심으로 자원봉사활동이 바뀌면서 '복지마을 만들기' 사업도 전개되고 있다(전국사회복지협의회, 1993).

1990년대 들어서면서 자원봉사활동에 기업의 참여가 활성화되고 있으며, 1993년 「사회복지사업법」에 근거하여 자원봉사지도자의 양성연수와 자원봉사보험의 보급 및 자원봉사센터의 정비충실 등 복지활동의 조건정비와 지방자치단체의 사회복지활동에의 참가촉진을 위한 지원 등에 관한 사항을 명시하고 있다. 1990년 이후 일본의 자원봉사활동은 복지분야뿐 아니라 광범위한 분야에서 행해지고 있으며, 특히 기업과 학교에서의 자원봉사활동이 활발히 행해지고 있다.

1995년 고베 대지진 사건 이후에 일본은 새로운 자원봉사 부흥기를 맞았다. 고베 대지진 사건을 계기로 자원봉사활동을 둘러싼 사회적 지원의 바람직한 방향은 급속하게 정책과제가 되었고, 지원의 필요성은 사회적 합의가 계속되었다.

1998년에 제정된 「특정비영리활동촉진법(NPO법, 1998. 12)」은 특정비영리활동을 하는 단체에 합법적 지위부여를 통하여 특정비영리활동의 건전한 발전을 촉진하고, 공익의 증진에 기여하고 있으며, 특정비영리활동법인은 「법인세법」과 「소비세법」 및 「지가세법」상 공익법인으로 간주하여 세제혜택을 부여하고 있다.

일본 정부는 최근 「자원봉사지원법」을 새로이 개정하였으며, 그동안 주무부서를 놓고 후생성과 지방자치성이 빚어 오던 갈등도 전혀 이해관계가 없는 경제기획청을 담당부서로 결정함으로써 쉽게 해결하였다.

일본에는 미국이나 영국과는 달리 자원봉사를 전담하는 기구가 없고, 각 성에서 분담해서 사무를 맡고 있다. 후생성은 복지교육을 지원하고, 문부성은 학습 차원의 자원봉사자 교육을 담당하며, 환경청은 환경자원봉사자를 지원하고, 건설성은 하천정비에 자원봉사자를 투입하는 love-liver 제도를 맡고, 노동성은 근로청소년센터의 자원봉사코너를 지원하고, 우정성은 국제자원봉사기금 조성을 하는 일을 맡는 식으로 역할이 분담되어 있다.

민간에서는 사회복지협의회가 복지에 있어 주도적 역할을 맡고 있지만 사회복지협의회는 탄생부터 운영까지 관변적 성격이 강하다. 그렇지만 사회복지협의회는 도·도·부·현은 물론 전국의 시·군·정·촌까지 3,366개나 되는 지방사회복지협의회를 조직하였고, 1970년대 중반부터 사회복지협의회 산하에 자원봉사센터가 만들어지기 시작하여 오늘날에는 3천 개가 넘는 자원봉사센터가 기능을 하고 있다.

2) 자원봉사활동 현황

일본 자원봉사활동의 특성은 자원봉사활동이 발생 초기부터 다양한 공적 시책들에 의해 생성되었으며, 지역사회를 중심으로 지역사회복지의 실천에 역점을 두고 있다는 것이다. 전반적 추세는 다양한 사회복지시설을 대상으로 한 서비스에서 지역사회를 중심으로 한 서비스 형태로 변화하고 있으며, 특히 재가노인을 대상으로 한 것과 아동건전육성활동, 점역, 수화, 환경미화운동, 교통안전운동 등 지역사회발전을 위한 주민참여가 강조되고 있다.

(1) 민생위원제도

제2차 세계대전 종전 이후 민생위원이라는 공공 자원봉사자들을 정부가 조직하여 운영해 왔다. 1970년부터는 일본 전역 3,400개에 이르는 사회복지협의회 산하 자원봉사센터에 배치되어 협의회와 함께 지역사회의 복지시설을 돕는 활동을 펴고 있다.

이들의 신분은 민간인이지만, 실제로 이들을 위한 별도의 법(1948년 민생위원회)이 있고, 정부가 교통비 등 실비의 수당을 제공하며, 명예직으로 파트타임 봉사를 한다. 이들은 대도시의 경우 270가구당 1명, 그리고 시골은 120가구당 1명으로 지정되어 있으며, 평균연령은 남자 58.5세, 여자 55.6세이다. 또한 민생위원은 「아동복지법」의 아동위원으로도 동시에 위촉되어 있어 아동 및 청소년 문제에도 참여하고 있다.

(2) 일본청소년봉사협회

1967년에 문부성에 의해 발족한 일본청소년봉사협회(JYVA: Japan Youth Volunteer Association)는 청년의 자원봉사를 위한 전국센터의 역할을 할 만큼 폭넓은 활동을 벌이고 있다. 특징적 프로그램으로 18~30세까지의 청소년이 매년 4월부터 1년 동안 집을 떠나 교육, 복지, 의료 등의 국제협력에 참가하는 프로그램이 있고, 학교에 다니지 않는 청소년이 전일제로 봉사하는 '자원봉사 365일 계'가 있으며, 자원봉사 청소년을 기관·단체에 보내 활동하게 하는 '활동캠프'를 운영하고 있다. 또한 아시아 지역의 청소년 자원봉사지도자들을 초청하여 매년 연수를 실시하고 있는데, 한국에서도 매년 사회복지 분야에 근무하는 직원들이 참가하고 있다.

(3) 공동모금회

일본 각 분야의 자원봉사자를 총괄해서 연말에 벌이고 있는 전국적 모금운동조직이다. 이 모금운동은 매년 10월 1일부터 12월 31일까지 실시되고 있으며, 천황, 수상, 장관 그리고 각종 매스컴 단체들이 협조하여 실시하고 있는 전국적 모금운동이다. 공동모금운동은 불우한 계층을 돕기 위한 지역사회의 자주적 활동으로 민간사회복지단체의 사업추진을 위한 재원으로 국민이 자발적으로 조성하는 전국적 국민운동이다. 이 운동의 주체는 중앙공동모금회 및 각 구역의 공동모금회이며, 사회복지협의회의 의견을 들어 지역 내에서 가장 필요성이 높은 시설에 배분하고 있다.

(4) 광역 볼런티어의 범주 연락회의

일본 자원봉사활동의 조직은 최근 사회복지협의회 외에도 학교나 기업들이 참여하는 전국 조직체의 결성으로 이루어지고 있는데 1944년 6월에 창립된 '광역 볼런티어의 범주 연락회의'가 바로 그것이다. 이 연락회의는 전국적으로 사회복지협의회에 일본상공회의소, 일본노총, 전국농협중앙회, YMCA 외에 청소년단체 등 41개 단체가 모여 결성한 것이다. '광역 볼런티어의 범주 연락회의'는 사회복지협의회에 사무국을 두고 있으며, 고베 대지진 당시 활발한 활동을 하였다. 이 기구는 국민 각 계층의 자원봉사활동에 대한 관심을 실제 경험으로 연결하기 위해 7~8월을 볼런티어 기간으로 정하고 각종 프로그램을 실시하고 있다.

(5) 사회복지협의회

일본에서 자원봉사의 중추기관 역할을 맡아 온 기관은 1951년에 설립된 민간기관인 사회복지협의회이다. 사회복지협의회 내에 1959년에는 자원봉사연구회가 조직되어 처음에는 '선의은행'으로 불리다가 뒤에 '자원봉사센터'로 이름이 바뀌었으며, 후생성이 1973년부터 자원봉사 프로그램 지원비를 지급하기 시작했다. 1975년 협의회의 부설기관으로 전국자원봉사활동진흥센터를 설립하여 오늘에 이르고 있다. 전국자원봉사활동진흥센터는 자원봉사센터 기능을 수행하는 지방 사회복지협의회를 위한 연락·조정기관으로 봉사하며, 직원개발·훈련, 정보보급, 자원봉사 인식제고 프로그램 운영, 전국적 자원봉사자를 육성·활용하는 단체들과 상호 협조하여 자원봉사활동 육성에 관한 중앙기구로서 역할을 수행하고 있다.

사회복지협의회는 또한 1977년 이래 초·중·고등학교를 '자원봉사협력교'로 지정하여 학생들의 자원봉사운동을 펴 왔으며, '복지마을 만들기' 사업도 전개하고 있다. 1985년에 시작된 볼런토피아(voluntopia)는 지역사회복지를 목표로 한 자원봉사활동이며, 정부에서 2년 계약으로 보조금을 지급하고 있다. 1993년까지 612개 시·정·촌에서 '만남의 마을 만들기' 사업을 전개했고, '만남의 복지터'를 설치하여 주민의 다양한 요구에 응하고 있고, 지역복지기금도 설치하고 있다.

일본에는 사회복지협의회가 자원봉사활동센터로서의 기능을 수행하고 있다. 또한 각 시·도별로 자원봉사활동센터가 독립되어 있으나 대부분이 사회복지협의회에서 자원봉사활동업무를 수행하고 있다. 지방에 따라 자원봉사활동센터, 선의은행 등의 명칭으로 불린다.

(6) 자원봉사축제

일본은 매년 전국의 주요 도시를 순회하며 자원봉사축제를 열고 있다. 사회복지기관, 자원봉사단체, 각종 기업, 학교 등이 연합으로 전국자원봉사축제 추진위원회를 조직하여 하나의 행사를 개최하는 것인데, 그렇게 함으로써 각 지역별로 자원봉사 붐을 일으키고 있다.

축제는 이벤트적 행사보다는 다양한 워크숍 형태를 통해 자원봉사에 관한 새로운 기술과 노하우를 습득하는 배움의 장이 될 수 있도록 준비된다. 1996년 오사카에서 열렸던 음식축제, 자원봉사발언대 등 50여 개의 각종 행사가 1박 2일 동안 동시다발로 열리고, 다양한 의견이 교환되었다. 바로 그러한 행사가 일본의 자원봉사활동이 전국적으로 균등하게 발전해 나가는 원동력이 된다고 볼 수 있다.

(7) 자원봉사보험제도

일본에서는 자원봉사활동 중에 발생하는 사고재해를 미연에 방지하기 위해 사고방지대책에 관한 지침을 마련하고, 사고가 발생했을 경우에는 '자원봉사보험'에서 제반 경비를 충당하고 있다. 자원봉사보험의 내용을 보면 첫째, 봉사활동 중에 입은 사고의 경우에 지급되는 상해보험, 둘째, 제삼자의 신체나 재물에 손상을 입혔을 경우 배상금보험이 있다. 보험지불한도액은 대인사고 1명당 2,000만~5,000만 엔이고, 대물사고의 경우 2000만 엔이다. 연간 보험료는 가입 시 1명당 200엔이며, 보험가입은 시·구·정·촌 사회복지협의회 자원봉사상담창구에서 취급한다(조휘일, 1993). 그 외에 '재택복지서비스 종합보험'과 '자원봉사행사용 보험'도 있다.

Chapter

6

한국의 자원봉사

1. 자원봉사활동의 발달과정

한국에서 자발성, 무보수성, 복지성 등의 특성을 띤 현대적 의미의 자원봉사활동이 이루어지기 시작한 것은 기독교 사상이 유입·발전되기 시작한 1900년대 이후부터이다. 그러나 한국 전통사회에서는 이웃이 곤경과 불행에 처했을 때 자발적으로 참여하여 도와주던 아름다운 미풍양속이 있었다. 우리 전통사회에서도 자원봉사의 오랜 뿌리를 찾을 수 있다. 고대로부터 농촌부락 단위로 공동경작과 채집에 참여하면서 자발적으로 상부상조하는 두레와 농촌의 노동력 교환인 품앗이, 신라 때부터 성행한 계조직, 지역사회발전과 지역사회주민의 덕화와 교화를 위한 지식인 사이의 자치적 협동조직인 향약 등을 자원봉사활동의 초기단계인 상부상조활동이나 전통적 자선활동으로 볼 수 있다(최현기, 1992).

현대적 의미의 자원봉사활동은 기독교정신과 개화사상의 영향을 받은 1903년 'YMCA' 창립을 시작으로 1921년 '태화기독교회관'의 여성계몽과 아동건강을 위한 봉사활동이 시발점이라 볼 수 있다. 그러나 이 시기의 자원봉사는 기독교 전파에 따라 교회 및 관련 단체에서 기독교 정신에 의한 초보적 형태의 자원봉사활동이었다.

〈표 6-1〉 전통적 자원봉사활동내용

구분	내용
두레	촌락단위조직이며, 성인 남자들의 작업공동체
부근	집을 신축하거나, 10세 이하의 아이가 죽었을 때 도와줌
향도	마을에 흉사가 있을 때만 무보수 봉사하는 일종의 장의 봉사
부조	과부, 홀아비, 노인, 화재를 당한 집을 고치거나 정리
향약	친화친목을 목적으로 한 자발적 협동조직
고지	궁핍한 사람들이 형성한 공동체
품앗이	노동력을 주고받는 마을 공동체로 기본 나눔 형태
계	상부상조의 관행, 목적에 따라 다양

출처: 이종복 외(2008: 396).

당시의 자원봉사는 조선총독부에서 설립한 인보관을 중심으로 관 주도의 교화사업과 구국운동의 성격인 학생운동, 일부 지식층과 학생층이 펼친 농촌계몽활동의 형태였다. 학생운동은 광복 이후 그 성격이 문맹퇴치를 위한 야학, 농촌봉사활동, 질병구제 등의 활동으로 변화되어 갔다.

1950년대와 1960년대에 이르러 종전까지 산발적으로 전개되었던 자원봉사활동이 'YMCA', 'YWCA' 활동으로 활발히 전개되었고, 인도주의 차원의 적십자운동을 중심으로 보다 조직적으로 활성화되었다(류기형 외, 2009: 82).

이후 1971년부터 전개된 새마을운동은 지역사회주민의 생산기반과 생활능력을 개발하여 소득수준을 향상시키고 의식계발을 포함한 사회개발에 획기적으로 기여하였을 뿐만 아니라 자원봉사정신의 확산 및 고취에 커다란 영향을 미쳤다. 그리하여 1978년부터는 '한국사회복지협의회'가 자원봉사자 교육·훈련을 실시하여 사회복지 분야에 배치하기 시작했으며, 각종 사회복지단체를 중심으로 자원봉사활동이 전개되었다.

또한 1979년 2학기부터 강남대학교 사회사업학과에서는 처음으로 자원봉사론(자원복지론)이라는 과목을 개설하여 교과목에 배정하면서 사회복지학과가 설립된 다른 대학에서도 점차 자원봉사론을 개설하여 강의하기 시작하였다.

그렇지만 자원봉사활동에 대한 관심이 본격적으로 높아지기 시작한 것은 1980년대에 들어오면서부터이다. 이는 경제수준의 향상, 국민의식의 증대, 가족구조의 변화 등 사회·경제적 변화에 기인한 것으로 1984년 한국여성개발원에 의하여 자원봉사 인력은행이 설치되고, 1985년 올림픽 조직위원회에 의하여 자원봉사단이 구성됨으로써 보다 조직적으로 자원봉사활동이 전개되었다. 특히 '86 아시안게임과 '88 서울올림픽은 전국적으로 자원봉사를 인식시키고 확산시키는 데 큰 기여를 하였다.

1990년대는 자원봉사를 더욱 체계적으로 육성시키려 한 시기라고 할 수 있다. 1991년 2월에는 한국자원봉사연합회가 창립됨으로써 최초의 전문적 민간자원봉사단체가 설립되었고, 1992년 보건복지부는 한국사회복지관협회에 전국 사회복지관 부설 재가복지봉사센터의 관리업무를 위탁하였고, 1994년에는 자원봉사 관련 전산정보체계 구축, 자원봉사지도자 교육, 자원봉사활동 조사·연구 및 교재발간, 홍보, 정책건의를 목적으로 하는 사회복지협의회 부설 사회복지 자원봉사정보안내센터가 설립되었다.

또한 1994년에는 36개 자원봉사단체로 한국자원봉사단체협의회가 결성되었다. 이후 1995년에는 한국자원봉사포럼, 1996년에는 사랑의 문화봉사단, 한국대학사회봉사협의회가 발족되었으며, 1997년에는 민간연구·교육기관으로서 '볼런티어 21' 등이 속속 등장하기 시작했다.

그러나 자원봉사활동이 양적으로 현저하게 늘어나기 시작한 것은 1990년대 중반부터이다. 그렇게 된 요인은 여러 측면이 있지만, 주요 요인은 1993년 한국사회복지협의회의 자원봉사전산망(VT-NET) 구축, 1994년 삼성그룹의 기업 자원봉사활동 도입, 그리고 같은 해 중앙일보사가 전개한 자원봉사캠페인을 들 수 있다(김동배, 2005: 149). 이 캠페인은 1995년에 교육부에서 실시한 5·31 교육개혁조치와 함께 중·고생을 자원봉사활동에 의무적으로 참여시키는 결과를 가져왔다. 그 후 각 시·도에 '청소년자원봉사센터'와 시·군·구의 '종합자원봉사센터'가 설립되면서 자원봉사활동을 통하여 민·관이 상호 파트너십을 유지하는 관계를 갖게 되었다(김범수 외, 2006: 27).

1990년대 중반부터 자원봉사가 양적으로 확대되기 시작한 데는 정부의 지원도 큰 역할을 했다. 보건복지부는 1991년부터 15개 광역시·도에 '사회복지 자원봉사안내센터'를 설치하였고, 전국 355개 사회복지관에 '재가복지봉사센터'를 설치하였다. 여성부에서도 전국 시·군·구에 263개소의 '여성자원활동센터'를 설치하여 운영하였으며, 문화관광부는 전국 17곳에 '청소년자원봉사센터'를 설치하였다.

이후 1996년 정부는 국민복지기본구상(안)에서 297개 사회복지관에 지역 단위 자원봉사센터를 신설한다는 계획을 발표하였고, 행정자치부 사회진흥과에서 자원봉사 관련 업무를 관리토록 하였다. 이처럼 자원봉사에 대한 시민참여가 확산됨에 따라 자원봉사를 보다 체계적으로 지원하고 자원봉사자를 보호하기 위한 법적 근거를 마련코자 「자원봉사진흥법안」을 추진하였고, 2005년 6월 30일 「자원봉사활동기본법」이 의결됨에 따라 2006년 1월부터 시행되었다.

2. 자원봉사조직 및 현황

1) 자원봉사센터

자원봉사센터는 2015년 현재 전국 시·도, 시·군·구에 1개소씩 총 245개소가 설치되어 지역 자원봉사활동의 중추적 역할을 수행하고 있으며, 근무인력 현황은 2015년 현재 1,451명이며, 이 중 민간 인력이 90.7%, 공무원 인력이 9.3%에 이르고 있다. 그리고 센터 근무인력에 대한 급여수준이 매년 조금씩 나아지고 경력자 비중도 늘어 센터 근무자의 처우나 지위가 안정되어 가고 있다. 또한 예산지원의 지속적 증가로 센터의 역할이 보다 강화되고 다양한 시책사업이 추진되고 있다.

자원봉사센터의 운영형태를 보면 지방자치단체 직영이 53.9%, 위탁운영 형태가 20.4%, 법인운영이 25.7%로 지방자치단체가 직영하는 비율이 상대적으로 높게 나타나고 있다.

그리고 자원봉사진흥 및 활성화 시책 추진, 자원봉사단체·센터의 노력, 자원봉사에 대한 인식제고 등으로 자원봉사센터에 등록된 자원봉사자 수와 활동인원이 매년 증가하고 있다. 2005년 208만 명에서 2015년 1,138만 명으로 10년 사이에 547%로, 활동인원은 연인원 기준 763만 명에서 2,482만 명으로 325%로 증가한 것으로 나타났다(행정자치부, 2015: 56).

자원봉사의 필요성이 새로운 차원으로 인식되면서 범사회적 운동으로 확산되어 그 관심과 활동이 지속적으로 증가될 것으로 예상되며, 사회통합과 국가발전을 위한 에너지로 작용할 수 있도록 자원봉사활동의 체계적 육성·발전을 통하여 건전한 시민운동으로 정착시켜 나가고 자원봉사 인프라 구축, 전문인력 양성과 다양한 자원봉사 프로그램 개발 등 자원봉사활동 진흥을 위한 적극적 노력을 기울여야 한다.

(1) 설치 및 운영

248개 자치단체 중 245개 자치단체가 자원봉사활동 지원조례를 제정하여 자원봉사센터 운영 및 자원봉사활동을 지원하고 있다. 지방자치단체가 운영하는 자원봉사센터는 1996년부터 설치되기 시작하여 2015년 현재 시 · 도, 시 · 군 · 구에 1개소씩 전국 245개이다.

(2) 자원봉사등록 및 활동현황

자원봉사등록자 수는 11,383천 명으로 2009년 대비 6,020천 명(212%)으로 증가하였다.

〈표 6-2〉 연도별 자원봉사자 등록 현황 (단위: 명)

연도	2009	2010	2011	2012	2013	2014	2015
등록인원수	5,363,435	6,315,032	7,085,162	8,216,176	9,533,241	10,295,144	11,383,726

출처: 행정자치부(2016), 2016년 자원봉사센터 현황.

성별로는 여성(56.9%)이 남성(43.1%)보다 많으며, 연령별로는 10대(29,7%)와 20대(24.6%)가 많고, 400대(15.3%)와 50대(11.6%) 순이다.

〈표 6-3〉 자원봉사자 성별 · 연령별 현황 (단위: 명)

연도	총계	성별		연령별						
		남	여	14세 미만	14세 이상	20대	30대	40대	50대	60대 이상
2011	7,085,162	3,034,133 (42.8%)	4,051,029 (57.2%)	306,016 (4.3%)	1,701,718 (24.0%)	1,245,759 (17.6%)	832,933 (11.8%)	1,319,685 (18.6%)	984,805 (13.9%)	694,246 (9.8%)
2012	8,216,176	3,529,773 (43.0%)	4,686,403 (57.0%)	390,506 (4.8%)	2,001,973 (24.4%)	1,573,738 (19.2%)	888,170 (10.8%)	1,448,987 (17.6%)	1,098,015 (13.4%)	814,787 (9.9%)
2013	9,533,241	4,112,118 (43.1%)	5,421,123 (56.9%)	514,283 (5.4%)	2,352,481 (24.7%)	1,975,967 (20.7%)	951,396 (10.0%)	1,600,603 (16.8%)	1,208,473 (12.7%)	930,038 (9.8%)
2014	10,295,144	4,429,316 (43.0%)	5,865,828 (57.0%)	530,529 (5.2%)	2,595,363 (25.2%)	2,335,069 (22.7%)	969,664 (9.4%)	1,652,756 (16.1%)	1,242,859 (12.7%)	968,904 (9.4%)
2015	11,383,726	4,904,720 (43.1%)	6,479,006 (56.9%)	559,293 (4.9%)	2,825,808 (24.8%)	2,799,635 (24.6%)	1,042,333 (9.2%)	1,746,135 (15.3%)	1,324,789 (11.6%)	1,085,733 (9.5%)

출처: 행정자치부(2016), 2016년 자원봉사센터 현황.

직업별 실인원수에 있어서는 기타군이 가장 많았으며, 주부, 대학생, 초중고생 순으로 나타났다. 평균봉사횟수에서는 자영업, 무직, 주부, 서비스업종 순으로 시간 활용이 자유로운 적인 직업군이 상대적으로 높게 나타났다.

〈표 6-4〉 자원봉사자 직업별 현황 (단위: 천 명)

구분		초중고	대학생	사무직	자영업	전문직	공무원	농수산	주부	군인	서비스	무직	기타
계	실인원	804,626	134,334	35,965	25,183	33,892	44,182	6,906	134,930	7,194	19,217	9,817	2,490,331
	연인원	3,133,730	827,139	231,187	439,521	312,146	172,912	75,633	1,744,941	54,870	214,822	126,006	17,489,101
	평균횟수	3.6	5.4	6.1	14.4	8.2	4.3	8.8	11.6	5.5	9.5	12.1	6.7

출처: 행정자치부(2016), 2016년 자원봉사센터 현황.

자원봉사자의 활동 분야는 생활편의 분야가 가장 많았으며, 안전·방범, 문화행사, 교육 순으로 나타났으며, 평균횟수에서는 국제협력 분야가 11.5회로 가장 높았으며 기타, 멘토링, 농어촌, 생활편의, 상담 순으로 나타났다.

〈표 6-5〉 자원봉사자 분야별 현황 (단위: 천 명)

구분		생활편의	주거환경	상담	교육	보건의료	농어촌	문화행사	환경보호	행정보조	안전·방범	인권·공익	재해·재난	국제협력	멘토링	기타
계	실인원	899,887	151,930	38,351	393,783	44,865	19,633	497,848	343,070	313,478	616,801	11,982	10,515	8,305	26,774	369,355
	연인원	6,424,823	898,482	272,394	1,857,903	314,928	143,129	2,884,211	1,787,184	1,621,146	4,090,863	68,250	71,642	95,780	266,664	4,024,609
	평균횟수	7.1	5.9	7.1	4.7	7.0	7.3	5.8	5.2	5.2	6.6	5.7	6.8	11.5	10.0	10.9

출처: 행정자치부(2016), 2016년 자원봉사센터 현황.

2) 사회복지정보센터

사회복지정보센터는 1992년 지역복지봉사센터로 설립되었다가 1995년 그 기능과 명칭이 바뀐 것으로 시·도 사회복지협의회 부설로 전국 16개소가 설치되었다. 보건복지부의 경우 1991년 사회복지협의회 내에 지역복지봉사센터를 설치하여 지역복지봉사자의 모집, 교육·훈련, 지역복지봉사자의 수습관리 및 사후지도, 후원사 개발 및 결연사업을 실시하도록 지원했다. 그리고 1992년에는 지역사회에서 일정한 시설과 전문인력 및 자원봉사자를 갖추고 필요한 재가복지서비스를 제공하는 재가복지봉사센터를 전국 사회복지관에 설립하여 한국사회복지협의회에 관리업무를 위탁했다. 이와 함께 자원봉사활동이 범국민적으로 확산되자 1994년에는 한국사회복지협의회 및 전국 15개 시·도 사회복지협의회 지부에 '사회복지 자원봉사정보안내센터'를 설치해 사회복지 분야에서의 자원봉사활동의 연계와 조정을 지원하고 있다.

사회복지정보센터 3대 사업을 살펴보면 다음과 같다.

(1) **사회복지 종합정보망 사업 "정보를 나눕니다"** 사회복지정책 및 경기도 내 사회복지시설, 자원봉사 등 다양하고 광범위한 사회복지 관련 정보를 하나의 종합정보망으로 모아 지역사회주민이 원하는 정보를 신속, 정확하게 찾아볼 수 있는 시스템이다. 사회복지시설 찾기, 복지정보, 구인정보, 자원봉사, 사회복지 정보가이드북, 사회복지 편람 등이 있다.

(2) **사회복지 교육·훈련사업 "알기 쉬운 사회복지"** 지역사회주민을 대상으로 사회복지와 관련한 다양한 정보를 일반 시민에게 교육·홍보하여 사회복지에 대한 관심과 지지를 높여 함께 어울릴 수 있는 사업이다. 사회복지시민대학, 청소년사회복지교육, 초등사회복지교육 등이 있다.

(3) **사회복지 자원봉사인증관리사업 "따뜻한 사랑의 손길"** 전국 사회복지, 보건의료, 기업, 공공기관 및 사회복지법인·단체 및 소속 자원봉사자의 봉사실적을 정확하고 체계적으로 관리·인증해 주는 국내 유일의 전국 단일 네트워크 자원봉사시스템이다. 자원봉사 안내전화(1688-1090), 자원봉사 상해보험 가입, 우수인증센터 현판 보급, 자원봉사자 배지 지급, 우수인증센터 인증요원 활동비 지급, 자원봉사대회 유공자 표창 등이 있다.

3) 청소년활동진흥센터

청소년기부터 자원봉사활동에 참여하는 것이 바람직하다는 사회적 여론과 함께 학교교육의 일환으로 중·고등학교 및 대학의 자원봉사활동을 실시함에 따라 1996년 '청소년자원봉사센터'를 한국청소년개발원 내에 설치하여 중앙과 지방센터로서의 기능을 수행하게 되었다. 이후 7대 광역시와 10개 도를 포함하여 17곳에 청소년자원봉사센터를 설치하여 청소년 자원봉사활동을 활성화시키려는 노력을 하였다.

이후 청소년자원봉사센터는 2006년 '청소년활동진흥센터'로 확대개편되었다. 「청소년활동진흥법」 제7조에 근거하여 청소년활동진흥센터의 사업영역을 살펴보면 ① 지역 청소년활동의 요구에 관한 조사, ② 지역 청소년 자원봉사활동의 활성화, ③ 청소년 수련활동인증제도의 지원, ④ 인증받은 청소년 수련활동의 홍보와 지원, ⑤ 청소년활동 프로그램의 개발과 보급, ⑥ 청소년활동에 대한 교육과 홍보, ⑦ 그 밖에 청소년활동을 위하여 필요한 사업이다. 보다 자세한 주요 사업은 다음과 같다.

(1) 청소년봉사활동 활성화 사업

① 대한민국 해외청소년봉사단 파견사업

② 세계 청소년 자원봉사의 날 서울사무국

③ 청소년 봉사활동 포털사이트 운영(http://www.dovol.net)

④ 청소년 봉사활동터전인증사업

⑤ 서울시 청소년 자원봉사대회

⑥ 청소년 지도자 인력풀제 등

(2) 청소년활동에 관한 정책사업

① 청소년 수련활동인증제 운영(컨설팅, 교육, 인증수련활동관리 등)

② 국제성취포상제 광역사무국

③ 서울특별시 청소년 참여위원회(청소년 특별회의 지역회의)

④ 청소년활동정보 포털사이트 운영(http://www.all4youth.net)

⑤ 청소년활동 프로그램 개발 및 연구・조사사업 등

4) 여성자원활동센터

여성자원활동센터는 1991년에 산발적으로 수행되고 있는 여성 자원봉사의 분산된 창구를 지역단위로 통합・운영하여 자원봉사 희망자의 이용편의를 도모하고 정부의 공공서비스 분야에 여성의 자발적 참여와 봉사의 기회를 적극 제공함으로써 자원봉사활동의 전 사회적 확산기반을 다지고자 하는 목적으로 한국여성개발원에 의해 설치・운영되었다. 1995년 말 현재 144개 시・군・구에 242개의 센터가 설치・운영되고 있으며 12,256개 기관에서 42,728명의 여성 자원봉사자가 활동하고 있다.

여성자원활동센터는 정부기관 내에 설치되어 있어 설치비가 필요 없고 운영비는 지방비에서 지원받고 있는데, 설립유형상 적은 비용이 소요되고 있다. 그리고 여성특별위원회 외에 한국여성개발원은 교육 및 프로그램 개발, 연구 지원을 하고 있어 여성자원봉사센터의 중요한 지원체계가 되고 있다.

5) 한국자원봉사협의회

한국자원봉사협의회는 회원단체들이 각 단체의 이념과 특징을 살리면서 동시에 단체 간의 횡적 유대로 힘을 모아 자원봉사정신을 전 국민에게 파급시키고 나아가 지역사회 발전에 이바지할 수 있는 전 국민적 자원봉사전략을 모색하고 자원봉사운동을 더욱 체계적으로 활성화해 한국이 복지사회를 이룩하는 데 기여하고자 1994년 36개 자원봉사단체가 모여 결성한 전국적 자원봉사단체이다.

한국의 자원봉사 발전을 위해 공동관심사를 중심으로 협력, 조정, 집행하는 상설적 협의체로서, 자원봉사자를 훈련하고 자원봉사 프로그램을 개발하며, 유엔의 자원봉사활동에 참여하는 것을 목표로 하고 있다. 2005년 8월에는 「자원봉사활동기본법」을 공포하고, 2007년 12월에 자원봉사진흥을 위한 제1차 국가기본계획을 수립하였다.

2010년 현재 회원단체는 21세기 공동체개발원, 21C 주부봉사회, 가정행복학교, 경기교육자원봉사협의회, 경기도자원봉사단체협의회, 경상남도 자원봉사협의회, 곰두리봉사회, 곰두리자원봉사연합 등 150여 개에 이른다.

6) 볼런티어 21

볼런티어 21은 평범한 시민이 크고 작은 사회문제를 해결하기 위해 일상적으로 자원봉사에 참여함으로써 보다 건강하고 살기 좋은 지역사회를 만들어 나가도록 도우며, 우리 사회에 자원봉사 문화가 튼튼히 뿌리내릴 수 있도록 지원하는 비영리민간단체이다. 각종 자원봉사 확산을 위한 인프라 구축 및 정책연구, 자원봉사지도자 및 관리자의 역량강화를 위한 교육·훈련, 지역사회문제해결과 공동체성 강화를 위한 프로그램 개발 및 보급을 위해 노력해 왔다. 볼런티어 21의 사업은 다음과 같다.

(1) **교육사업**: 자원봉사리더십센터를 통해 자원봉사리더 및 시민리더를 양성하고, 전문 자원봉사자 및 관리자 교육 프로그램을 개발, 운영한다.

(2) **자원봉사액션사업**: 자원봉사캠페인, 프로그램 개발 및 실천을 통해 자원봉사의 영역을 넓히고, 자원봉사활동이 시민생활문화의 일부로 정착될 수 있도록 노력한다.

(3) **기업자원봉사사업**: 기업 자원봉사 컨설팅, 교육, 프로그램 개발 및 실천을 통해 기업과 NGO의 성공적 파트너십을 만들고 기업과 지역사회가 상생할 수 있도록 지원한다.

(4) **해외자원봉사교류사업**: 각종 해외 네트워크를 통해 해외 자원봉사정보를 교류하고 연구한다.

(5) **연구개발사업**: 정부, 시민사회, 기업 간의 적극적 협력과 신뢰관계형성을 통해

올바른 자원봉사문화가 정착될 수 있도록 정책을 연구하고 대안을 제시한다.

7) 한국자원봉사포럼

한국 자원봉사운동이 올바른 방향으로 전개되고, 활성화되도록 자원봉사 전문가 및 단체의 의견을 수렴하고 정책을 연구하는 것을 목적으로 설립된 한국자원봉사포럼은 1995년 10월에 창설되어 자원봉사활동 활성화를 위한 대중교육과 인식제고 및 정책제안 등에 관한 포럼을 전개하는 등 독특한 역할을 하고 있다.

이 포럼은 정부, 학계, 사회복지기관 및 시설, 기업, 언론계 자원봉사 관련 인사들 170여 명을 회원으로 확보하고 있으며 격월로 모임을 가지면서 자원봉사 관련 이슈를 주제로 전국을 돌며 초청강연회, 토론회, 세미나, 기념행사를 주관하고, 문제와 실천방안을 제시하고 있다.

2009년 9월 10일에는 제64회 정기포럼을 "자원봉사활동기본법 개정을 위한 토론회 – 민간 · 지역 단위 자원봉사 패러다임으로의 전환"이라는 주제로 국회도서관 대강당에서 개최하였다.

8) 한국자원봉사센터협회

한국자원봉사센터협회는 「자원봉사활동기본법」을 근거로 전국 광역시 · 도 및 시 · 군 · 구에 설치된 248개 자원봉사센터들이 유기적 정보교류 및 협력체계 구축을 통해 자원봉사의 근본가치를 확산시키고 범사회적으로 확산되고 있는 자원봉사활동을 보다 효율적으로 조정 · 지원, 육성함으로써 민주시민의 공동체 의식 배양과 공익증진에 기여하는 한국 자원봉사 인프라 구축의 중심기구이다.

그리고 전국의 광역시 · 도 및 시 · 군 · 구에 설치된 248개 자원봉사센터를 회원으로 둔 중앙조직이며, 자원봉사활동 개발, 장려, 연계, 협력 등의 사업을 수행하기 위하여 「자원봉사활동기본법」과 조례에 의하여 설치된 기관, 법인, 단체 등을 말한다.

자원봉사센터는 자원봉사의 활성화를 위한 구심적 역할을 수행하는 인프라로서 행정안전부 지침을 근거로 1996년부터 2008년까지 전국의 248개 지방자치단체에 설치를 완료했으며 직영 146개소, 위탁 95개소, 법인 9개소로 자원봉사자의 모집, 배치, 홍보, 교육 등의 사업과 지역사회기관, 단체(적십자, 새마을, 해병전우회) 등의 자원봉사 관련 단체(기업, 학교 등 포함)와의 상시 협력체계 구축을 통한 지역자원봉사진흥사업 등을 주된 사업으로 하고 있다.

한국자원봉사센터협회에서는 2006년에 그간 자원봉사계의 오랜 숙원이었던 「자원봉사활동기본법」의 시행을 주도하여 전국의 248개 자원봉사센터가 민·관 협력의 바탕 위에서 자원봉사가 국민의 건전시민운동으로 정착될 수 있도록 노력하고 있다. 관련 기관, 단체들과의 네트워크 구축사업을 비롯하여, 교육·훈련 및 조사·연구사업, 조직화 사업, 홍보사업, 재난 등 다양하고 폭넓은 사업을 실시하고 있으며, 특히 네트워크 구축사업 중 재난안전 네트워크 사업으로 수해복구 자원봉사활동 중앙상황실을 운영함으로써 전국 수해지역에 재난구호 자원봉사자를 신속하고 효율적으로 배치하기 위해서 전국의 자원봉사단체와 자원봉사센터 간의 네트워크 체계 구축을 주도했다(119매거진, 2006. 11. 16).

9) 사회복지봉사활동인증관리센터

2009년 개정된 자원봉사인증관리규정은 다음과 같다.

① 사회복지 분야 자원봉사활동의 활성화를 위하여 실시하는 '사회복지봉사활동인증관리사업'의 운영에 관하여 필요한 사항을 정함을 목적으로 한다.

② '사회복지봉사활동인증관리'라 함은 사회복지봉사활동에 대한 사회적 신뢰형성과 인정을 통하여 활성화를 도모하고자 봉사활동내용과 실적 등을 엄정하게 관리하는 것을 말한다.

③ '사회복지봉사활동인증센터'라 함은 인증관리업무를 수행하기 위하여 지정한 자원봉사자의 모집 및 봉사활동지도와 봉사실적 등을 인증관리하는 사업장을 말한다.

④ 인증센터, 인증요원, 자원봉사자 및 한국사회복지협의회(이하 '중앙관리본부'라 한다)와 시・도 사회복지협의회(이하 '지역관리본부'라 한다) 및 시・군・구 사회복지협의회(이하 '기초관리본부'라 한다)에 한정하여 적용한다.

⑤ 중앙관리본부는 전국의 인증관리사업을 총괄하며, 지역관리본부는 당해 시・도 관할지역의 인증관리사업을 총괄관리하고, 기초관리본부는 당해 시・군・구 관할지역의 인증관리사업을 관리한다.

⑥ 중앙관리본부는 사회복지봉사활동에 대한 정보등록・관리를 위하여 '사회복지봉사활동인증관리 DB 시스템'을 구축・운영한다. DB 시스템에는 자원봉사자의 인적사항 및 사회복지봉사활동실적, 자원봉사단체 및 자원봉사 수요처 현황, 기타 인증센터에 관한 정보 등을 등록하여 관리하여야 한다.

⑦ 중앙관리본부는 인증관리사업 총괄 운영・관리, DB 시스템 구축 및 총괄 운영・관리, 인증관리사업계획수립 및 정책건의, 인증관리사업 주체 간 협력체계 구축, 인증센터의 지정 및 취소, 지역관리본부 및 기초관리본부, 인증센터 지도・점검, 사회복지봉사활동 정보제공 및 홍보・출판업무, 자원봉사자 카드 발급 및 관리, 지역관리본부 담당자 교육・훈련 및 사회복지봉사활동 전문관리자 육성, 기타 전국 사회복지봉사활동인증관리사업 활성화 업무 등을 한다.

⑧ 지역관리본부는 인증관리사업 및 DB 시스템 총괄 운영・관리, 인증관리사업계획수립 및 정책건의, 인증센터 지정・취소 의뢰, 인증요원의 양성 및 보수교육, 인증요원의 위촉 및 해촉, 인증센터 및 인증요원 현황에 대한 확인 및 지도・점검, 관할지역 봉사활동 정보제공 및 홍보・출판물 발간, 인증관리사업 관련 중앙관리본부계획의 시행, 관할지역 내 자원봉사자 카드발급 신청・관리에 관한 안내, 기타 중앙관리본부가 시달하는 인증관리업무 등을 수행한다.

⑨ 기초관리본부는 지역 내 DB 시스템 정보현황제공, 인증관리사업계획수립 및 정책건의, 인증요원의 양성 및 보수교육, 관할지역 봉사활동 정보제공 및 홍보・출판

물 발간, 기타 지역관리본부가 시달하는 인증관리업무 등을 수행한다.

⑩ 인증센터는 봉사활동 및 인증센터 현황정보 등의 DB 시스템 등록·관리, 자원봉사자 모집·교육·훈련·배치 등, 봉사실적정보등록 및 관리와 '사회복지봉사활동실적인증서' 발급·관리, 인증센터 소속 자원봉사자 등록정보의 관리, 소속 자원봉사자의 자원봉사자 카드발급안내, 인증센터 및 인증요원에 관한 정보변경사항의 관할 지역관리본부 보고, 지역관리본부가 시달하는 인증관리사업 관련 계획 시행, 기타 인증관리사업에 관한 업무를 한다.

〈표 6-6〉 2010년도 봉사활동인증센터 현황 (단위: 개소)

총계	서울	부산	대구	인천	광주	대전	울산	경기
6,395	857	340	194	252	543	401	213	891
	강원	충북	충남	전북	전남	경북	경남	제주
	304	259	449	355	449	441	274	173

출처: 2010년 사회복지 자원봉사 통계연보.

3. 한국 자원봉사단체 유형

한국의 자원봉사단체를 광의와 협의로 구분하여 보면 〈표 6-7〉과 같으며, 정부전달체계, 기업 자원봉사단체, 제3섹터인 시민사회단체로 자원봉사단체가 이루어져 있다.

〈표 6-7〉 한국 자원봉사단체 유형: 협의와 광의의 단체 분류

유형	협의의 자원봉사단체	광의의 자원봉사단체
정부	자원봉사센터 여성자원활동센터 청소년자원봉사센터 KOICA	주민자치센터 범죄예방위원회 도서관, 미술관 등 공공기관 공무원, 군부대

유형	협의의 자원봉사단체	광의의 자원봉사단체
기업	사회봉사단, 사회공헌팀	사회봉사동아리, 노동조합봉사팀
중·고교		중·고교 자원봉사팀
대학	사회봉사센터	학생회, 동아리
기타 교육기관		사회교육원, 야학단체
언론		중앙일보 전국자원봉사축제 언론사 환경보호운동
사회복지	재가봉사센터, 복지관(종합, 노인, 장애인)	복지시설(이용시설, 생활시설)
청소년단체	청소년자원봉사센터	수련관, 수련시설, 상담소, 보이스카우트, 걸스카우트
시민사회단체	한국 119 유선봉사단 장애인봉사단체	대부분의 시민사회단체 환경단체, 소비자단체
구호단체	대한적십자사(구호)	적십자사(병원 등), 구세군
종교단체	불교자원봉사단, 기독교연합봉사회, 천주교사회복지회	교회, 성당, 사찰 봉사팀
멤버십단체		라이온스클럽, 로터리클럽
보건의료기관	한방의료봉사단	병원, 보건의료기관(호스피스)
국제구호단체	월드비전, 국제기아대책기구, 굿네이버스	아프간 난민구호 NGO
국제봉사단체	세계청년봉사단 태평양아시아협회	지구촌 나눔운동 우리 민족 서로 돕기
국제단체	유엔봉사단(UNV), 세계자원봉사협회(IAVE)	UNICEF, UNESCO
행사단체	2001 IVY 한국위원회, 2002 IAVE 서울대회	월드컵문화시민운동협의회
전문단체	자원봉사단체협의회, 자원봉사센터협의회, 자원봉사인증센터, 자원봉사연구기관	대한자원봉사연구소

출처: 한국자원봉사단체협의회(2003), 한국자원봉사단체 현황.

1) 정부 전달체계

정부 전달체계로는 행정안전부의 자원봉사센터, 여성가족부의 여성자원활동센터, 문화체육관광부의 청소년자원봉사센터, 외교통상부의 국제협력단(KOICA) 등을 협의의 자원봉사단체로 꼽을 수 있고, 전국 읍·면·동에 설치된 주민자치센터가 최근 자원봉사 업무를 개시하면서 장차 자원봉사단체로서의 역할을 많이 할 것이며, 법무부의 범죄예방위원의 봉사활동을 주요 업무로 하고 있다. 그 밖에도 고궁, 도서관, 미술관, 박물관, 지역문화원 등 공공기관에서 봉사활동이 점차 증가하고 있다.

2) 기업 전달체계

대부분의 기업은 사회공헌팀 혹은 동아리, 동호회 차원에서 소규모 봉사활동을 비정기적으로 하고 있다. 기업 중 삼성그룹이 가장 적극적으로 사회봉사단 체제를 정비해서 조직적 봉사활동을 하고 있다.

3) 중·고교와 대학

중·고교에서는 1990년대 중반부터 전국적으로 일제히 봉사활동이 진행되었고, 대학에서도 대부분 봉사학점제가 도입되면서 학생 봉사활동이 크게 활성화되었다. 일부 대학은 사회봉사단의 전담조직을 두고 봉사활동을 하고 있다. 그 밖에도 학생회의 농촌봉사활동, 동아리의 야학활동 등이 가장 일반적인 봉사활동이다.

4) 사회복지관과 시설

전국 재가복지봉사센터와 종합·장애인·노인복지관이 사회복지 분야를 대표하는 자원봉사단체다. 그 밖에도 각종 사회복지 이용시설과 생활시설이 부분적으로 자원봉사자를 활용해 아동, 노인, 장애인 등 소외계층을 위한 복지서비스를 제공하고 있다.

5) 청소년자원봉사센터와 단체

청소년활동진흥센터가 서울과 전국 시・도에 설치되어 있고, 청소년 수련관, 회관 등 시설에서 청소년을 위한 봉사활동과 청소년이 자원봉사로 참여하는 봉사활동이 이루어지고 있다.

6) 시민사회단체

주로 자원봉사자의 자발적 참여에 의해 이루어지기 때문에 시민사회단체가 자원봉사업무를 전문화시켜서 자원봉사자를 조직적으로 모집하고 활용하는 동향을 보인다. 최근 수도권뿐만 아니라 전국 지역에 시민사회단체들이 줄지어 설립되는 추세를 보여준다.

7) 구호, 종교, 멤버십 단체

구호단체, 종교기관 및 멤버십 단체들이 전통적 자원봉사단체이다. 자원봉사자들은 대한적십자와 구세군 등 구호단체, 가톨릭, 기독교, 불교 등 종교 관련 단체에서 주로 봉사활동을 해 왔다. 또 라이온스클럽, 로터리클럽 등 멤버십 단체도 봉사활동을 주요 활동 중 하나로 삼아 왔다.

8) 병원과 보건의료기관

병원, 기타 의료기관에서 봉사활동이 시작된 것은 최근 일이다. 많은 병원과 의료기관이 자체 사회사업실 등의 부서를 통해 자원봉사자를 모집해서 병원의 일반업무와 의료에 필요한 보조업무에 활용하고 있다.

9) 국제봉사활동단체, 국제기관

1990년대에 접어들면서 한국의 국제봉사활동단체가 조직되어 지금은 국제사회에 나가 왕성한 국제봉사활동을 하고 있으며, UNICEF, UNESCO 등의 국제기구 한국 위원회가 자원봉사자를 많이 활용하고 있다.

10) 국제행사단체

국제행사가 잦아지면서 다양한 봉사활동이 이루어져 왔다. 2002년 경우 월드컵과 아시안게임에 수만 명의 자원봉사자가 활동하는 등 국제행사가 있게 되면 어김없이 자원봉사활동을 볼 수 있다. 국제행사를 마련하는 기관과 단체가 일시적으로 자원봉사단체 역할을 하는 것으로 볼 수 있다.

11) 자원봉사전문단체

자원봉사를 전문적으로 조사·연구하거나 교육·훈련하는 단체도 중요한 자원봉사단체이다. 또한 자원봉사센터의 협의체, 자원봉사단체의 협의회 등 다양한 협의기구들이 전문자원봉사업무를 담당하고 있다(정민숙 외, 2009: 302).

Chapter 7

자원봉사활동의 대상 및 분야

1. 아동을 위한 자원봉사활동

1) 아동의 개념과 특성

(1) 아동의 개념

아동은 보는 관점에 따라 어른의 작은 형태, 꾸밈없는 천진난만한 존재, 또는 생리적 충동과 욕구가 강한 존재로서 다양하게 표현되고 있지만, 아동에 관하여 사회적으로 합의된 일반적인 개념을 살펴보면, 신체적, 정신적으로 성장하는 과정에 있는 사람을 아동이라고 부를 수 있다.

아동의 연령 구분의 기준은 법률의 규정을 따르는 것이 일반적이다. 그러나 아동의 정의는 법률에 따라 다소 차이가 있다. 유엔아동권리협약에서 아동의 정의는 "아동에게 적용되는 법에 의하여 보다 조기에 성인연령에 달하지 아니하는 한 18세 미만의 모든 사람"을 의미한다.

우리나라 아동복지법 제2조에서도, '아동이라 함은 18세 미만의 자'라고 규정하고 있다. 입양촉진 및 절차에 관한 특례법 제2조에서도 아동이란 '18세 미만의 자'를 말한다고 규정하고 있다. 모・부자복지법, 국민기초생활보호법에서도 18세 미만의 자녀로 정의하고 있다.

아동과 관련된 개념으로 미성년, 소년, 청소년, 영유아 등의 연령은 관련법령의 목적과 취지에 따라 다소 다르게 규정되고 있다. 민법에서는 '만 20세 미만의 자'를 미성년이라고 하고 있고, 소년법에서는 '20세 미만의 자를 소년'이라고 규정하고 있다. 그리고 청소년기본법 제2조에서는 청소년을 "9세 이상 24세 이하의 자"로 규정하고, 다만, 다른 법률에서 청소년에 대한 적용을 달리할 필요가 있는 경우에는 따로 정할 수 있다고 하였으며, 청소년보호법에서 청소년은 19세 미만의 자로 규정하였다. 또한 영유아보육법에서는 '6세 미만의 취학 전 아동'을 영유아라고 정의하고 있다.

이와 같이 아동복지법상의 아동의 연령, 민법상의 미성년의 연령, 청소년기본법,

청소년보호법의 청소년의 연령은 법의 취지와 목적에 따라 다소 상이하게 정의되고 있음을 볼 수 있다. 이 책에서 아동이란 18세 미만의 자로서 유엔아동권리협약과 아동복지법의 정의를 준용하고자 한다.

현대사회에서 가족 내에서의 아동양육은 가족관계 안에서의 양육보다는 사회적 양육 개념으로 변화되고 있다. 가족형태 변화에 따른 아동의 문제와 빈곤가정의 증가, 요보호아동 증가 등은 가족체계 안에서의 양육으로는 한계가 있어 사회의 책임과 지원 정책을 시행하고 있다.

양육방식의 변화, 요보호아동 증가에 따른 사회적 책임은 거택보호, 사회복지시설, 보육시설 등에서 실시되고 있지만, 조력자의 세심한 지원을 요구하는 아동발달 특성상, 자원봉사의 활동지원이 절실하다고 본다.

(2) 아동의 특성

아동을 대상으로 자원봉사를 하기 위해서는 인간발달 과정상의 아동에 대한 이해가 선행되지 않으면 안 된다. 또한 현실적으로 자원봉사의 주 대상이 되는 요보호아동은 일반아동의 특성에다 현재 처하고 있는 환경으로 인한 특성이 부가되어 있다. 아동은 성장발달, 연령, 생물학적 특성, 욕구 및 적응양식 등에서 다양한 특성들이 도출될 수 있으며, 아동의 일반적인 특성은 다음과 같다(전남련 외, 2008 재인용).

① 아동은 일반적으로 성인에 대비되는 말로써 신체와 정신이 미성숙한 상태에 있다.
② 아동은 인간의 전 생애에서 여러 단계의 성숙을 거쳐서 성장, 발달한다.
③ 아동은 다른 어떠한 포유류 동물보다도 장기간에 걸쳐 의존하고, 보호를 받아야 한다.
④ 아동은 생리적 욕구와 인격적 욕구가 함께 충족되어야 한다.
⑤ 아동은 매우 민감하여서 가정을 기초로 점차 사회화되어 간다.
⑥ 아동도 사회적 인간으로 성장하기 위해 사회환경에 적응할 수 있는 능력을 학습해야 한다.

2) 자원봉사활동을 위한 아동복지시설 현황

사회복지 분야에서 운영되고 있는 아동복지시설의 유형 및 종류는 보건복지부에 속한 시설에 제한시켜서 분류하면 아동복지법상의 시설을 아동복지시설이라 하며, 세부적으로 생활시설과 이용시설로 구분한다. 그 세부적인 시설은 다음 〈표 7-1〉과 같다.

〈표 7-1〉 사회복지시설 및 기관의 유형과 종류

관련법	시설종류	세부 종류		소관부서
		생활시설	이용시설	
아동복지법	아동복지 시설	· 아동양육시설 · 아동일시보호시설 · 아동보호치료시설 · 아동직업훈련시설 · 자립지원시설 · 아동단기보호시설 · 공동생활가정	· 아동상담소 · 아동전용시설 · 아동도복지관 · 지역아동센터 ※ 2개 이상 아동시설이 혼합되어 있는 종합시설 설치 가능	보건복지부

3) 아동을 위한 자원봉사활동의 분야와 내용

아동들을 위한 자원봉사활동의 분야는 매우 다양하다. 간접적인 활동과 직접적인 활동으로 나누어 볼 수 있으며, 장애아동, 저소득층 아동, 유기아동 등 대상에 따라 나눌 수 있다. 자원봉사현장에서 주로 많이 이루어지고 있는 대표적인 분야와 내용을 소개하면 다음과 같다.

〈표 7-2〉 아동을 위한 자원봉사활동

구 분	종 류	내 용
직접적 자원봉사	상담	· 또래상담(전화, 인터넷) · 전화상담(전화) · 가족과의 상담(자원봉사) · 학교부적응아동/문제행동아동 상담지도(경찰, 선생님)
	심리적 지지	· 결손가정 아동 지도 · 요보호아동 결연 · 실직가정아동 심리·정서지도
	교육지원	· 어린이 공부방 학습지도 · 학습부진아 지도 · 어린이 교육 프로그램 지도(한글, 영어, 한자 등) · 어린이 컴퓨터 지도 · 아동 자원봉사자를 위한 교육
	여가선용지도	· 취미교육(미술, 음악, 종이접기 등) · 동아리활동 지도(연극, 영화, 만화, 노래 등) · 레크리에이션 지도 · 독서지도 · 전통문화놀이지도(탈춤, 판소리 등)
	사회활동지도	· 동반외출 · 농촌활동 지도
	보호활동	· 방과 후 아동보호 지도 · 일일위탁부모 · 영·유아보호시설/탁아시설 아동 돌보기
간접적 자원봉사	업무보고	· 아동단체시설 업무보조 · 아동숙박시설(수련장) 업무보조
	초청 및 방문	· 사회복지시설 방문봉사
	조사활동	· 유해 문화 환경 조사·감시 · 위험장소 검사
	정보제공	· 자원봉사활동 정보지도 제작 · 아동을 위한 지역사회신문 제작
	캠페인	· 가출아동공동체 건립·운영을 위한 바자회 · 소년소녀가장을 위한 음악회 · 낙도에 도서·놀잇감 보내기 캠페인 · 결식아동을 위한 사랑의 빵 나누기 모금 · 아동학대 예방 및 신고 캠페인 · 심장병어린이 수술비 모금을 위한 편지쓰기 등

4) 아동을 위한 자원봉사자의 역할과 유의사항

(1) 아동을 위한 자원봉사자의 역할

① 인간화의 역할

- 아동이 건전한 인격을 형성하기 위해서는 부모나 부모대리인에게 소속되고 의존하여 사랑, 관심, 보호를 받으며 자라야 한다(부정 예: 늑대소년, 살인범).
- 아동의 인격적 성장에 필요한 좋은 환경을 조성하도록 노력한다.

② 사회화의 역할

- 아동의 사회화 과정은 가정, 유희집단, 또래집단, 학교생활 등에서의 인간관계를 통하여 이루어진다(부정 예: 정서적 부적응, 가출, 비행 등).
- 아동 자신의 능력으로 스스로의 문제를 극복하고 원만한 대인관계를 갖도록 하여 건전한 사회인으로 성장하도록 도움을 준다.

③ 치료자로서의 역할

- 아동이 부적절한 환경과 사회화 과정에서 겪게 되는 문제점들을 바로 잡아 원만한 대인관계를 가질 수 있도록 도와야 한다(부정 예: 불안정한 가정 분위기).
- 여러 사유로 심리 · 정서적 문제를 갖게 된 아동들이 문제를 극복하도록 도움을 준다.

(2) 아동을 위한 자원봉사활동 시 유의사항

① 대상아동에 대한 지속적인 관심과 이해

봉사활동 시에 기술이나 재능보다는 지속적 관심을 갖고 아동의 심리 · 정서적 변화와 주위환경의 변화를 관찰한다.

② 약속시간의 엄수와 신뢰관계 형성

약속을 지킬 수 없는 불가피한 경우에만 사전양해를 구하며, 효율적 시간활용으로 지속적인 신뢰관계형성에 노력하여야 한다.

③ **눈높이 자원봉사**

아동의 욕구를 관찰하여, 그들이 원하는 수준, 방향, 방법을 선택하여 함께 활동하며, 자선심과 동정심에 의한 일방적 시혜성봉사는 지양해야 한다(수치심 · 무력감 유발, 의존심 조장 유의).

④ **아동의 솔직한 자기감정표현과 긍정적인 감정의 유도**

아동 스스로의 감정을 말로 표현하도록 격려하며, 적의나 소극적인 감정을 희망적인 것으로 승화시킬 수 있도록 도움을 주어야 한다.

⑤ **원만한 대인관계 기술 및 일상생활 지도**

부적응 현상을 나타내는 아동들에게 사회적 인간으로 성장할 수 있도록 적응력 향상에 기여하여야 한다.

⑥ **시설아동 자원봉사에 대한 각별한 주의**

보육사 및 직원과 아동 간의 관계를 악화시키지 않도록 유의해야 한다

⑦ **아동에 대한 업무상 알게 된 비밀유지**

자원봉사를 하면서 업무상 알게 된 아동의 비밀에 대하여 비밀을 유지해야 한다.

2. 노인을 위한 자원봉사활동

1) 노인의 개념과 특성

(1) 노인의 개념

노인을 한마디로 정의하기는 어렵지만 사전적 의미로는 '나이가 많이 들어 늙은 사람'이라고 하고 있고, 위키백과사전에는 '노인(老人)은 인간의 마지막 과정이다. 어르

신이라고도 부르나, 그 외에도 늙은이, 고령자(高齡者), 시니어, 실버 등으로 교체해서 사용하기도 한다. 한 나라나 지역에 노인이 많으면 고령화가 사회문제로 대두되기도 한다. 대한민국에서 처음에는 60세 이상이면 노인이었으나, 현재는 65세 이상이면 노인으로 분류가 된다. 노인만을 위한 시설로는 경로당, 노인정, 노인 대학 등이 있다. 현재 도시보다는 농촌에 노인들이 많이 분포한다.'라고 되어 있다.

일반적으로 노인에 대한 정의는 '노인은 생리적 및 신체적 기능의 퇴화와 더불어 심리적 변화가 일어나서 개인의 자기 기능과 사회적 역할 기능이 약화되고 있는 사람이다.'라고 한다. 그러나 「노인복지법」에서는 노인의 기준을 60세로 하지만 노인에게 노령수당을 지급하는 기준은 65세 이상으로 법적 통일이 되어 있지 않다. 노인복지시설에 입소할 수 있는 조건도 국민기초생활보장수급 대상노인 중 65세 이상으로 한정하여 아직도 고령화 사회를 맞이하는 우리의 정의가 정립되어야 한다. 이 점에서 노인에 대한 정의는 노인이 처해 있는 사회문화적 상황 및 개인적 상황 등에 따라 다양하기 때문에 한마디로 정의하기는 어렵다.

노인에 대한 구체적이고 조작적 정의가 필요하며 크게 다섯 가지로 구분하였다(장인협 외, 2006; 권중돈, 2009).

첫째, 개인 스스로가 주관적으로 판단하여 주요한 사회적 지위와 역할이 상실된 상태에 있는 사람으로 사회적 역할 상실에 의한 노인

둘째, 노화와 관련하여 주요한 사회적 지위와 역할이 상실된 상태에 있는 사람으로 사회적 역할 상실에 의한 노인

셋째, 시간경과의 단위인 달력상의 나이에 의하여 일정한 연령에 도달한 사람으로 역연령(曆年齡)에 의한 노인이라고 정의하며, 가장 보편적으로 사용하고 있다. 역연령에 의한 노인은 60~64세는 연소노인(年少老人; young-old), 65~74세는 중고령노인(中高齡老人; middle-old), 75세 이상 고령노인(高齡老人; old-old)으로 부른다.

(2) 노인의 특성

노화란 시간이 흐름에 따라 유기체의 생물학적, 심리적, 사회적 측면에서 나타나는

변화로서 노화로 인한 기본적 변화와 신체적, 심리적 특성에 대하여 다음과 같이 구분하였다(이병순 외, 2010).

① **노인의 일반적 변화**

- 세포의 노화: 뼈와 근육의 위축으로 키가 줄어들고, 등이 굽어지며, 피하지방이 감소하여 전신이 마르고 체중도 감소하며 주름이 많아진다.
- 방어능력의 저하: 잠재하고 있던 질병이 출현되거나 질병이 발생할 경우 급격하게 상황이 악화되어 죽음을 맞이하는 경우도 있다.
- 예비능력의 저하: 조직의 예비능력이 저하되어 일상생활의 적응능력이 떨어져 힘든 상황이 발생할 수 있다.
- 회복능력의 저하: 만성적인 질환을 가진 노인은 다른 합병증도 쉽게 올 수 있어 사소한 원인으로도 중증 상태에 빠지는 경우가 있다.

② **노인의 신체적 변화**

부 분	변화 내용
소화기계	소화기계는 길고 근육으로 된, 입에서 시작하여 항문으로 끝나는 관으로 구강, 인후, 식도, 위, 소장 및 대장을 포함한다.
호흡기계	호흡기계는 환경과 폐 실질 조직 사이의 가스교환을 담당하며, 세포수준에서의 호흡은 산소 분자와 세포 사이의 가스교환을 의미한다.
심혈관계	심장은 노화에 따라 심근섬유의 탄력성 반동 작용이 감소되어, 에너지잠재력이 감소되고 심실 분출과 심실 충만의 속력도 감소한다.
근골격계	근골격계의 변화는 전형적인 노인의 모습은 굽은 허리, 가늘고 긴 팔과 다리, 다리를 넓게 벌리고 비틀거리는 걸음 등 구조와 기능상의 변화를 지표로 한다.
생식 및 비뇨기계	노인은 성 호르몬의 감퇴로 성적 흥분 시 일어나는 심혈관계의 급격한 반응이 둔화되고 속도도 느려진다.
피부계	노인에게 피부장애는 흔하게 나타나며 때로는 정상적인 노화과정과 구별하기가 매우 힘들다.
신경계	신경계의 구조와 기능의 변화는 개인의 유전적 특성과 외상이나 질환에 침범 받은 특정 뇌 부위에 따라 여러 요인들의 복합적인 작용에 의해 일어난다.
내분비계	갑상선 질환과 당뇨병과 같은 내분비계 질환은 노인에게 흔하게 발병하지만 증상이 확실하지 않으므로 진단을 내리는 것은 어려운 경우가 많다.

부 분	변화 내용
감각기계	· 시각: 눈이란 빛의 질과 광도를 조절하는 수정체와 빛의 양을 조절하는 동공과 홍채의 작용에 의해 빛, 사물의 형태, 색깔, 크기와 원근, 폭과 각도 등을 망막에 수용하는 기관이다. · 청각: 노화에 따라 귀 바퀴는 연골형성이 계속되고 피부 탄력성이 상실되기 때문에 귀 바퀴가 커지고 늘어진다. · 미각: 성인은 약 10,000개의 미뢰를 가지고 있고 그 수는 40~50세 사이에 감소되기 시작하나 60세가 될 때까지 맛을 느끼는데 영향을 미치지는 않는다. · 후각: 연령 증가에 따른 변화가 거의 없어 모든 노인들의 신체적 변화 중에서 가장 변화가 적게 일어난다. · 촉각: 신체 부위에 대한 접촉의 민감성은 대체로 45세경까지는 증가하나 그 이후 현저히 감퇴하는 경향이 있다.

(3) 심리적 측면

인간은 누구나 늙기 마련이며, 나이가 듦에 따라 신체의 각 부분도 노화를 일으켜 자신의 의지와는 다르게 점차적으로 몸의 각 기능이 퇴화되고 성격도 변화되어 간다. 따라서 같은 말과 같은 상황 아래에서도 젊은이들에 비하여 노인들은 더 노여워하고 서러워할 수 있다.

① 노인의 정신적 문제

- 질환: 고통, 변화된 기능, 신체이미지 손상, 외모의 축소 등이다.
- 사망: 친구, 남편이나 부인 사망, 가족사망, 중요한 지지자 등의 사망이다.
- 퇴직: 역할 부족, 수입 감소, 목적감각 상실 등이다.
- 취약성 증가: 범죄, 약물남용, 알코올 및 흡연 증가 등이다.
- 사회적 고립: 재정, 건강, 친구의 부족, 자녀의 별거 등이다.
- 감각 결핍: 청각, 시각, 미각, 촉각, 기능의 감소 혹은 손상 등이다.
- 사망에 대한 인식 증가: 동료 사망자 증가와 남편이나 부인을 잃은 슬픔 등이다.
- 공공시설 수용 및 의존성에 대한 위험 증가: 다양한 변화에 따른 자기보호능력 손상이 가장 어려운 문제이다.

② **지각 및 정신 기능의 변화**

- 우울증 경향의 증가: 우울증은 노인에게 볼 수 있는 가장 흔한 기능적 정신질환으로 전 세계적으로 노인인구의 약 15% 정도가 경험하고 있는 것으로 나타났다.
- 수동성의 증가: 노년기에는 자기 자신의 사고나 감정에 의해 사물을 판단하게 되는 경향이 많아지고 누군가의 도움을 받아 문제를 해결하려고 하는 수동적 경향이 증가하게 된다.
- 경직성의 증가: 노인은 문제를 해결함에 있어서 어떤 해결방법이나 행동이 옳지 않거나 이익이 없음에도 불구하고 자신의 생각대로 행동하는 경향을 보이며 이는 노화와 함께 증가되는 양상을 보이기 때문에 학습능력과 문제해결능력이 낮아지는 것으로 평가된다.
- 조심성의 증가: 노년기에는 노인 스스로의 정확성을 중요시하기 때문에 조심성이 증가하게 되며, 시각, 청각, 등의 감각능력 쇠퇴를 비롯한 신체적, 심리적, 기능이 쇠퇴하여 부득이 조심스럽게 되기도 한다.
- 의존성의 증가 : 노인은 신체적 기능의 약화와 경제적 능력의 쇠퇴로 인한 의존성과 뇌기능 감퇴로 인한 정신적 의존성, 생활에서 의미 있는 중요한 사람을 잃음으로써 생기는 사회적 의존성이 증가하는 경향이 있다.
- 친근한 사물에 대한 애착심: 노인이 될수록 오래 사용해 온 물건에 대한 애착심이 증가한다. 집, 가재도구, 사진, 골동품, 일용품 등 여러 가지 친숙한 물건들은 노인들로 하여금 지나온 과거를 회상하고 마음의 안락과 만족을 느끼게 한다.
- 성역할 지각의 변화: 노인의 성적인 특성은 사회적으로 받아들여진 남성 또는 여성 행위의 표준으로서 이는 그들이 활동해온 세월동안 역할 모델을 반영하는데, 삶의 후반기가 되면 자신에 대한 앎의 깊이가 깊어진다.

(4) 사회적 측면

노화에 따른 사회적 변화는 노년기가 되어 변화되는 다양한 역할들과 관련된다. 역할은 개인이 집단이나 사회와 관계를 갖는 가장 중요한 수단이고 역할을 통해서 개인은 사회에 참여하고 이것을 통하여 개인의 사회적 가치가 인정되며 또한 자아정체성을 유지하는 기반이 된다.

① 직업 상실과 경제적 빈곤

나이가 들면 정년이 되어 퇴직을 하게 됨으로써 소득의 상실뿐만 아니라 직장동료, 동료직원들과의 유대관계 축소로 인한 유대감 상실을 뜻한다. 퇴직과 동시에 소득뿐 아니라 사회적 신분과 지위도 잃어버림으로써 빈곤과 상실감에 시달리게 된다.

② 배우자와 친족의 상실, 자녀의 결혼

여성이 남성에 비해 평균수명이 5~7세 정도 더 길며 여성의 대다수가 좀 더 나이 든 남성과 결혼하는 경향이 있기 때문에 여성이 독신이 되기가 더욱 쉽고 수년간 홀로 남겨진다.

2) 자원봉사활동을 위한 노인복지시설 현황

사회복지 분야에서 운영되고 있는 노인복지시설의 유형 및 종류는 보건복지부에 속한 시설에 제한시켜서 분류하면 노인복지법상의 시설을 노인복지시설이라 하며, 세부적으로 생활시설과 이용시설로 구분한다. 그 세부적인 시설은 다음 〈표 7-3〉과 같다.

〈표 7-3〉 노인복지시설 및 기관의 유형과 종류

시설의 유형		시설 종류
생활시설	노인주거복지시설	양로시설, 노인복지주택, 노인공동생활가정
	노인의료복지시설	노인요양시설, 노인요양공동생활가정
이용시설	노인여가복지시설	노인복지관, 경로당, 노인교실, 노인휴양소
	재가노인복지시설	방문요양서비스, 주·야간보호서비스, 단기보호서비스, 방문목욕서비스, 그 밖의 서비스
	노인보호전문기관	중앙노인보호전문기관, 지방노인보호전문기관: 학대받는 노인 신고시설

3) 노인을 위한 자원봉사활동의 분야와 내용

노인복지시설에서 자원봉사활동 영역은 여타 사회복지시설에서 요구되는 기본적 활동과 크게 다를 바 없으나, 수용자가 노인이며 특히 무료시설에 있어서는 극히 어렵게 살아왔던 빈곤계층이고 학식이 거의 없으며, 육체 및 정신건강상태도 양호하지 못하다는 현실을 감안할 때 일반적 자원봉사활동과 다소 상이한 점이 있다.

분 야	내 용
전문봉사	· 의료봉사(침구, 물리치료 등) · 이 · 미용봉사 · 노인복지시설에서 발간하는 회보 편집 · 신앙상담 및 고충 상담
업무 지원	· 사무 보조 · 서류 정리
노력 봉사	· 노인 의복 및 침구 세탁 · 목욕 도와드리기 · 숙소 등 청소 · 심부름하기 · 노인 신변처리 도와드리기 · 함께 외출하기, 자원봉사활동 정보지도 제작
프로그램 진행 및 보조	· 레크리에이션 및 생활지도 프로그램 진행(농악, 서예, 레크리에이션, 분임토의 등) · 정서지도(말벗봉사)
교육 봉사	· 노인부업지도 · 컴퓨터 교육

4) 노인을 위한 자원봉사자의 역할과 자세

(1) 노인을 위한 자원봉사의 역할

① 노인은 어떠한 상황에 처해있든 존중받아야 하며, 개인이 인정되어야 한다.

② 노인이 자신의 문제를 해결하는데, 자기결정권은 최대한 보장되어야 한다.

③ 노인은 하나의 인격체로서, 자주성과 독립성이 인정되어야 한다.
④ 노인은 사회를 발전 · 유지시키는데 기여한 공한자로서, 복지혜택을 받을 권리가 있으며, 자기의 문제해결을 위한 책임과 의무를 다할 기회를 제공받아야 한다.
⑤ 노인은 그의 상황에 맞는 전문적 서비스를 제공받을 수 있어야 한다.
⑥ 노인은 신체적 · 심리적 · 지적 · 사회적 · 영적 제반 영역을 다 같이 고려한 전인적 측면에서의 도움을 받을 수 있어야 한다.
⑦ 노인도 변화하는 시대의 독특한 욕구에 맞는 서비스를 제공받을 수 있어야 한다.

(2) 노인을 위한 자원봉사 시 자세

현재 법적으로는 60세 이상이 노인이지만 노령연금을 받는 나이는 65세이다. 이 문제에 대한 노인들의 반발이 점차 커지고 있다. 이제 더 이상 노인만으로 취급받기를 싫어하는 마음이 강해져서 일자리와 당신들의 권리를 찾고자 애를 쓰고 있다. 이런 점에서 노인복지시설에 대한 자원봉사자의 인식변화가 필요하다. 단순한 효자, 효녀의 활동만으로 진정한 자원봉사활동을 했다고 할 수 없기 때문이며, 이를 싫어한다. 진정한 말벗이 필요하며, 젊은 사람과의 대화를 통해 자신이 경험한 인생의 여정을 남기고 싶어 한다. 이를 들어줄 수 있는 젊은이가 친구가 될 수 있다. 이러한 노인들을 위한 자원봉사 시 자세로는 다음과 같다.

① 단정한 외모와 겸손한 태도, 노인에 대한 존경의 마음을 가져야 한다.
② 노인들이 욕구와 관심을 두는 일에 중점을 두어 도움을 제공하여야 한다.
③ 봉사활동의 내용을 정할 때는 노인의 의사를 반영하여 제공하여야 한다.
④ 봉사활동의 한계를 분명히 하고 지나치게 무리한 행동을 주의하여야 한다.
⑤ 활동 중에 알게 된 사실에 대하여 비밀보장의 원칙을 준수하여야 한다.
⑥ 노인의 신체적 · 정신적 · 사회적 특성을 구체적으로 이해하여야 한다.
⑦ 약속준수는 필수로 변동 사항은 사전에 통보하여 상호 신뢰를 유지하도록 노력하여야 한다.

3. 장애인을 위한 자원봉사활동

1) 장애인의 개념과 특성

(1) 장애인의 개념

장애인이라 함은 장애를 가진 사람을 의미한다. 장애에 대한 정의는 그 나라의 문화적·사회적·경제적·정치적 여건 및 수준에 따라 변화되고 있으며, 장애인에 대한 개념 정의도 각 나라마다 다르게 정의되고 있다. 일반적으로 장애인이란 '선천적 또는 후천적으로 신체의 일부에 장애가 있거나 정신적으로 결함이 있어서 능력의 불완전으로 일상생활이나 사회생활에 자기 스스로 완전히 또는 부분적으로 수행할 수 없는 사람'을 의미한다.

우리나라 어린이 백과사전에는 '신체의 일부에 장애가 있거나 정신적으로 결함이 있어서 일상생활이나 사회생활에 제약을 받는 사람'이라고 정의되어 있다.

세계보건기구에서 장애인이란 손상, 능력저하, 사회적 불리의 세 가지 측면에서 설명하고 있다. 손상은 인간의 어떤 조직이나 기관에 결함이 생긴 것을 말하며, 능력저하는 손상과 마찬가지로 하나의 의학적인 개념이다. 사회적 불리는 손상이나 불능으로 지적, 심리적, 신체적, 사회적, 직업적 제 분야에서 불리하게 됨을 말한다.

이를 간략하게 정의 내리면 일반적으로 장애인이란 '지속적인 정신적·신체적 장애나 결함이 있는 상태의 사람'이다. 이런 정의로 볼 때 이제는 누구나 장애인이 될 수 있는 상황에서 결코 나는 장애와 멀다고 생각할 수 없다. 실제로 세계 어느 나라를 막론하고 인구 100명 중에 8~9명 정도가 장애를 가지고 있다고 보고 있으며, 이 비율은 산업재해와 각종 사고 및 환경오염으로 더 늘어나고 있다. 더욱이 후천성 장애인이 70~80%를 차지할 정도로 국가적 정책이 필요하다. 아울러 전근대적인 장애인에 대한 호칭을 하루빨리 바꿔야 한다.

우리나라는 장애인복지법 제2조에서 장애인이란 '장애인은 신체적·정신적 장애로 인하여 장기간에 걸쳐 일상생활 또는 사회생활에 상당한 제약을 받는 자'를 말한다. 이 법의 적용을 받는 장애인은 크게 신체적 장애와 정신적 장애로 분류되고 있다. 신체적 장애라 함은 '주요 외부 신체기능의 장애, 내부기관의 장애' 등을 말하며, 정신적 장애는 '정신지체 또는 정신적 질환으로 발생하는 장애'를 말한다.

(2) 장애인의 특성(장애인의 종류 및 기준; 장애인복지법 시행령 제2조 관련)

① **지체장애인**(肢體障碍人)

- 한 팔, 한 다리 또는 몸통의 기능에 영속적인 장애가 있는 사람
- 한 손의 엄지손가락을 지골(指骨: 손가락 뼈) 관절 이상의 부위에서 잃은 사람 또는 한 손의 둘째 손가락을 포함한 두 개 이상의 손가락을 모두 제1지골 관절 이상의 부위에서 잃은 사람
- 한 다리를 리스프랑(Lisfranc: 발등뼈와 발목을 이어주는) 관절 이상의 부위에서 잃은 사람
- 두 발의 발가락을 모두 잃은 사람
- 한 손의 엄지손가락 기능을 잃은 사람 또는 한 손의 둘째 손가락을 포함한 손가락 두 개 이상의 기능을 잃은 사람
- 왜소증으로 키가 심하게 작거나 척추에 현저한 변형 또는 기형이 있는 사람
- 지체(肢體)에 위 각 목의 어느 하나에 해당하는 장애정도 이상의 장애가 있다고 인정되는 사람

② **뇌병변장애인**(腦病變障碍人)

뇌성마비, 외상성 뇌손상, 뇌졸중(腦卒中) 등 뇌의 기질적 병변으로 인하여 발생한 신체적 장애로 보행이나 일상생활의 동작 등에 상당한 제약을 받는 사람

③ **시각장애인**(視覺障碍人)

- 나쁜 눈의 시력(만국식 시력표에 따라 측정된 교정시력을 말한다. 이하 같다)이 0.02 이하인 사람

- 좋은 눈의 시력이 0.2 이하인 사람
- 두 눈의 시야가 각각 주시점에서 10도 이하로 남은 사람
- 두 눈의 시야 2분의 1 이상을 잃은 사람

④ **청각장애인**(聽覺障碍人)

- 두 귀의 청력 손실이 각각 60데시벨(dB) 이상인 사람
- 한 귀의 청력 손실이 80데시벨 이상, 다른 귀의 청력 손실이 40데시벨 이상인 사람
- 두 귀에 들리는 보통 말소리의 명료도가 50% 이하인 사람
- 평형 기능에 상당한 장애가 있는 사람

⑤ **언어장애인**(言語障碍人)

음성기능이나 언어기능에 영속적으로 상당한 장애가 있는 사람

⑥ **지적장애인**(知的障碍人)

정신 발육이 항구적으로 지체되어 지적 능력의 발달이 불충분하거나 불완전하고 자신의 일을 처리하는 것과 사회생활에 적응하는 것이 상당히 곤란한 사람

⑦ **자폐성장애인**(自閉性障碍人)

소아기 자폐증, 비전형적 자폐증에 따른 언어 · 신체표현 · 자기조절 · 사회적응 기능 및 능력의 장애로 인하여 일상생활이나 사회생활에 상당한 제약을 받아 다른 사람의 도움이 필요한 사람

⑧ **정신장애인**(精神障碍人)

지속적인 정신분열병, 분열형 정동장애(情動障碍 : 여러 현실 상황에서 부적절한 정서 반응을 보이는 장애), 양극성 정동장애 및 반복성 우울장애에 따른 감정조절 · 행동 · 사고 기능 및 능력의 장애로 인하여 일상생활이나 사회생활에 상당한 제약을 받아 다른 사람의 도움이 필요한 사람

⑨ **신장장애인**(腎臟障碍人)

신장의 기능부전(機能不全)으로 인하여 혈액투석이나 복막투석을 지속적으로 받아야 하거나 신장기능의 영속적인 장애로 인하여 일상생활에 상당한 제약을 받는 사람

⑩ **심장장애인**(心臟障碍人)

심장의 기능부전으로 인한 호흡곤란 등의 장애로 일상생활에 상당한 제약을 받는 사람

⑪ **호흡기장애인**(呼吸器障碍人)

폐나 기관지 등 호흡기관의 만성적 기능부전으로 인한 호흡기능의 장애로 일상생활에 상당한 제약을 받는 사람

⑫ **간장애인**(肝障碍人)

간의 만성적 기능부전과 그에 따른 합병증 등으로 인한 간 기능의 장애로 일상생활에 상당한 제약을 받는 사람

⑬ **안면장애인**(顔面障碍人)

안면 부위의 변형이나 기형으로 사회생활에 상당한 제약을 받는 사람

⑭ **장루 · 요루장애인**(腸瘻 · 尿瘻障碍人)

배변기능이나 배뇨기능의 장애로 인하여 장루(腸瘻) 또는 요루(尿瘻)를 시술하여 일상생활에 상당한 제약을 받는 사람

⑮ **뇌전증장애인**(腦電症障碍人)

뇌전증에 의한 뇌신경세포의 장애로 인하여 일상생활이나 사회생활에 상당한 제약을 받아 다른 사람의 도움이 필요한 사람을 말한다.

이러한 장애인의 분류내용은 다음 〈표 7-4〉와 같다.

〈표 7-4〉 장애인의 분류

대분류	중분류	소분류	세분류	장애등급
신체적 장애	외부 신체기능의 장애	지체장애	절단장애, 관절장애, 지체기능장애, 신체 변형 등의 장애	1~6급
		뇌병변 장애	뇌성마비, 외상성 뇌손상, 뇌졸중 등의 기질적 병변으로 인하여 발생한 신체적 장애	1~6급
		시각장애	시력장애, 시야결손장애	1~6급
		청각장애	청력장애, 평형기능장애	2~6급
		언어장애	음성기능이나 언어기능에 영속적으로 상당한 장애가 있는 사람	3~4급
		안면장애	인면 부위의 변형이나 기형으로 사회생활에 상당한 제약을 받는 사람	2~4급
	내부기관의 장애	신장장애	신장의 기능부전으로 인하여 혈액투석이나 복막투석을 지속적으로 받아야 하거나 신장 기능의 영속적인 장애로 인하여 일상생활에 상당한 제약을 받는 사람	2, 5급
		심장장애	심장의 기능부전으로 인한 호흡곤란 등의 장애로 일상생활에 상당한 제약을 받는 사람	1,2,3,5급
		간장애	간의 만성적 기능부진과 그에 따른 합병증 등으로 인한 호흡기능의 장애로 일상생활에 상당한 제약을 받는 사람	1,2,3,5급
		호흡기 장애	폐나 기관지 등 호흡기관의 만성적 기능부전으로 인한 호흡기능의 장애로 일상생활에 상당한 제약을 받는 사람	1~3급
		장류·요류장애	배변기능이나 배뇨기능의 장애로 인하여 장류 또는 요루를 시술하여 일상생활에 상당한 제약을 받는 사람	2~5급
		간질장애	간질에 의한 뇌신경세포의 장애로 인하여 일상생활이나 사회생활에 상당한 제약을 받아 다른 사람의 도움이 필요한 사람	2~4급
정신적 장애	정신장애(정신지체)		정신 발육이 항구적으로 지체되어 지적능력의 발달이 불충분하거나 불완전한 사람	1~3급
	정신장애		정신분열병, 분열형 정동장애, 양극성 정동장애, 반복성 우울장애	1~3급
	자폐성장애인(발달장애)		소아기 자폐증, 비전형적 자폐증	1~3급

2) 자원봉사활동을 위한 장애인복지시설 현황

사회복지 분야에서 운영되고 있는 장애인복지시설의 유형 및 종류는 보건복지부에 속한 시설에 제한시켜서 분류하면 장애인복지법상의 시설을 장애인복지시설이라 하며, 세부적으로 생활시설과 이용시설로 구분한다. 그 세부적인 시설은 다음 〈표 7-5〉와 같다.

〈표 7-5〉 사회복지시설 및 기관의 유형과 종류

관련법	시설종류	세부 종류		소관부서
		생활시설	이용시설	
장애인 복지법	장애인 복지시설	· 장애인생활시설 · 장애인 유료복지시설	· 장애인 지역사회재활시설 · 장애인 직업재활시설	보건복지부

3) 장애인을 위한 자원봉사활동의 종류와 내용

장애인을 위한 자원봉사활동의 종류와 내용은 직접적으로 돕는 일과 간접적으로 돕는 일로 나누어 볼 수 있으며, 참여 주체별로 개인적인 참여나 가족이나 단체 단위의 참여, 장소별로는 시설이나 기관, 가정, 지역사회 등 매우 다양하다.

장애인은 유아부터 노인에 이르기까지 전 연령층에 걸쳐 있으며 장애유형에 따라 필요한 서비스와 욕구가 다양하다. 따라서 자원봉사활동의 종류와 내용은 다른 대상의 자원봉사활동 분야보다는 광범위하다. 그래서 자원봉사자들은 장애인의 욕구와 사회적 환경에 따라 적합한 자원봉사활동을 개발하여 궁극적으로 장애인의 자립을 돕는 것을 목표로 해야 한다. 장애인을 위한 자원봉사활동의 종류와 내용은 다음과 같다.

구 분	자원봉사활동 세부내용
전화상담	· 상담 및 재활정보제공
학습지도	· 언어, 한글, 숫자, 기간 개념, 돈 개념 · 영어, 수학 등 학과 지도 · 검정고시 지도
일상생활훈련	· 청소, 식사예절, 음식 만들기, 예절, 건강관리 지도
사회적응 훈련	· 지역사회시설이용: 전화사용, 대중교통이용, 은행이용, 공공시설이용 등 · 특별활동: 미술, 서예, 사물놀이, 체육, 레크리에이션, 한지공예, 자치회활동 · 교육활동: 캠프, 야외학습 등
정보화교육	· 컴퓨터 교육, 컴퓨터 수업보조
조기교육	· 수업보조, 개별 지도 등
교재교구제작	· 언어치료, 조기교육 등 교구 제작
직업훈련 및 지원고용	· 능력개발훈련, 학습지도, 일상생활훈련, 지역사회시설 이용지도, 특별활동, 교육활동, 직무지도 등
재가복지	· 가사지원: 청소, 세탁, 부엌일, 시장보기 등 · 외출지원: 차량봉사, 병원동행, 나들이 지원 등 · 정서지원: 말벗, 책 일어주기, 취미활동 지원 등 · 목욕지원: 교육지원, 심부름
스포츠 및 여가활동	· 스포츠지도: 축구, 탁구, 농구, 사이클, 볼링, 수영 등 · 여가활동 지원: 등산, 관광 등
의료	· 전문의 진료: 치과, 내과, 한방, 신부인과, 신경정신과 등 · 의료서비스: 수지침, 족부반사요법, 한방(부황, 뜸), 마사지, 안마 등
이미용	· 컷트, 파마, 면도 등
목욕	· 시설 내 목욕, 이동목용차량, 가정 내 목욕, 대중목욕탕
보호	· 주간보호, 단기보호, 생활시설
주방	· 무료급식 · 도시락 및 밑반찬
행정	· 서류철 정리, 자료 컴퓨터 입력, 도서정리, 도서목록 분류 · 후원지로용지, 소식지 발송
홍보	· 사진 및 비디오 촬영 · 홍보 스크랩
행사	· 각종 행사보조
시각장애인지원	· 재활훈련, 점자훈련, 보행훈련, 타자훈련, 일상생활훈련 컴퓨터교육 등 · 점자도서 및 녹음도서 제작
청각장애인지원	· 수화통역
기타	· 기타 자원봉사자의 관심과 재능에 따라 봉사활동 가능

4) 장애인복지시설에서 자원봉사활동 시 주의사항

장애인과 자원봉사자의 관계는 우선 대등한 인간관계여야 한다. 사회적 관계, 상호 영향을 주고받는 관계가 되기 때문이다. 따라서 자원봉사자의 관계에 대한 생각이 대등하지 않을 경우에는 큰 상처를 주거나 오해를 불러일으킬 수 있음을 명심한다.

장애인과 함께 하는 자원봉사자가 지녀야 하는 가장 기본적인 자세는 동정심에 의한 주는 자와 베푸는 자의 관계가 아니라 마음으로 이해하고 함께 한다는 친구와도 같은 마음이다.

일반적으로 장애인을 대상으로 하는 자원봉사에서 주의사항은 다음과 같다.

첫째, 일시적 동정보다는 충분한 이해와 지속적 노력이 뒷받침되는 사랑의 관계가 중요하다.

둘째, 지나친 동정이나 자선을 베풀지 않아야 한다.

셋째, 보행이나 대화 시 장애인 자신의 보조대로 안내한다.

넷째, 도움을 받는 대상자이기보다는 이웃관계가 바람직하다.

다섯째, 잘 모르는 장애인을 만났을 때에는 주춤하거나 유심히 바라보지 말아야 하며, 과잉보호, 과잉친절, 과잉염려는 금물이다.

여섯째, 한쪽에서는 도움을 주기만 하고 한쪽은 받기만 하는 일방적 관계보다는 서로의 인격을 나누고 대화할 수 있는 쌍방적 관계가 되도록 노력할 필요가 있다.

일곱째, 장애인을 도울 때는 그가 무엇을 원하는지 잘 듣고 행동하는 것이 좋다. 독단적인 도움은 친절이 아니라 쓸데없는 참견이 된다.

4. 청소년을 위한 자원봉사활동

1) 청소년의 개념과 특성

(1) 청소년의 개념

청소년을 어떻게 건전하게 육성시켜 나갈 것인가의 문제는 단순한 개인이나 가정적 차원을 넘어 국가 민족이 성취하여야 할 우리 모두의 중요한 과제이다. 청소년을 위한 자원봉사활동에 시간과 노력을 다하는 것은 청소년들의 건전한 성장을 돕기 위한 봉사정신에서 비롯된 것이다. 청소년을 위한 자원봉사활동은 단순한 봉사정신이나 청소년 문제에 대한 막연한 인식만으로 이루어질 수 없으며, 중요한 것은 청소년을 바로 알고 이해하는 것이다.

청소년기에 대한 일반적인 이해는 물론 청소년 집단의 속성이나 개개인의 특성, 그들의 문제, 해결방안까지 올바로 알고 이해하는 것이 그들을 위한 자원봉사활동의 전제가 되어져야 한다. 자원봉사자의 봉사정신을 바탕으로 한 전제 속에서 청소년들에게 알맞은 그리고 그들이 필요로 하고 있는 도움을 주어야 한다.

한글백과사전에서 청소년(青少年)이라 함은 '나이가 12세에서 20세에 이르는 미성년의 젊은이들을 통틀어서 이르는 말, 흔히 십대 후반의 젊은이를 말한다.'라고 한다. 이렇게 청소년이라고 하면 대개 중·고등학교 시기에 있는 학생들을 일컫는 말로 사용하고 있는데 청소년의 범위는 관련법과 발달단계상 실제로 이보다 훨씬 더 넓다. 우리나라 「청소년 기본법」에서는 '청소년이라 함은 9세 이상 24세 이하의 자를 말한다.'고 규정하고 있으며, 「청소년보호법」에서는 '청소년이라 함은 만 19세 미만의 자를 말한다. 다만, 만 19세에 도달하는 해의 1월 1일을 맞이한 자를 제외한다.'라고 규정하고 있다.

(2) 청소년의 특징

청소년은 실제적으로 그 사회적 접촉 범위를 확대하고 감정상으로나 규범적으로

부모 및 가족의 의존을 벗어나 또래집단이나 성인집단에 더욱 가까워지기를 바라는 시기이다. 청소년은 자신에 대한 끊임없는 질문 속에서 과거의 경험과 현재의 행동과 미래의 기대를 통합하려고 노력하면서 행위와 경험을 시도하므로 타인을 체험함 따라서 나에 대한 정체감에 대한 답을 찾고 발견하는 시기이다.

청소년들은 사회적 능력을 기르며 판단과 행동의 기준을 선택하고 각종 활동을 통한 신념체계를 확립하며, 현대사회 속에서 성공하기 위하여 필요한 제반 기능을 실천을 통하여 획득함으로써 성인이 되는 법을 배우게 되는 시기이다.

① 자아정체감

청소년기에는 자신에 대한 끊임없는 질문 속에서 "나는 누구인가"라는 자아정체감에 대한 대답을 찾고 발견하고자 하는 시기로 이들은 대개 정체감 위기를 체험한다 (이병순 외, 2010).

② 사회적 미숙

가정, 학교 및 교육 집단이 주된 생활환경이 되고 있는 청소년들은 그들의 경험 영역이 좁을 뿐 아니라 활동의 종류도 극히 제한된 범위 내에 머물고 있기 때문에 현실감이 희박하고 사회적 성숙도가 낮다. 더욱이 자기중심적인 이기성이 강하여 기존 사회의 제도와 관습에서 동화성이 약하다. 따라서 자연히 청소년들은 현실 생활에 적지 않는 부적응 현상을 경험하게 되고 좌절감이나 불만감도 높기 마련이다.

③ 생리 · 생체적 특징

청소년기가 되면 신장과 체중, 흉위가 급격히 늘어나고 이 시기의 가장 중요한 변화인 성적인 성숙과 성의식의 변화 현상이 뚜렷하게 나타난다. 이 시기 대부분의 청소년들은 자신의 신체적 · 성적 변화에 대해 어떻게 적응해야 하는지를 몰라서 당황하고 성적인 발달에의 수치심과 불안감을 느끼기도 한다.

④ 반항심

청소년기는 반항이 심한 시기이다. 럭비공이 어디로 튈 줄을 모르듯 청소년기에는 성인에 대한 가치와 질서에 대해 곧잘 반박하기 쉽고, 불합리성을 지적하면서 자기의 이상이나 사상을 절대시하려고 한다. 따라서 사회에서 행해지고 있는 관습이나 도덕, 그리고 법률에 대해서도 회의와 비판을 하기 쉽다.

2) 청소년 자원봉사의 분야와 내용

청소년을 위한 자원봉사활동의 분야는 매우 다양하다. 직접적인 활동과 간접적인 활동으로 나누어 볼 수 있으며, 장애청소년, 저소득층 청소년, 비행청소년, 근로청소년 등 대상에 따라서도 나눌 수 있다. 자원봉사현장에서 주로 많이 다루어지고 있는 대표적인 분야와 내용을 소개하면 다음과 같다(한국여성개발원, 1990).

(1) 가정생활 분야

가정은 사회구성의 기본단위로써 일상생활의 습관이나 행동기준, 가치판단과 훈련 등 인간의 정신적, 신체적 성장발달의 기본적인 터전이라는 점에서 청소년들 가정생활의 안정이나 강화를 도와주는 일은 매우 중요한 자원봉사활동의 분야이다.

가정생활의 보전과 강화를 위한 부모교육, 계몽, 가족이 가지고 있는 제반 문제들의 접근이나 해결을 위한 상담지도, 결손가정의 청소년에 대한 지원, 보호 등의 다양한 자원봉사활동은 매우 필요한 자원봉사활동 내용이다.

(2) 특수보호 분야

심신장애 청소년, 질병 및 허약 청소년, 고아, 문제 청소년, 비행・범죄 청소년 등을 수용 보호하거나 교정 치료하는 시설을 지원 협력하는 자원봉사활동 분야이다.

수용보호시설 돕기 노력봉사, 시설운영을 지원하기 위한 자선모금, 수용보호 청소년을 위한 상담과 교정치료, 특수교육, 생활지도, 재활지도, 보건위생지도 등의 자원봉사활동 내용이 필요하다.

(3) 여가생활 분야

청소년들에게 있어서 여가생활은 평소 가정이나 학교, 직장생활에서 쌓일 수 있는 긴장, 갈등, 권태, 부담 등에서 벗어나 정서적, 신체적 발달을 이룰 수 있는 계기가 된다.

청소년들이 여가생활을 어떻게 활용하느냐에 따라서 건전한 심신의 성장발달을 이룰 수도 있는 반면 불건전한 비행에 빠질 수도 있는 것이므로 청소년의 건전한 여가생활을 돕기 위한 자원봉사활동은 매우 중요한 부분이다.

오락, 집단, 취미, 문화, 사회봉사, 체육, 종교, 사교 등 다양한 청소년 여가생활의 여건조성과 프로그램 지도 등의 자원봉사활동의 내용이 필요하다.

(4) 교육 분야와 활동 내용

교육이 단순히 학문이나 지식만을 보급하는 수단이 아니고 인간의 전인격적인 발달을 좌우하는 중요한 역할을 하고 있다는 점에서, 청소년의 절대 다수가 학교 등을 통한 교육장면 속에서 생활하며 성장하고 있다는 점에서 교육과 관련된, 교육을 지원하기 위한 자원봉사활동의 중요성은 매우 필요한 활동이다.

교육환경의 개선 자원봉사활동, 문제학생의 상담지도 협조, 선도활동 등 정규 학교와 학생을 위한 활동, 학교에 진학하지 못한 청소년을 위한 직업교육, 야학 등 사회교육적 차원의 자원봉사활동은 매우 바람직한 자원봉사활동의 내용이 필요하다.

(5) 노동 분야

일반 청소년보다는 근로에 종사하는 많은 청소년들의 불우한 환경, 불안정한 생활, 저임금, 작업환경의 불량, 욕구의 결핍을 해결할 수 있는 자원봉사활동이 절실하다.

근로청소년들을 위한 자원봉사활동은 취업기회의 확대, 근로환경의 개선, 처우개선, 직업훈련과 정보의 제공, 여가시설과 프로그램 지도, 근로자 상담, 보건의료봉사 등의 자원봉사활동의 내용이 필요하다.

(6) 건강생활 분야

청소년의 건강증진이나 질병의 예방, 치료 사업은 이들의 성장과 행복한 삶을 위해 매우 중요하다. 다양하고 풍부한 청소년 체련시설의 설치 운영 촉진, 건전한 체련 프로그램의 개발지원, 보건위생과 의료봉사, 영세가정이나 농어촌 청소년을 위한 보건의료활동 등은 청소년의 건강생활을 돕는 자원봉사활동의 내용이 필요하다.

(7) 경제생활 분야

청소년의 심신 발달에 필수적인 의·식·주를 비롯한 기본적인 경제생활의 결손을 보충해주지 못할 때 가출, 비행, 윤락, 범죄의 유발 원인이다.

소년소녀가장 돕기, 영세·생활보호 가정 청소년의 생계지원, 장학금 지원, 취업알선, 고충상담지도 등은 훌륭한 자원봉사활동의 내용이 필요하다.

(8) 바른 청소년 육성

바른 청소년 육성을 위해 청소년 효행 실천운동, 청소년 유해환경 민간 감시운동, 소외계층 청소년 선도 등을 시행하고 있다.

① 청소년 효행 실천 운동

- 효 사상 비교를 위한 국제 캠프 개최
- 청소년 충효교실 운영
- 청소년 효행 수련 프로그램의 개발
- 효행 실천 주제 연극 공연 개최
- 충효 역사인물 탐방
- 효행 실천 시청각 자료 제작, 보급 사업

② 청소년 유해환경 민간 감시운동

- 청소년 유해환경 민간감시단 운영
- 유해환경 추방 사회운동 전개

- 청소년 약물남용 대국민 홍보활동 전개
- 청소년 유해 음란, 폭력 영상물 및 만화 근절을 위한 법령 개정
- 부탄가스 흡입 방지를 위한 혐오제 첨가제도 시행을 위한 법령 개정
- 청소년 유해환경에 대한 정기 실태조사

③ **소외계층 청소년 선도 · 보호 · 격려운동**

- 결손 비행 청소년 결연 선도 사업
- 가출 청소년 찾아주기 운동 본부 운영
- 가출 청소년 쉼터 운영
- 청소년 상담활동 활성화
- 연말연시 등 취약기간 청소년 선도, 격려운동 전개

3) 청소년 자원봉사 시 유의사항

자원봉사자는 청소년의 인격적 성장에 도움을 주는 인간화의 역할, 다양한 정보를 제공하고 문제해결에서 선택을 돕는 조언자 및 안내자의 역할, 청소년의 상황과 문제를 알리고 옹호하는 대변자의 역할, 심리적인 지지를 해주는 지지자의 역할 등 다양한 역할을 수행할 수 있다.

(1) 청소년의 서비스에 대한 욕구와 현재 감성에 대한 검토

자원봉사자는 청소년이 서비스를 받는 것에 대해 어떻게 생각하고 있는지, 자원봉사자에게 기대하거나 원하는 것이 무엇인지 정확하게 인식해야 한다. 또한 청소년 자신이 무엇을 문제라고 생각하고 있으며, 이에 대해 어떻게 느끼고 생각하는지, 지금까지 어떤 노력을 해 왔고 무엇을 원하는지도 검토해야 한다.

(2) 공동의 목표선정 및 대안선택

자원봉사자는 청소년의 욕구와 자원봉사자의 업무한계 등을 고려하여 자원봉사자

와 청소년이 서로 어떤 일을 할 것인지를 합의하여 공동의 목표를 정해야 한다. 또한 문제해결에 대한 답을 일방적으로 제시할 것이 아니라 자시에게 알맞은 대안을 스스로 선택할 수 있도록 여러 가지 다양한 대안을 제시해 주어야 한다. 또한 청소년기에는 집단역동에 의해 바람직한 영향을 받을 수 있으므로 개인적인 만남보다는 집단속에서 함께 행동하는 것이 바람직하다.

(3) 활동과정에서 교육적 요소 중시

청소년을 위한 자원봉사활동은 청소년의 부정적인 면을 강조하기보다는 긍정적이고 강한 면을 강조함으로써 청소년의 자존감과 자신감을 향상시키고, 청소년이 희망을 느낄 수 있도록 해야 한다. 또한 복장이나 언행뿐 아니라 활동 전반에서 바람직한 모델을 제공할 수 있도록 해야 하며, 결과적으로 과정을 중시하는 태도가 필요하다.

(4) 주변 환경과의 협력체제 구축

청소년을 위한 자원봉사활동에서는 가족, 학교, 친구 등의 주변 환경을 고려해야 하며, 청소년과 관련된 문제에서는 청소년 본인의 의사뿐만 아니라 부모나 가족의 의사도 존중해야 한다. 또한 가족의 독특한 문화나 특성을 감안하고, 자원봉사자와 부모 및 교사는 청소년의 지도와 육성에서 협력관계임을 인식하여 긴밀한 협력체제를 구축해 나가야 한다.

(5) 청소년의 안전문제

자원봉사활동을 시작하기 전에 되도록 치밀한 계획을 세워서 계획대로 활동하는 것이 좋다. 청소년은 일반적으로 활동량이 많으므로 활동에서 생길 수 있는 안전사고에 대해 각별히 주의를 주어야 하며, 안전사고 시 대책을 미리 수립해 두어야 한다.

(6) 공감대 형성

청소년기에는 또래집단에 대한 관심이 높아진다. 또래집단에 대한 관심이 높아지는 것은 공통의 관심사와 공감대가 형성되기 때문이다. 따라서 청소년을 위한 자원봉사를 할 때는 열린 마음으로 다가서고 공통의 관심사와 공감대를 형성하는 것이 중요하다.

5. 국제사회에서의 자원봉사활동

1) 국제 자원봉사활동의 개념과 동향

(1) 국제 자원봉사활동의 개념

세계가 하나의 이웃으로 다가오면서 국제 사회에 대한 서로간의 사랑과 우정의 나눔이 더욱 절실해졌다. 지금까지의 자원봉사는 자국 내에서 시혜위주의 자원봉사를 생각했다면 글로벌 시대에 살아가고 있는 지금은 국제 사회에서의 책임과 신용을 평가하는 척도로 사용되는 추세를 보임에 따라 국제 협력은 국제 사회에서의 인지도에까지 영향을 미치게 되었다. 이처럼 국제간의 협력과 자원봉사는 국내에서 자국민을 위한 만큼 중요하게 생각되어지고 있다.

국제 자원봉사활동(International Voluntary Service)은 국제적인 문제에 자원봉사활동에 자발적으로 참여하는 활동을 말한다. 또한 국내에서도 국제적인 관련 활동을 돕거나 도움을 받는데 참여하는 것도 국제 자원봉사활동이라고 할 수 있다. 국제 자원봉사활동은 언어, 종교, 정치, 사회경제적 장애를 극복하고 자신의 시간, 능력, 에너지를 사용하여 사회변화, 경제발전, 환경보존 등을 실천하는 활동을 의미한다.

국제 자원봉사활동은 기독교 정신을 바탕으로 한 서구의 민간단체들과 유엔기구와 기독교 아동복리회, 기독교 선명회를 비롯한 수많은 민간단체들의 지원을 받은 바 있다.

국제 자원봉사활동에 언어, 종교, 정치, 사회경제적 장애를 뛰어넘어 자신의 시간, 능력, 에너지를 사용하여 사회변화, 경제발전, 환경보전 등을 실천하는 것(외국에서의 봉사활동 및 국내에서 국제적 문제, 프로젝트에 참여)이다.

한국의 대표적인 국제 자원봉사활동 사업인 한국 해외봉사단은 다음과 같은 세 가지의 협력이념을 바탕으로 하고 있다.

첫째, 상호의존과 공존의 인류공동체(human community of interdependency and coexistence) 이념이다.

둘째, 문화상대주의(cultural relativism)와 호혜성(reciprocity)의 원리이다.

셋째, 인도주의(humanitarianism)사상이다.

(2) 국제 자원봉사활동의 동향

국제 자원봉사활동은 유럽에서 시작되었으며, 1920년 SCI(Service Civil International)에서 프랑스의 Esnes라는 마을재건을 위해 최초의 워크캠프(workcamp)를 조직한 것이 시초이다. 그 이후 1934년 인도에서 지진이 발생했을 때 인도의 Bihar로 SCI의 작은 팀을 보낸 것이 본격적인 해외파견이 된 국제 자원봉사활동이다.

미국은 1961년 케네디 대통령이 만든 평화봉사단(peace corps)으로 정부지원을 받는 해외활이 본격적 전개되기 시작하였다.

이후 유럽, 캐나다, 일본 등이 정부 지원을 받는 수많은 단체를 창설하여 주로 개발도상국에 훈련되고 조직화된 자원봉사자들을 파견하고 있다. 이러한 단체들은 순수한 협력과 연대의 이념을 가지고 있었지만, 정부 지원은 종종 정치적, 경제적 이익뿐 아니라 이데올로기적, 문화적 관련성에 기인하기도 한다.

우리나라에서 현대적 의미의 자원봉사활동은 기독교 정신과 개화사상의 영향을 받은 1903년 'YMCA' 창립을 시작으로 1921년 '태화기독교회관'의 여성계몽과 아동건강을 위한 봉사활동이 시발점이라 볼 수 있다. 1970년대까지 원조대상국으로서 유엔과 민간 구호단체로부터 많은 지원을 받아왔다. 그 후로 1980년대에 '86 아시안게임과 '88 서울올림픽을 통해 국가의 위상이 높아졌으며, 또한 경제성장으로 인해 1990년대부터 한국 국제협력단 등의 국가 차원의 해외봉사활동이 시작되었다. 2000년대에는 국가와 민간 차원에서 많은 나라에 해외자원봉사활동을 펼치고 있으며 더욱더 확대되고 있는 추세이다. 2005년 6월 30일 「자원봉사기본법」이 의결됨에 따라 2006년

1월부터 시행되었다.

현재 세계적인 추세를 살펴보면 다음과 같은 몇 가지로 구분할 수 있다(류기형 외, 2005).

첫째, 전 세계적으로 자원봉사활동에 대한 관심이 계속 증가하고 프로그램이 확대되고 있다.

둘째, 국가적, 국제적인 기구들이 더욱 적극적으로 자원봉사활동을 조직해 나가고 있다.

셋째, 국가적, 국제적 차원의 정기적인 활동뿐만 아니라 민간 차원(NGO)의 활동이 더욱 빠른 속도로 증가하고 있다.

넷째, 가장 전통적인 형태인 워크캠프가 계속 유지되고 있다.

다섯째, 선진국에서 후진국으로의 이동에서 후진국에서 선진국으로 이동이 증가하고 있다.

여섯째, 활동이 주체 및 이슈중심으로 전문화되고 있으며, 연대를 목표로 한 네트워크 활동이 활발히 전개되고 있다.

2) 국제 자원봉사활동의 유형

국제 자원봉사활동은 매우 다양한 유형으로 나타났다. 국가의 특성과 기간과 장소에 따라 일반 자원봉사활동과 많은 차이를 갖고 있기 때문이다. 국제 자원봉사활동의 내용과 형태에 따라 다음과 같이 6가지 유형으로 구분하였다.

(1) 개인, 단기형

활동지 혹은 인근지역에서 일정기간(몇 주에서 몇 개월) 상근이나 비상근으로 활동한다. 특히 방학을 이용하여 NGO단체들(아시아태평양협회, 대학사회봉사협의회 등)이 대학들을 구성하여 3~4주 동안 캄보디아, 필리핀, 인도, 베트남, 중국, 몽골, 등의 해외자원봉사활동을 하고 있으며 학생들의 참여도 점점 늘어나고 있는 추세이다. 여름

방학과 겨울방학을 맞이하여 3~4천 명의 대학생들이 봉사단체를 통해 해외자원봉사활동을 펼치고 있다. 식사·숙박 제공, 활동비(무/유)는 단체들에 의해 지원받는다.

(2) 장기개발형

최저 1년 이상 현지에 체류하면서 개발활동(농촌개발활동, 환경보호, 기술지도 등)과 교육활동(한글, 태권도 등)에 종사하는 형태로서 개발도상국의 활동이 주를 이루고 있다. 전문가로 활동하기 때문에 이에 필요한 전문지식이나 경험이 필요한 경우가 대부분이다. 장기개발형은 한국국제협력단이 대표적 기관으로 2008년 현재 43개국에 1,443명이 활동 중에 있으며 2008년에만 829명의 장기 자원봉사활동자를 파견하였다. 이들 또한 식사·숙박 제공, 활동비(무/유)는 단체들에 의해 지원받는다.

(3) 워크캠프형

지역 스폰서에 의해 2~3주로 기획되는 프로젝트에 함께 참가하는 '워크캠프'는 서로 다른 국적과 언어, 문화와 전통을 가진 여러 나라의 젊은이 약 10~5명이 2~3주간 '자원봉사활동'을 목적으로 공동체 생활을 하는 국제교류 프로그램이다.

대부분의 워크캠프는 여름에 이루어지며 10~30명의 참가자들이 현지 주민들과 함께 사회활동을 하면서 자원봉사활동을 진행하고 있다.

(4) 장기방문형

해외 민간단체사무소나 병원 등의 복지시설에 매일 혹은 매주 몇 번씩 정기적으로 통근하면서 활동하는 형태이다. 유학이나 민박을 하면서 활동을 하는 사람, 해외에 몇 개월 사는 동안 활동하는 사람들도 있다. 외국에 장기간 체류할 경우 적극적으로 지역사회에서 자원봉사활동에 참여할 수 있어야 한다.

장기방문형은 외국 유학이나 장기 체류 중에 지역사회나 주민을 위해 정기적으로 자원봉사활동을 하는 것을 의미한다.

(5) 긴급원조형

재난에 따른 긴급사태에 대한 원조 형태이다. 예를 들면, 홍수, 지진발생 시 인명구조, 생활원조, 난민원조, 분쟁지역의 인권보호활동, 인도적 원조활동 등이 이루어지고 있다. 일반적으로 의료관계, 난민원조관계가 대부분을 차지하고 있으며 2004년 인도네시아 인근의 강진으로 인한 쓰나미 피해지역 자원봉사활동이 있다. 2008년 중국의 쓰촨 대지진 긴급 자원봉사활동 등에서 긴급 원조형 자원봉사가 이루어지고 있다.

(6) 인턴십형

외국에 나가 있는 유학생이나 장기 체류자가 자신의 흥미 분야의 NGO, 기업 등에서 재학 중이거나 인턴(방학 활동)활동 중에 이루어지는 자원봉사활동이다. 현재 이루어지는 것이 초창기이기 때문에 그 활동실태는 미미하나 앞으로 계속 개발되어지고 있다.

3) 국제 자원봉사활동 관련 단체

국제 자원봉사활동은 2000년 들어와서 가장 많은 자원봉사활동을 하는 영역으로 자리잡아 가고 있다. 국제 자원봉사조직 및 기구는 다음과 같다

(1) 세계자원봉사연합회(IAVE: International Association for Volunteer Efforts)

1970년 개인의 시간과 재능으로 이웃을 돕고 건강한 지역사회를 건설하여 더불어 사는 지구공동체 건설을 목표로 창설되었으며, 국제간 자원봉사활동 활성화와 자원봉사센터 설립지원 등을 추진하는 대표적인 민간협의체로 발전하고 있다.

이 단체의 설립목적은 자원봉사활동의 가치 옹호, 이웃을 돕고 건강한 지역사회의 건설에 헌신, 전 지구적인 사회변화와 경제성장 실현에 두고 있다.

(2) 국제 자원봉사 워크캠프기구(International Workcamp Organization)

1920년 세레솔(Ceresole)의 평화주의와 제임스(James)의 철학 속에서 병역의무의 대안으로 발전하여 시행하여 현재는 다양한 테마와 유형의 워크캠프들이 매년 75개국에서 약 2,000여개 캠프들이 참가하고 있다.

(3) 한국국제협력단

1991년 외무부 산하 정부출연기관으로 창설하여 "함께 사는 인류사회 건설" 이념 아래 우리나라의 경제발전 경험과 기술을 필요로 하는 개발도상국들과 각종 국제협력사업을 수행하고 있다.

① 한국해외봉사단

1989년 창설하였으며, 한국국제협력단 창설로 사업 이관하여 '나눔과 섬김'의 봉사정신으로 개발도상국 주민들과 함께 생활하면서 상호 이해와 협력을 바탕으로 봉사활동을 통해 파견국의 경제·문화·사회발전에 기여함으로써 모든 인류가 더불어 잘 사는 사회를 이룩하는 데 노력하고 있다.

② 국제협력봉사요원제도

현역병 입영대상자 또는 보충역 판정자 중 우수자원을 선발·파견하여 해외 봉사활동을 만료하면 병역을 필한 것으로 인정(32개월 복무)하는 제도이다.

1995년 제1기 20명 파견(필리핀 등 5개국)하였고, 2004년 총 23개국에 80명 파견(총729명: 일반단원 392명, 팀제단원 250명, 협력요원 80명, 협력의사 8명)하였으나 현재는 잠정 중단되어 있는 실태이다.

4) 국제 자원봉사활동 프로그램

국제 자원봉사활동 프로그램은 국가의 특성, 기간, 장소에 따라 다양한 영역의 프로그램의 사례를 볼 수 있는데, 교육, 빈곤문제 해결을 위한 기부, 영농 기술지원, 주거 교육시설 건설을 위한 활동 지원, 각종 질병의 예방치료를 위한 의료활동 등 다양하게 이루어지고 있다.

국제 자원봉사활동은 국제적 구호를 통한 난민과 이재민 및 빈민의 구제활동, 개발도상국 낙후지역 주민들의 개발지원, 국내·외 외국 근로자의 후원 및 보호, 국제적 친선 교류 등의 영역으로 나룰 수 있다.

목 표	체 계	서비스	프로그램
난민/빈민 구제활동	현장활동	기술지원	·르완다 난민 정착 지원 ·기아봉사단 파견 등
		행정지원	·르완다 난민 아동의료 지원 등
	국내후원	모금활동	·사랑의 달리기 모금 ·북한 어린이 급식 후원, ·Famine 24 운동 ·사랑의 빵 운동 ·제3세계 펌프파주기 등
		업무지원	·사랑의 맨발걷기 ·동전분류 업무지원, ·카드분류와 봉입 등
제3세계 개발지원	지역사회 개발	기술지원 및 행정지원	·베트남 직업훈련원 사업 ·르완다 재건교육, ·네팔 상수원건설 ·연변지역 새마을운동 ·인도네시아 양돈사업·양어장 사업 등
		교육지원	·필리핀 교육봉사 ·스리랑카 한국어 교육 등
	주민서비스	의료지원	·네팔 병원·학교 건립 ·탄자니아 의료 지원 ·네팔 가족계획 업무 등
외국인 보호/후원	보호활동	권익옹호	·외국인 노동자 법률상담소 운영 ·외국인 상담소 상담
		생활안정	·외국인 상담소 의료지원
	후원활동	교육지원	·외국인 상담소 상담 및 통역
		위문활동	·해외입양동포 모국어 연수 ·외국인 노동자 문화축제
국제친선 교류	행사지원	현장활동	·국제기독교 청소년 교류 ·청소년 국제교류 파견사업
	편의제공	후원활동	·외국청소년 민박 ·한국·에디오피아 친선교류 등

Chapter

8

자원봉사활동의 실천주체

1. 청소년 자원봉사활동

1) 청소년 자원봉사활동 특성

(1) 청소년의 특성

청소년의 특성은 아동과 성인 사이의 중간에 존재하는 과도기적 특성을 보이며 성인이 되기 위한 예비적 시기이다.

에릭슨의 발달이론에 따르면 청소년기는 자신이 누구인지를 탐구하고 자신의 정체성을 형성하는 시기이다. 이는 자신이 수행하는 다양한 역할을 검토하고 이 역할들을 자신을 인식하는 정체성으로 통합한다. 이 시기의 많은 청소년들은 자신들을 통제하지 못하고 방황하는 경우가 많은데 이러한 청소년들이 자아정체감을 확립하여 갈등과 혼란을 잘 극복하는 경험을 통해 무한한 자기 능력을 경험하고 어른들의 경험을 참고하는 중요한 시기이기도 한다. 따라서 이 시기는 무한한 가능성을 바라보며 자기 정체성이 올바로 확립되기 위한 노력이 필요한 시기이다.

(2) 청소년 자원봉사활동

청소년 자원봉사활동이란 아동과 청소년 자신의 정식적·육체적 자원을 활용하여 자발적으로 일정 기간 동안 지속적으로 수행함으로써 보람과 즐거움을 느끼고 자신이 가진 재능이나 소질을 발견하며 더 나아가 자신이 살아갈 공동체적 삶의 영역을 체험함으로써 건강한 인성을 형성해 가는 청소년 수련활동의 한 영역이다. 그러므로 청소년이 보람과 흥미를 느끼고, 자신이 가진 재능이나 소질을 발견할 수 있다. 그뿐만 아니라 자신이 살아갈 공동체 삶의 영역을 두루 체험하여 건강한 인성을 형성하고 배움을 실천해 갈 수 있는 장이 바로 자원봉사활동이다.

(3) 청소년 자원봉사활동의 의의

청소년기의 자원봉사활동은 체험과 학습이 동시에 이루어져 인격도야와 바람직한 성장에 크게 작용하므로 매우 중요하다. 따라서 청소년 자원봉사활동은 체험학습을 통하여 개인적 만족감을 증진시킬 뿐만 아니라 사회참여의 기회와 사회적 책임을 실천할 기회가 된다는 두 가지 의미를 갖고 있다. 또한 청소년은 학교에서 배우는 교과학습을 통하여 얻은 지식과 기술을 지역사회에서 실천함으로써 그 지식과 기술을 보다 실제적인 것으로 만들 수 있다는 것이 청소년 자원봉사활동의 중요한 의의이다. 청소년 자원봉사활동은 청소년 전기(초교 4, 5, 6학년), 청소년 중기(중교 1, 2, 3학년), 청소년 후기(고교 1, 2, 3학년)로 구분하여 요구와 특성 및 여건에 맞게 하여야 한다. 이 시기의 자원봉사활동을 설명하면 다음과 같다.

첫째, 자원봉사활동은 사회의 여러 가지 문제에 관한 인식을 높이는 기회가 된다. 사회인으로 알아야 하는 사회의 다양한 문제와 과제에 관해 항상 관심을 갖는 태도를 갖는 것이 이 시기에 꼭 필요하다.

둘째, 기본 인권의 중요성을 인식하고 존중하는 태도를 익힌다. 자원봉사활동을 통해 노인과 장애인의 생활을 접하며 인간을 존중하는 태도를 몸에 익힌다.

셋째, 다양한 기획과 문제를 자신의 손으로 해결하는 능력을 기른다. 중학교에서는 학생회 활동이 활발하므로 다양한 기획과 실행, 반성의 과정을 통해 앞으로 활동의 방향을 정해 가는 능력을 기른다.

넷째, 집단에서 활동하는 체험을 통해 선후배와 남녀 간의 협력관계를 기른다. 중학교에서는 집단활동과 학생회 활동을 통해 선후배 간이나 남녀 간의 의식 차이가 나타나는 경우가 있는데 이를 극복하여 상호 협동과 신뢰기회를 얻는다.

(4) 청소년 자원봉사의 효과

청소년 자원봉사의 효과는 여러 차원에서 다양하게 살펴볼 수 있다.

① 청소년 중심

내적 성숙 차원에서 자아존중감, 개인적 유능감, 자아와 도덕 발달, 새로운 역할과 관심의 탐색, 새로운 도전의 수용과 위험의 감수, 가치와 신념의 수정과 강화, 책임감의 향상, 자기행동의 결과에 대한 수용감 등이 발달할 수 있는 기회를 제공한다.

② 개념적 지식

학교에서 배웠던 개념적 이론만으로 알았던 지식을 학생들이 직접 사회현장에서 다른 사람들에게 필요한 도움을 줄 수 있다는 자부심과 복잡하고 다양한 사회를 이해할 수 있는 기회를 제공한다.

③ 지식 및 능력 개발

청소년이 되기까지 가지고 있는 지식과 능력을 자원봉사활동을 통해 실제 사용할 수 있는 기회를 획득하고 한편으로 지금까지의 현상을 답습하기보다는 새로운 지식이나 능력을 개발하는 기회를 제공받는다.

④ 지역사회에 대한 지식 습득

청소년들은 지역사회의 문제에 대하여 자세하게 알 수 있는 기회를 갖지 못했으나 자원봉사활동을 통해서 지금까지 잘 모르고 있었던 지역사회의 사회문제 및 현실에 대한 광범위한 이해를 도모할 수 있는 기회를 제공받는다.

⑤ 여가시간의 활용

청소년들은 학습에만 전념하다보니 자원봉사를 하기가 쉽지 않지만 공부도 잘해야 하고 여가를 창의적으로 활용하면 자원봉사활동을 통해 건설적인 면도 찾을 수 있으며, 인간성, 자발성, 자긍심과 성취감을 맞볼수 있는 기회를 제공받는다.

2) 청소년 자원봉사활동의 필요성

(1) 개인적 필요성

① 인간존중정신과 태도형성

자원봉사활동은 청소년들로 하여금 건전한 인격형성을 도모할 수 있도록 도움을 주며 아울러 청소년에게 자기존재의 의미와 자기 존중감을 깨닫게 해 준다. 또한 인간의 존엄성과 가치를 인식하게 하며 사회화를 돕는 계기가 된다.

② **사회성 개발**

자원봉사활동을 하는 동안 청소년이 다른 사람과 협력하며 원만한 인간관계를 유지함으로써 사회성을 기르고 자아를 실현할 수 있게 된다.

③ **자신감과 지도력 형성**

자원봉사활동은 청소년으로 하여금 자신감을 가질 수 있도록 하며 잠재적 지도력을 개발할 수 있는 계기가 된다. 자원봉사활동을 하는 동안 자기표현 기회를 갖게 되어 자신감이 생기며, 다른 사람과 집단적으로 협동하여 함께 일하는 가운데 자기도 모르는 사이에 잠재적 지도력을 발휘하게 된다.

④ **공동체 의식 함양**

청소년기에 자원봉사활동을 통해 다른 사람을 도우면서 함께 살아가는 공동체 의식을 기를 수 있다. 자원봉사활동은 자기중심적이고 이기적인 태도를 극복해 구성원이 서로 돕고 살아가는 사회를 이룩하려는 공동체 의식을 길러 준다. 또한 가치 있는 삶을 직접 체험하면서 그 의미를 깨닫고 실천과정에서 기쁨과 보람을 느끼게 하며, 이상적 지역공동체 건설의 기초를 마련해 준다.

⑤ **민주시민으로서의 책임감 형성**

자원봉사활동은 청소년에게 바람직한 민주시민의 자질을 함양시킨다. 이는 자원봉사활동에 적극으로 참여함으로써 학생은 자발성, 협동정신, 책임감과 같은 민주시민으로서의 자질을 함양하게 된다는 것이다. 또 지역사회를 올바르게 이해하고 불건전한 일탈행동을 예방해 준다.

⑥ **보람 있는 여가생활**

청소년기에 자원봉사활동을 하면서 의미 있는 여가시간을 보낼 수 있다. 청소년은 자원봉사활동을 하며 여가를 보냄으로써 보람을 찾을 수 있을 뿐만 아니라 탈선이나 비행도 예방할 수 있다. 그리고 자원봉사활동은 신체적·정신적·정서적 건강을 지닌 전인적 인간으로 성장할 수 있도록 도움을 준다.

⑦ 진로선택에 도움

자원봉사활동은 청소년에게 자신의 적성을 발견할 수 있는 기회를 제공하며, 새로운 기술을 학습할 수 있게 하고, 이미 습득한 기술은 더욱 발전시킬 수 있게 한다. 자기가 좋아하는 활동터전에서 여러 가지 활동을 경험하는 동안 학교에서는 배우지 못한 사회를 경험하고 다양한 직업을 탐색할 수 있는 기회를 가질 수 있다.

(2) 교육적 필요성

① 지역사회에 대한 이해 증진

자원봉사를 통해 지역사회에서의 다양한 자원봉사활동은 학생이 학교에서 배운 것을 보충하고 심화시킬 수 있게 해 준다. 곧 자원봉사활동을 통해 교육의 장을 학교뿐만 아니라 지역사회에까지 확대하는 효과를 얻을 수 있다.

② 현장 교육 체험

학교에서의 교육은 이론 중심적이고 제한적인 내용으로 이루어지고 있다. 그러나 학교교육과는 달리 자원봉사활동은 체험을 통한 현장 교육으로 청소년이 성인생활을 준비하는 데 도움을 준다.

③ 지역사회와의 관계 증진

자원봉사활동을 통해 지역사회와의 관계를 증진시킬 수 있기 때문에 학교가 지역사회로부터 고립되지 않고 서로 협력하고 교류할 수 있는 유기적 관계를 형성할 수 있다.

(3) 사회적 필요성

① 지역사회의 문제해결 관심

청소년들도 지역사회의 문제에 해결 기회를 정부나 공공기관에 의지하여 해결하려는 태도를 극복하고, 청소년이 스스로 나서서 해결하려는 풍토를 조성한다. 지역사회에 어려운 사람이 있으면 자발적으로 돕고, 지역사회의 환경을 개선시켜 나가는 등 지역사회문제를 지역사회 청소년 스스로 해결해 나가려는 자발적 참여풍토가 조성된다.

② **지역사회 지도자 육성**

청소년이 자원봉사활동 지도를 받음으로써 장차 지역사회의 문제를 담당할 자원인사로 성장할 것이며, 장차 지역사회에서 활발하게 봉사활동을 펼치게 될 것이다. 따라서 지역사회에서는 미래의 자원봉사자를 기른다는 거시적 안목에서 가능한 한 학생의 자원봉사활동을 적극적으로 도와야 한다.

3) 청소년 자원봉사활동의 현황

제도화 이전 청소년들의 봉사활동 참여율은 10~20%에 머물렀다. 그러나 1996년 이후에는 비약적인 성장으로 43.5%에서 1997년 61.8%, 1998년 76.7%로 급속하게 증가하는 추세를 보였다. 그러다가 2000년 이후 청소년들의 자원봉사 참여율은 90%에 육박하고 있다(김정배 · 정익재, 2000).

청소년들이 1년 동안 참여하는 봉사활동 시간은 20시간 미만이 많다. 20시간 이상 참여하는 청소년의 비율은 40% 미만이다.

청소년이 자원봉사활동에 참여하는 경로를 보면 개인적으로 직접 자원봉사활동을 찾아서 참여하는 경우가 가장 많고, 그 다음에는 학교에서 실시하는 자원봉사활동에 참여하는 경우, 청소년단체, 사회복지기관, 시민단체를 통해서 참여하는 경우가 많다.

운영주체에 따라 청소년 자원봉사활동을 분류하여 보면 학교 중심 자원봉사활동과 지역사회 중심 자원봉사활동으로 구분할 수 있다. 학교 중심 자원봉사활동은 학교에서 직접 프로그램을 마련하는 것 이외에도 학생이 개별적으로, 또는 또래집단이나 가족과 함께 지역사회의 여러 가지 자원봉사활동에 자율적으로 참여할 수 있도록 권장하는 것도 필요하다. 지역사회 중심 자원봉사활동은 지역기관이 중심이 되어 청소년 자원봉사활동을 조직하는 것이다. 청소년 자원봉사활동의 대표 기관으로는 '청소년자원봉사센터'가 있으며 이 외에 청소년 수련시설 등이 청소년 자원봉사활동을 조직 ·

운영하며, 종합사회복지관, 시·군·구 자원봉사센터 등이 청소년 대상 자원봉사활동을 조직·운영한다.

학교중심 청소년 자원봉사활동

1. 학교중심 봉사활동의 기본내용

- 학생봉사활동은 사전에 계획이 수립되고 검토되어 실행되어야 한다.
- 학생의 발달단계를 감안해서 각 학교급별로 적절한 활동이 이루어지도록 한다.

학교급별	봉사활동 내용
초등학교	봉사정신과 태도를 기르는데 중점을 두고, 주로 교내 및 학교 주변을 중심으로 봉사활동을 하도록 한다.
중학교	학교에서 안내 지도된 활동을 중심으로 실천하도록 하고, 학교 내외 뿐만 아니라 지역사회의 공공기관에까지 활동영역을 확대시킨다.
고등학교	학생들에 의한 자발적인 봉사활동을 권장하고, 지역사회의 다양한 부분으로 활동영역을 확대시키도록 한다. 자신이 장차 선택하려는 진로영역과 관련된 봉사활동을 실천해 봄으로써 진로 선택에 도움을 얻을 수 있도록 지도한다.

2. 봉사활동의 목표

- 특별활동 총괄 목표
  다양하고 건전한 집단활동에 자발적으로 참여하여 개성과 소질을 개발·신장하고, 공동체 의식과 자율적인 태도를 기름으로써 민주시민으로서의 기본적인 자신을 함양한다.
- 봉사활동 목표
  봉사활동의 의미를 이해하고, 타인을 돕는 일에 적극 참여하여 공동체 의식을 함양하고, 삶의 보람과 자신의 가치를 느낀다.
- 봉사활동의 구체적 목표
  ① 지역사회의 일들에 관심을 가지고 참여함으로써 사회적 책임을 분담하고 호혜정신을 기른다.
  ② 다양한 봉사활동의 실천으로 서로 협력하는 태도를 기르고, 지역사회발전에 이바지하는 태도를 가진다.
  ③ 타인을 배려하는 너그러운 마음과 더불어 사는 공동체 의식을 가진다.

[2004년 학생봉사활동 지침-학생봉사활동의 지도단계]

단 계	지도중점	세부지도내용
1단계	사전교육 (봉사활동이론 교육)	-봉사활동의 의미 -봉사활동의 필요성 및 절차 -활동영역 및 유의점
2단계	프로그램 구성	-교사·학생 상호협의하에 봉사활동 프로그램 구성
3단계	봉사활동의 실행	-프로그램에 따른 봉사활동에 참여
4단계	'학교교육과정 이외의 봉사활동' 또는 '개인 계획에 의한 봉사활동'	-계획수립 -사전지도 -활동 및 평가 -확인서 제출

3. 학생 봉사활동 시간

- 제7차 교육과정의 적용과 함께 초·중·고등학교 학교 급별 및 학년별 봉사활동 권장 시간을 연간 7~20시간으로 다양화한다.
- 제7차 교육과정이 적용되는 학년의 경우에는 학교 교육과정의 특별활동 시간 중에 봉사활동을 초등학교는 연간 5~7시간 이상, 중·고등학교는 연간 10시간 이상 편성·운영해야 한다.

[학교중심 청소년 자원봉사활동]

학교급	학년	봉사활동 권장시간	학교 교육과정에 의한 봉사활동 시간
초등학교	1~4	연간 7시간 이상	연간 5~7시간 이상
	5~6	연간 10시간 이상	
중학교	전학년	연간 18시간 이상	연간 10시간 이상
고등학교	전학년	연간 20시간 이상	

4. 봉사활동 내신 반영 방법

- 중학교

  연간 기준 시간 18시간

  고입 내신 성적에 반영

-연간 18시간 이상: 8점
-연간 15시간 이상 18시간 미만: 7점
-여간 15시간 미만: 6점

- 고등학교
  -대학에 따라 대입 내신 성적에 반영

출처: 한국청소년 개발원(2005). 청소년 자원봉사 및 동아리 활동론.

4) 청소년 자원봉사활동의 분야

(1) 나이에 따른 자원봉사활동 영역

① 초등학교

교육목표와 교육내용의 조화적 발달을 촉진하는 다양한 경험 및 활동의욕 배양, 평생학습지식 및 사회적 관심 중시, 특별활동과의 연계, 친구관계 확대, 집단 단위로 행동할 수 있는 자원봉사활동 도입(시설방문, 장애인 스포츠 활동, 동물애호, 지역행사참가 등), 사회성 높은 활동 진행(자연보호, 환경문제 등) 등이다.

② 중학교

사회문제 및 복지관계 등에 대한 인식을 높이고 기본적 인권의 소중함을 인식시켜 그것을 존중하는 태도를 습득하여 다양한 기회 및 문제를 스스로 결정할 수 있는 능력을 육성할 뿐만 아니라 집단으로 활동하는 체험을 통해서 다른 연령 간 및 남녀 간의 협력관계를 육성한다.

③ 고등학교

자율적 판단을 존중(교직원은 조언자, 조정자의 역할만 수행)하고, 복지적 관점에서 사물을 생각하며, 지역사회에 적극적으로 참여하여 사회복지현상과 그 배경에 있는 문제를 생각하고, 지역사회에서의 활동 및 조사·연구와 환경보호 등의 활동을 추진한다. 또한 복지시설과 정기적으로 교류하고 지역사회활동에 참여하며, 진로선택의 시

기인 것 등을 고려하여 직업에 대한 인식을 높이고, 진로에 대한 전망을 넓힌다. 청소년을 지역문화 개선과 창조의 담당자로 파악하여 지역의 역사지리 및 전통적 문화활동에 대한 관심을 높인다.

(2) 활동 영역에 따른 자원봉사 프로그램

활동 영역에 따른 자원봉사 프로그램은 〈표 8-1〉과 같다.

〈표 8-1〉 활동 영역에 따른 자원봉사 프로그램

영역	활동내용	활용 프로그램
일손돕기 활동	복지시설 일손돕기	어린이 돌보기, 시설물 관리, 학습교재제작, 배식, 설거지, 세탁, 청소, 잡초제거, 시각장애인에게 책 읽어 주기, 편지 대필하기 등
	공공기관 일손돕기	안내하기, 주소 대필하기, 문서신청 대신 하기, 우표 부치기, 우편물 분류 돕기, 청소하기, 간단한 업무 돕기, 도서정리, 자료정리, 심부름하기 등
	병원 일손돕기	안내하기, 청소하기, 잡초제거, 간단한 업무 돕기, 심부름하기 등
	농어촌 일손돕기	모내기나 추수 돕기, 어린이 돌보기, 주변청소하기, 심부름하기, 어장이나 과수원 일손돕기 등
	학교 내 일손돕기	운동장 정리, 학교행사안내, 자원봉사활동목록 작성을 위한 조사·연구, 환경미화, 나무 심기, 졸업생이 출신학교를 방문하여 청소 도와주기 등
위문활동	육아시설 위문	육아시설 아동과 친선게임, 자매결연, 위문품 전달 등
	양로원 위문	노래, 춤, 연주, 연극 등을 통해 위로하고 위문품 전달 등
	장애인 위문	함께 놀기, 장애인 돕기, 위문품 전달 등
	병약자 위문	병원이나 보건 등의 환자 위문, 무의탁노인 위로 등
	자매부대 위문	일일병영생활, 위문편지 쓰기, 위문품 전달 등
지도활동	동급생 지도	교과별 학습부진학생 지도, 운동지도, 게임지도 등
	하급생 지도	유아원생 돌보기, 유치원생 지도, 초등학생 지도, 중학생 지도 등
	사회교육 지도	어린이 축구교실, 어린이 농구교실, 어린이 컴퓨터교실, 에어로빅 교실, 각종 문화 및 레크리에이션 지도 등
	교통·안전 지도	교통신호 지키기, 건널목 교통안전 지도, 등·하굣길 안전 지도 등

5) 청소년 자원봉사활동의 활성화 방안

(1) 청소년 자원봉사활동 대상기관 연계시스템 구축

자원봉사활동대상기관에서 학생을 꺼리거나 학생과 자원봉사활동대상기관과의 효율적 연계시스템이 미흡하다. 이를 해결하기 위해 일차적으로 자원봉사활동 대상기관 종사자에 대한 오리엔테이션이나 정기적 간담회를 통해서 이해와 협력을 구해야 한다. 실제로 시・도에 설치되어 있는 청소년자원봉사센터에서는 정기적으로 청소년자원봉사활동대상기관의 종사자를 대상으로 간담회를 실시하여 대상기관의 어려움을 청취하기도 하고 대상기관의 청소년 자원봉사활동 지도요령과 지도를 통해 좋은 관계를 유지하고 있다. 사실 청소년 자원봉사활동이 지역사회에서 이루어진다고 할 때 청소년은 학습수요자이고 지역사회는 공급자 입장이 되기 때문에 이러한 관계형성의 문제는 학교나 교육청이 보다 적극적인 자세로 나서야 할 것이며 가능한 한 시・도 청소년자원봉사센터를 하나의 정책집행 파트너로 활용한다면 충분히 해결 가능할 것이다.

(2) 학교와 자원봉사활동단체와의 협력체계 구축

학교와 자원봉사활동단체와의 협력체계가 미흡하다. 이는 학교가 보다 능동적, 적극적으로 지역사회 자원봉사단체에 지원과 협력을 구함으로써 해결 가능하다. 개별 교사 차원이 아닌 학교 차원에서 지역사회 봉사단체나 기관 등을 중심으로 학교로 초청하여 학교와 추진단체 간의 연계협력을 공식적으로 요청하는 것이 훨씬 효과적일 것이다.

(3) 자원봉사활동 시 안전사고에 대한 대책 수립

현재 청소년자원봉사센터의 경우 안전사고가 우려되는 프로그램을 운영하게 되는 경우 별도로 센터가 부담하여 보험에 가입하도록 하고 있는 실정이다. 따라서 이러한 보험가입 협조 역시 결국 교육청 수준에서 지역사회 봉사단체의 현황을 파악하여 보험에 가입시킬 수 있도록 협조 요청한다면 해결할 수 있으며, 자원봉사활동을 활성화시키는 데 크게 기여할 수 있다.

2. 대학생의 자원봉사활동

1) 대학생 자원봉사활동의 특성

대학생 자원봉사활동은 학생, 대학, 사회 측면에서 다른 분야 봉사와는 구별되는 몇 가지 특성이 있는데 구체적으로 살펴보면 다음과 같다(박태영 외, 2009: 387-389).

첫째, 대학생 자원봉사활동은 학생의 바른 인성과 성숙한 자아형성을 돕는 활동이다. 대학생활 동안 학생은 여러 사람과 협력하고 사람들이 직면한 다양한 문제를 발견함으로써 가정과 사회를 새롭게 볼 수 있는 시야를 가지는 것이 중요하다. 뿐만 아니라 자원봉사활동은 사회적 약자에 대한 가치와 인간의 존엄성 등을 생각하고 자신을 발견하는 좋은 기회를 갖게 된다.

둘째, 대학생 자원봉사활동은 학생의 전문지식 및 기술의 적용과 연마를 지원하는 활동이다. 대학은 전문기술과 지식을 연마하고 습득하는 곳이므로 다양한 교육환경을 개척하여 학생 각자의 전공분야 전문지식과 기술을 현장에 적용하여 지역사회주민을 돕고 자신의 지식과 기술을 보완하는 학습의 연장으로 활용할 수 있다.

셋째, 대학생 자원봉사활동은 학생에게 있어 사회적 책임감과 사회지도자로서의 능력을 배양하는 활동이다. 그러므로 학문적 지식과 기술은 물론 인격적 역량에서도 타인을 이끌 수 있는 자질을 갖추어야 할 뿐 아니라 대학시절에 다양한 자원봉사활동과정과 경험을 통해 사회문제와 사회발전에 대한 올바른 이해와 인식을 가질 수 있어야 한다. 뿐만 아니라 학생 스스로가 사회적 책임감을 획득할 수 있도록 유도하여 미래사회를 이끌 수 있는 자질을 갖출 수 있게 된다.

넷째, 대학생 자원봉사활동은 대학 내 건전한 대학문화정착을 위한 활동이다. 그러므로 대학문화의 건전성은 대학교육발전의 중요한 요소라고 할 수 있다.

다섯째, 대학생 자원봉사활동은 대학교육의 확충과 국제화를 촉진하는 활동이다. 21세기 대학변화와 국제화의 흐름 속에서 대학생 자원봉사활동은 캠퍼스 내의 제한된 교육활동 차원을 벗어나 지역사회 현장이나 국제사회의 적극적 교류를 강조하고 있다. 따라서 국내 자원봉사활동뿐만 아니라 해외 자원봉사활동은 학생들로 하여금 지역화와 국제화의 흐름에 지혜롭게 대응할 수 있는 계기를 제공할 수 있다.

여섯째, 대학생 자원봉사활동은 대학과 지역사회 간의 연계·협력을 통한 봉사 네트워크 구축활동이다. 즉 대학은 지역사회에 위치하며 그곳으로부터 교육, 연구, 봉사에 필요한 인적·물적 자원을 지원받으며 대학이 속한 지역사회의 욕구와 필요성에 봉사해야 하는 의무를 갖는다.

일곱째, 대학생 자원봉사활동은 지역공동체 의식 확산과 사회통합의 활동이다. 즉 지역사회체계 안에서도 지역 간, 개별 기관 간의 통합을 촉진시키는 역할을 수행한다. 이를 통해 학생을 포함한 지역사회주민 간의 공동체 의식을 확산시키고 사회적 정화와 보완을 통한 사회통합을 가능하게 한다.

이상에서 살펴본 바와 같이 대학생 자원봉사활동의 특성은 학생의 올바른 인성과 자아형성을 도우며 전문지식을 현장에 활용함으로써 지역사회주민을 도와줄 뿐 아니라 지식과 기술을 보완하는 학습의 연장으로 활용할 수 있다는 것이다.

2) 대학생 자원봉사활동의 필요성

대학생 자원봉사활동의 필요성을 다섯 가지로 정리하면 다음과 같다(배기효 외, 2007: 306-307).

(1) 사회지도자로서의 자질함양

대학생은 미래 우리 사회의 각 분야에서 선구적 역할을 담당할 위치에 있다. 학문적 지식과 기술은 물론 인격적 역량에서도 타인을 이끌 수 있는 자질을 갖추어야 한다. 그리고 대학시절 다양한 자원봉사경험을 통해 사회문제와 사회발전에 대한 올바른 인식을 가질 수 있으며, 자신의 전공영역과 연결시킬 수 있는 좋은 계기가 될 것이다.

(2) 전문지식 및 기술의 적용과 연마

대학은 학문을 통한 전문지식습득과 기술연마를 1차적 기능으로 하는 곳이다. 자신의 전공영역에서 습득하고 연마한 전문지식과 기술을 현장에 적용한다. 지역사회를 발전시키고 지역사회문제를 해결함과 동시에 현장체험과 응용능력을 배양하여 새로운 지식과 기술을 보완하는 학습의 연장으로 활용할 수 있다. 그러므로 가능한 한 자신의 전공영역과 관련된 분야에서 자원봉사활동을 실천하면 더욱 유익할 것이다.

(3) 사회문제에 대한 새로운 인식과 공동체 의식의 획득

자신의 전공을 살리거나 가치관에 따라 자원봉사활동을 수행하는 과정이 여러 가지 상황과 문제에 직면할 수 있다. 이런 과정과 경험을 통해 상황대처능력과 문제해결능력을 배양할 수 있다. 뿐만 아니라 다양한 체험과 학습을 통해 국가와 사회를 되돌아보는 계기를 가질 수 있으며, 사회구성원으로서 책임감과 함께 공동체 의식을 함양할 수 있다.

(4) 인간의 존엄성과 가치, 국가관에 대한 올바른 인식

자원봉사활동을 수행하는 과정에서 다양한 자원봉사 영역과 자원봉사이용자를 통해 그들이 처한 어려움을 새롭게 이해할 수 있으며, 또한 사회적 약자에 대한 가치와 인간의 존엄성을 이해하며 더 나아가 건전한 국가관·사회관을 가질 수 있는 계기가 될 것이다.

(5) 성숙한 자아의 형성

자원봉사활동과정에서 전통적 사회미덕으로서 상부상조의 정신을 계승·발전시킬 수 있으며, 자신 및 가정과 사회를 새롭게 볼 수 있는 시야를 갖게 된다. 다시 말하면 타인에 대한 배려와 이해심을 넓히는 경험을 하게 될 뿐 아니라 인류평화에 기여하게 될 것이다.

3) 대학생 자원봉사활동의 현황

한국 대학의 자원봉사활동이 본격화된 시기는 1990년대 초이다. 1990년 중반 일부 대학에서부터 시작된 자원봉사활동시스템 도입은 급격하게 전국적으로 확산되고 있다.

〈표 8-2〉 대학의 전공별 자원봉사활동 영역의 예

전공학과	봉사활동	봉사대상	협력체	비고
어문학계열	학습지도	초·중·고교생	교육청, 초·중·고교	
	성인교육	공공, 민간단체	공공, 민간단체	문맹퇴치, 외국어교육, 재소자재활교육
	행정지원	공공, 민간단체	공공, 민간단체	편지, 서류작성, 번역
신문방송학	홍보	공공, 민간단체	공공, 민간단체	소식지 제작
법학과	법률상담	저소득층, 민간단체	민간단체, 정부기관	
	재소자 상담, 갱생보호	재소자	민간단체, 정부기관	
경영학과	경영기술지도	중소기업	중소기업청, 상공회의소	중소기업 경영향상지원
	모금마케팅지원	민간단체	민간단체	
정치학과	공명선거캠페인	민간단체	민간단체	선거감시, 행정지원캠페인
	의정활동감시	각급 회의	시민단체	
체육학과	건강·체력관리, 레크리에이션	노인	구청노인복지과, 사회체육센터, 노인복지시설	
의예과 간호학과	건강관리, 무의촌진료	보건소, 간호사 및 의사협회	저소득층 무료진료, 건강교육	
공예학과	학습도구제작	조기교실, 특수학교	교육청, 특수학교, 장애인복지단체	

4) 대학생 자원봉사활동의 활성화 방안

대학생 자원봉사활동의 활성화 방안을 제시하면 다음과 같다(류기형 외, 2009: 299-301 재인용).

(1) 현장과 교육이 연계된 봉사학습으로서 대학생 자원봉사활동의 제도화

대학생 자원봉사활동은 봉사하면서 배우는 봉사학습으로 이해되어야 한다. 그러므로 대학의 학습이 지역사회에서 실험되고 지역사회현장이 대학의 커리큘럼에 반영되도록 대학과 지역사회는 끊임없이 연계되어야 한다. 봉사학습을 본격적으로 하면 다음과 같은 장점이 있다. 학생의 실천적 문제해결능력이 함양되고, 학생뿐만 아니라 교수의 적극적 참여가 이루어져 학생의 적절한 관리가 가능해지며 이에 따라 자원봉사센터 없이도 대학생 자원봉사활동을 효율적으로 운영할 수 있다. 또 다양한 주제 선택으로 창의적 자원봉사활동이 가능해지고 학생에게 강한 동기를 부여하고 성취감을 높일 수 있다.

(2) 학생의 자발적 · 지속적 참여를 위한 동기부여교육

자원봉사활동에 자발적이고 지속적인 참여를 유도하기 위해서는 동기부여가 무엇보다 중요하다. 이를 위해서는 자원봉사활동에 대한 홍보활동과 자원봉사자에 대한 체계적 교육이 필수이다. 대학의 자원봉사활동이 순수하게 자발적으로 확산되기 위해서는 교내의 모든 홍보수단을 이용하여 자원봉사활동의 필요성과 사례들을 지속적으로 홍보해야 한다. 한편 대학생 자원봉사자가 자원봉사에 대한 확실한 신념을 가지고 실제 자원봉사활동에 잘 적응하여 정기적, 지속적으로 활동할 수 있도록 하기 위해 자원봉사에 대한 세계적 교육시스템을 마련해야 한다. 교육은 필요에 따라 활동 전의 오리엔테이션, 활동 중에 실시하는 팀별 간담회, 보충교육, 개인상담과 평가회 등이 있다. 이러한 교육은 계획적, 지속적으로 이루어져야 하며 자원봉사자에 대한 지도 · 감독 과정도 자원봉사활동의 효과를 높이는 데 매우 도움이 될 것이다.

(3) 대학생 자원봉사활동 육성, 지원체계 구축

학생의 폭넓은 참여와 사회적 기여 그리고 교육적 효과를 유도하기 위한 대학생 자원봉사활동의 활성화를 위해서는 무엇보다도 각 대학에 적절한 행정체계 인프라 구축이 요청된다. 즉 대학생 자원봉사활동을 위해, 기획·조정하는 것은 물론이고 이를 조직적으로 지원하는 사설기구로서 자원봉사사무국 또는 자원봉사센터를 설치해야 한다. 그리고 무엇보다도 자원봉사활동은 전문적으로 관리되어야 하므로 전문가의 개입이 반드시 필요하다. 또한 이러한 지원체계를 구축하는 데서 야기되는 예산상의 문제 등을 최소화하기 위해 각 대학 실정에 맞는 모델을 개발해야 한다.

(4) 자원봉사자 활용기관 · 단체와 원활한 연계

최근 자원봉사 관련 단체가 많이 설립되고 있으나 대학생 자원봉사자를 효율적으로 모집하고 배치하는 기관이 부족한 실정이다. 자원봉사활동이 효과적으로 추진되기 위해서는 자원봉사자를 활용하는 기관·단체 또는 이용자와 긴밀히 연계되어야 한다. 학생의 개인사정과 활용기관 이용자의 요구사항을 면밀히 파악하여 양자를 항상 적절히 조정하여 역할을 부여할 때, 배치과정에서 발생할 수 있는 인력 및 시간의 낭비를 방지할 수 있다. 특히 지역사회의 기관·단체와 유기적 파트너십을 형성하여 공동으로 봉사활동 프로젝트를 기획함으로써 안정적 수요처를 확보할 수 있다.

(5) 자원봉사 인센티브제도 강화

대학생 참여를 유도하기 위해 각종 인센티브를 제공해야 한다. 대학생에게 자원봉사활동에 대한 행·재정의 적극적 지원은 물론 대학정책에 최우선으로 반영하여 자원봉사활동에 대한 학교 구성원의 폭넓은 공감대가 형성되어야만 지속적이고 효과적인 실천이 가능하다. 그 밖에 우수활동 자를 선정하여 표창하고, 자원봉사활동을 하는 모든 학생의 실적을 학적부에 기재하는 것이 필요하다.

(6) 교과목과 연계된 프로그램 개발

대학생의 자원봉사활동은 정규 교과목과 연계되어야만 성공할 수 있다. 학생이 강의실에서 배운 이론을 현장실습을 통하여 검증할 수 있는 기회를 갖도록 해야 한다. 따라서 각 학과의 특성에 맞는 프로그램을 개발하여 봉사에 기초한 학습이 되도록 함으로써 학생이 다양한 욕구와 기대를 최대한 수용할 수 있으며 대학의 바람직한 문화로 정착될 수 있다.

3. 기업의 자원봉사활동

1) 기업 자원봉사활동의 개념

기업의 자원봉사 또는 기업의 사회봉사라는 말은 1970년대 이후 미국 기업이 사원의 자원봉사활동을 기업 차원에서 제도적으로 뒷받침해 주면서 등장하였다. 한국에서 기업 차원의 자원봉사활동은 1990년대에 나타나기 시작했는데, 1994년 삼성에서 최초로 그룹 차원에서 사회봉사단을 창단하였다.

기업 자원봉사활동의 개념은 기업이 임직원의 자원봉사활동을 정책적으로 유도하며, 시간과 기술을 지역사회에 제공하고자 하는 임직원 및 퇴직자의 자원봉사활동을 공식적으로 지원하는 활동을 의미한다. 즉, 기업 자원봉사활동은 기업이 지역사회의 일원으로서 소속된 몫을 담당하기 위해 '기업시민'이라는 계몽된 기업윤리를 실천하는 데서 비롯되었다. 기업의 자원봉사활동은 '사회적 책임의 수행'이라는 새로운 경영이념에 의한 것으로 기업도 사회 속에서 다른 구성원과 더불어 잘 살 수 있는 길을 모색해야 하며 여러 가지 문제해결과 윤리준수의 주체로서 적극 참여해야 한다는 의도에서 권장되고 있다. 기업 자원봉사활동은 기업의 사회적·경제적 목적을 달성하게 도와주고 근로자의 욕구를 충족시키는 역할을 하고 있어 기업이 전략적으로 전개하고 있는 추세이다.

2) 기업 자원봉사활동의 발전과정

(1) 미국의 기업 자원봉사활동 역사와 발전과정

미국의 자원봉사활동은 개척시대인 17세기 초, 이민자들의 상부상조에 의해 이루어졌다고 볼 수 있는데, 독립혁명 이후에는 유럽으로부터의 이민자들이 급속하게 증가함에 따라 더욱 지역사회에 확대되었으며, 1940~1950년대에 있어 자원봉사활동은 역사적으로 최대의 원천을 이루었다고 볼 수 있다.

오늘날 미국인에게 자원봉사활동은 생활의 일부이다. 성인 2명 중 1명(1996년 통계 49%)이 자원봉사활동을 주 평균 4.2시간이나 하고 있는데, 자원봉사자들은 단체나 기관에서 또는 조직적으로 활동하는 경우가 많으며(전체 봉사시간의 77%) 혼자 하는 경우도 꽤 된다. 종교를 가진 사람의 참여율이 훨씬 높고, 자원봉사자는 선거참여율 또한 높으며(76%) 기부금도 더 많이 내고 있다.

미국은 기업의 자선문화 패러다임이 Philanthropy에서 Volunteer로 바뀌면서 1980년대 이후 기업이 자원봉사에 참여하게 되었다. 그 이전에도 극소수의 기업이 시작은 하였지만, 1970년대 두 차례의 유류파동으로 경쟁력을 잃은 미국 기업들은 궁핍 재정 속에서 경쟁력을 길러야만 했고, 그래서 착안한 것이 보다 효율적인 '자원봉사'였다. 현재 미국 기업 중 기업 자원봉사활동 프로그램을 가진 회사의 수는 2,500군데를 넘으며, 이 프로그램을 가진 회사 간의 정보교류, 협력, 공동노력 등을 위한 지역협의회도 10군데가 넘고 있다.

미국의 경우 기업체 직원의 자원봉사활동은 전통적으로 기업과 상관없이 개인의 임의활동으로 간주되었으며, 퇴직 후 개인의 임의활동 정도로 여겼었지만, 1970년대 들어서 제록스, 벨 텔레폰(Bell Telephone) 등 미국 내 굴지의 대기업들이 점차 사회봉사를 제도적으로 후원하기 시작하면서 그 수가 계속 늘어 1990년대 중반에는 웬만한 대기업의 경우 거의 공식적으로 사내 자원봉사 프로그램을 가지게 되었다. 1992년 촛불재단의 조사에 따르면 기업 자원봉사활동을 실시하는 회사 수가 454개에 달했는데, 이는 1979년 333개에 비해 13년 사이에 100개 이상이 증가한 것이다.

1990년대 미국 기업 자원봉사활동의 특징은 '조직화', '전문화'였다. 1970년대가 양적 팽창, 1980년대가 기부금과 자원봉사를 연결시킨 질적 변화의 시대였다면 1990년대는 '전문화'를 통해 조직관리, 프로그램에 새로운 변신을 도모한 것이다. 전문화의 사례 중 가장 대표적인 것이 IBM 사이다. 1990년 들어 대규모의 경영개혁(restructuring)을 시도하는 IBM 사는 자원봉사 역시 '팀워크'제로 편성, 중앙위원회 지역매니저 제도, 일선 팀 등으로 조직화했다. Time Warner 사의 대표적 프로그램인 '읽을 시간(Time To Read)' 역시 전국 사원을 지역별, 팀별로 조직화했다. 또 체이스 맨해튼 은행은 전 세계 50개국 3만 4천 명의 직원을 대상으로 진행하는 'Chase Good Work' 프로그램을 컴퓨터로 전부 관리하고 있다.

(2) 한국의 기업 자원봉사활동 역사와 발전과정

한국의 경우 기업 자원봉사활동, 사회공헌활동은 1970년대까지는 미미하였으나 1980년대 들어 재벌 중심의 경제구조가 정착되면서 기업의 사회적 책임론이 서서히 대두되기 시작하였다. 이때부터 사회공헌활동으로서 장학사업 등 교육에의 투자와 문화사업 및 기업 자원봉사활동 영역이 넓혀져 왔는데 한국 기업의 사회공헌 발전단계를 보면 〈표 8-3〉과 같다.

〈표 8-3〉 경영환경변화와 한국 기업의 사회공헌 발전단계

구분	1960년대 이전	1970년대	1980년대	1990년대
경영환경	· 산업화 초기 정부 주도의 경제개발 · 정치 불안정의 회복	· 대기업 중심의 중화학공업 육성, 수출 드라이브 정책 · 개발독재	· 시장개방압력 · 고도의 소비사회 · 정치사회의 민중화	· WTO 체제 출발 · Green Round · OECD 가입 · 문민정부
사회의 인식 · 기대	· 경제우선주의와 기업에 대한 우호적 환경, 정책적 지원 · 생필품 생산 및 납세, 고용, 창출	· 재벌의 경제력 집중에 대한 사회적 비판 · 언론에 의한 기업의 사회적 책임론 대두	· 신군부 등장 이후 사회정화 명목에서 기업의 사회적 책임론 대두 → 논의의 정당성 결여로 자연소멸	· 후기 산업사회로의 전환 초기 단계에서 기업에 대한 기대의 변화 · 전통적 기업관의 퇴조

구분	1960년대 이전	1970년대	1980년대	1990년대
	등의 기능에 대한 사회적 수용	· 소비자 보호운동 시작 → 정주영 전경련회장의 반발 및 경제침체로 논의의 자연소멸	· 1980년대 후반 민주화에 따른 재벌기업 비판 모드 · 환경보호운동, 노사문제와 기업복지에 관심고조 · 사치와 퇴폐의 극치	· 정경유착 및 비윤리적 행동에 대한 비판 고조 · 개방화와 세계화의 흐름 속에서 기업 주도의 혁신활동 요청
사회공헌	· 기업가의 관심에 따른 개인출연, 소규모 재단 (장학재단) 설립 · 자선적 동기에서 출발	· 장학재단 중심의 기업재단 설립 증가 · 준조세 성격의 기업 기부	· 사회복지재단의 증가 · 기업 출연의 기업재단 증가	· 기업 주도 사회공헌활동 증가 · 기업 차원의 자원봉사참여운동 전개

최근에는 물질적 서비스인 사회공헌활동보다도 비물질적 서비스인 자원봉사활동에 점차적으로 관심을 보여 1994년 말 삼성그룹이 '삼성사회봉사단'을 조직하면서 기업 자원봉사활동이 처음으로 등장하였다. 삼성은 그룹 및 전 계열사에 삼성사회봉사단을 구성하고 인사고과, 신입사원채용, 연수 등에 사원의 자원봉사활동을 강조하고 있다. 삼성그룹 이후 벽산그룹 등 일부 기업이 인사고과 반영 등으로 그 뒤를 따르고 있으며 현대전자, 엘지, 쌍용, SK 등과 기타 많은 은행이 사원연수에 자원봉사 프로그램을 넣어 권장하는 등 기업 자원봉사활동이 점차 확산되고 있는 추세이다.

3) 기업 자원봉사활동의 분야

기업 자원봉사활동의 분야는 여섯 가지로 나눌 수 있다(볼런티어 21).

(1) 기획(strategy & planning)

- 내 · 외부 환경 분석
- 사회공헌비전과 전략수립
- 사회공헌브랜드 구축

- 중장기 비전 · 단계별 전략 수립
- 운영규정 · 지원정책 수립
- 기업 자원봉사 대표 프로그램 개발
- 기업 자원봉사단 기획

(2) 연구개발(research & development)

- 기업 자원봉사 프로그램 연구 – 사회공헌 브랜드 구축
- 기업 자원봉사 동향 분석 – 국내 · 외 동향 분석
- 기업 자원봉사 의식 조사

(3) 교육(education)

- 교육대상: CEO 및 임원, 자원봉사자 팀리더, 임직원 자원봉사자, 기업 자원봉사 담당자
- 교육형태: 워크숍, 자원봉사활동체험, 해외 전문가 초청 강연, 국제심포지엄

(4) 실천(action)

- 실천: 자원봉사 코디네이터 파견, 자원봉사활동처 개발, 자원봉사활동 연계
- 프로그램 개발: 기업 자원봉사 이벤트 · 캠페인 기획, 볼런테인먼트 프로그램 개발, 국제자원봉사활동 기획 및 교류

(5) 홍보 · 출판(communication & publication)

- 홍보: 공익연계마케팅 기획 및 자문
- 출판: 사회공헌백서 기획, 기업 자원봉사 핸드북 제작, 기업 자원봉사 프로그램 사례집 제작, 기업 자원봉사 도서기획 출판

(6) 평가(evaluation)

- 기업 자원봉사 성과 평가방안 개발

• 기업자원봉사단 심사
• 임직원 만족도 조사
• 지역사회 만족도 조사

4) 기업 자원봉사활동의 활성화 방안

(1) 자원봉사에 대한 기업의 확고한 정책 수립

기업 자원봉사활동 프로그램의 존속 및 성공에 가장 크게 영향을 미치는 요소는 경영진인 기업 집행부의 지원이다. 따라서 기업의 자원봉사활동이 성공적으로 전개되기 위해서는 먼저 자원봉사에 관한 기업 차원의 확고한 정책이 수립되어야 한다. 아직까지도 많은 기업이 지역사회에 대한 기업의 봉사를 경영 외적이며, 부수적인 것으로 생각하고 있다. 따라서 자원봉사에 대한 기업 차원의 확고한 정책이 부재한 경우가 많다. 이처럼 자원봉사에 대한 기업 차원의 정책이 수립되지 않는 한, 기업의 자원봉사활동이 실행될 가능성은 거의 없으며, 설사 기업의 자원봉사활동이 실행되어도 계속 유지되기가 쉽지 않다.

그런 점에서 자원봉사활동의 참여가 기업의 사업목표달성에 기여한다는 점을 인식하고, 기업의 목표달성과 연계하여 자원봉사에 대한 기업 차원의 확고한 정책을 수립하는 것이 기업 자원봉사활동의 성공에 매우 중요한 요소이다. 예를 들면 신입사원의 채용, 승진 및 인사고과 등에 자원봉사경력, 기여 등을 반영하는 것이다.

(2) 자원봉사 실행기구의 설립

기업의 자원봉사를 수행하는 기업의 공식조직과 담당자를 지정하여 기업의 자원봉사를 정착시키는 것이 필요하다. 자원봉사 전담기구를 설치하거나 기업 내 기존 부서 중 하나를 지정하여 자원봉사업무를 담당하게 하며, 활동의 중심적 조정자로서 전문관리자 혹은 전담인력을 확보해야 한다. 기업 자원봉사단체의 주요 자원봉사업무는 거의 조직화, 전문화되어 있지 않은 상태이다. 특히 자원봉사자 사전 기초교육과 자원봉사활동 상담과 자문 등은 직접 하지 않고 다른 자원봉사단체에게 일임하는 경우가 많다. 자원봉사활동을 기업 비즈니스의 일환으로 보고 체계적 관리를 통해 조직화하고, 전문성을 기하는 것이 바람직하다.

(3) 자원봉사자 인정과 활동홍보

자원봉사자의 활동사항을 사내, 외부 홍보매체에 적극 소개하여 자원봉사자의 사기를 진작시켜야 한다. 그러기 위해서는 사보 등 정기간행물에 자원봉사 고정란을 배정하거나 연말보고서의 특집란 등을 신설하여 운영하면 효과적일 것이다.

(4) 인센티브 제공

우수 봉사팀을 시상하거나 포상휴가를 주는 방법을 사용해야 한다. 또 해당 봉사처에 기부금을 제공하는 방법이 있다. 이 방법은 자원봉사자 인센티브의 일환으로 우수자원봉사자가 지정하는 시설에 기업이 기부하는 것을 말한다. 예를 들면 미국의 체이스 맨해튼 은행이 이런 방법을 통해 인센티브를 제공하고 있다. 이 사례는 자원봉사자에 대한 직접적 혜택이 아니라 타인에 대해 혜택을 주고 자원봉사자의 결정권을 높여 주는 인센티브 사례라고 볼 수 있다. 자원봉사활동의 속성상 어떤 형태든지 자원봉사활동에 대한 보상을 기대해서는 안 되는 것으로 생각하는 경향이 있다. 하지만 자원봉사활동을 활성화하려면 적절한 승인과 보상체계와 같은 지원제도는 필수이다.

(5) 자원봉사활동경비 지원 및 기금 마련

자원봉사활동에 소요되는 경비는 기본적으로 자원봉사자 자신이 부담하는 것이 타당하다. 그러나 기업 자원봉사활동의 경우 봉사처에서 자원봉사활동에 소요되는 경비를 자원봉사자가 부담해 주었으면 하는 기대를 한다. 따라서 기업 자원봉사활동의 경우 자원봉사활동경비 지원이나 기금 마련 방안을 모색하는 것이 필요하다. 자원봉사자 부담의 일정 금액을 회사에서 매칭하여 지원하는 것이 바람직하다(매칭그트제도).

(6) 자원봉사 유급휴가 · 휴직제도

자원봉사 유급휴가 · 휴직제도는 임직원이 근무시간을 이용하여 자원봉사활동을 할 수 있도록 배려해 주는 제도이다. 근무시간 면제의 경우에는 정규 근무시간에 자원봉사활동에 참여하도록 허락해 주는 제도이다. 휴가제도는 연간 1~10일 등 비교적 단기간을 자원봉사활동에 사용토록 하는 것이며, 휴직제도는 수개월에서 1년간 휴직을 허용한다. 예를 들면 미국 IBM의 경우 1~2년간의 유급휴가로 약물, 알코올중독 청소년을 위한 상담, 교육 프로그램에 직원 자원봉사자를 보내기도 한다. 그러나 기업에서 장기간의 휴가가 실제로 활용되는 경우는 아직 많지 않다. 관리, 전문직의 인력 파견의 경우 전문성이 있는 임직원을 며칠간의 단기간에서부터 수년간의 장기간까지 비영리단체나 정부조직에 자원봉사자로 파견하는 것으로, 회사가 이들에게 임금과 인사에 있어 모든 혜택을 보장한다.

(7) 캠페인 등 특별 프로그램 실시

분위기를 고양시켜 주고 참여를 유도할 수 있는 캠페인성의 특별 프로그램이 효과적인 것으로 나타났다. 자원봉사대축제가 대표적인데, 미국의 촛불재단은 매년 행사를 개최한다. 기업 자원봉사활동의 활성화를 위해서는 추진조직과 인력의 구비, 교육과 관리체계의 수립이 필요하다. 임직원 자원봉사지원제도를 시행하는 것 이외에 필수적으로 따라야 할 것은, 분위기를 고양시켜 주고 참여를 유인할 수 있는 캠페인성의 특별 프로그램이 있어야 한다는 것이다.

4. 노인의 자원봉사활동

1) 노인 자원봉사활동의 의의

자원봉사자는 어떠한 금전적 보상을 받지 않고 자신의 자유의사에 의하여 특정 활동에 대해서 서비스를 제공하는 사람이다. 대부분 노인은 서비스 수혜대상으로만 인식되어 왔으나, 상당수의 노인은 심신이 건강하고 자신에게 축적된 지식과 기술로 사회에 봉사하기를 바라고 있다. 노인 자신에게 주는 이익으로서 자원봉사활동참여는 사회의 일선에서 물러나 자칫하면 상실하기 쉬운 자신의 사회적 가치성을 회복하거나 유지할 수 있게 해 주어 자신이 옛날처럼 사회에 유용하고 주요한 존재가 되고 있다는 가치감을 갖게 한다. 노인의 자원봉사활동은 여가시간을 유용하게 보내는 방법 중의 하나이며, 노인의 생활에 의미를 부여한다.

노인 자원봉사활동의 의의를 개인적 차원과 사회적 차원으로 나누어 정리하면, 개인적 차원에서 노인의 자원봉사활동은 ① 퇴직으로 인해 상실되었던 사회적 지위와 역할을 보충해 준다. ② 사회의 일선에서 물러나 상실되기 쉬운 자신의 사회적 가치성을 회복, 유지할 수 있게 해 주어 사회에서 주요한 존재가 되고 있다는 자아존중감을 갖게 해 준다. ③ 노년기의 자아상을 긍정적으로 유지시켜 준다. ④ 가족과 사회로부터의 소외감 극복을 돕고 창의성과 책임성을 발휘할 수 있는 기회를 제공한다. ⑤ 고령자와 젊은 세대와의 교류를 통해 세대 간의 연대감을 키운다. 사회적 차원에서 노인의 자원봉사활동은 ① 노화 또는 노인에 대한 이미지를 긍정적으로 바꾸어 놓는다. ② 사회에 봉사하고 사회를 발전시키는 데 기여한다.

2) 노인 자원봉사활동의 필요성

(1) 자기성숙

인간의 기본적 욕구 중 사회심리적 욕구를 충족할 수 있다. 사람은 사랑을 받고 싶어 하는 애정의 욕구, 소속의 욕구, 사회적으로 가치 있는 것을 이루고 싶은 성취의 욕구 등이 있다. 특히 노인의 경우 자녀의 분가, 배우자와 친구의 사망, 퇴직으로 인한 역할상실 등으로 심리사회적 욕구를 충족하는 데 어려움이 있다. 이러한 욕구를 아주 효과적으로 충족시킬 수 있는 활동이 자원봉사이다.

(2) 공동체 의식 강화

지역사회라는 공간은 그 영역 내의 생활환경 기반이 잘 되어 있어야 하고, 주민의 상호 교류와 귀속의식이 있어야 한다. 노인도 그 지역에 살고 있는 주민이므로 지역사회의 한 구성원으로서의 역할을 수행해야 한다. 노인이 지역사회에 봉사하지 않는다면 노인에 대한 인식이 부정적 수준을 면할 수 없을 것이다. 노인은 인생의 대선배로서, 지혜와 경험을 갖춘 자로서 공동체의 발전을 위해 나름대로의 역할을 다해 나갈 때 노인문제의 해결, 예방에 기여할 수 있다. 자원봉사활동을 통해 지역사회의 유용한 일원으로서의 지위를 가지게 되며, 구성원들로부터 지역사회의 진정한 어른으로 존경받을 수 있다.

(3) 자원봉사의 당사자성

일방적으로 자원봉사를 하는 사람과 자원봉사를 받는 사람의 관계는 대등한 관계로 나아가기 어렵다. 이런 비대등적 관계를 대등적으로 전환시킬 수 있는 것이 자원봉사의 당사자성이다. 특히 노인의 경우 자원봉사의 주체가 될 수도 있고 객체가 될 수도 있다.

자원봉사 당사자성에는 몇 가지 장점이 있다. 첫째, 노인의 자원봉사활동주체로의 전환은 자아존중감을 되찾아 준다. 둘째, 탈 낙인화로서 동료로부터 받는 서비스는 낙인이 아니다. 이는 상부상조에 속하므로 서비스를 주는 사람과 받는 사람이 동등한 관계를 형성할 수 있다. 셋째, 주체로의 전환을 통해 문제를 가진 사람을 탈 병리적 관점에서 볼 수 있게 된다. 넷째, 노인과 연관된 문제를 부분적·전문적 측면에서 접근하는 것이 아닌, '경험적 지식'을 가진 탈 전문적 인력을 통해 전체적으로 접근할 수 있다는 강점이 있다.

3) 노인 자원봉사활동의 유형

노인의 자원봉사활동은 노인이 주체가 되는 주체적 입장의 자원봉사활동과 노인을 대상으로 하는 객체적 입장의 자원봉사활동으로 나눌 수 있다.

(1) 주체적 입장: 노인에 의한 자원봉사활동

① 개인과 가정을 중심으로 하는 자원봉사활동은 다음과 같다.

- 가사보조: 청소, 세탁, 식생활 지원(생필품 구입, 급식서비스), 난방관리(난로청소, 점화 및 소화, 연탄가스 점검) 등
- 의료 및 재활서비스: 재활기구 사용보조, 병원안내, 간병, 물리치료, 운동 및 마사지, 임종간호 등
- 사회적 보호: 맞벌이 가정의 어린이 돌보기, 장난감 수집 및 공급, 아동놀이지도, 어린이 놀이터 청소 및 관리, 한문교육, 도덕교육, 학습부진아 지도, 청소년 상담, 불우한 노인이나 장애인의 말벗, 외출동행 등

② 지역사회에서의 자원봉사활동은 다음과 같다.

- 노인 입소시설에서의 활동
- 복지관에서의 활동
- 근린공원 및 환경정화
- 농촌 살리기 및 국산품 애용 캠페인
- 문화예술(판소리지도, 미술교육, 서예지도 등)
- 보건 및 의료서비스(간병서비스, 임종간호, 환자위문공연 등)
- 범죄예방 및 법률문제(성폭력상담, 교육 및 계몽, 무료법률상담 등)
- 교통 및 안전관리(등하교 교통정리, 지역사회 순찰)
- 정치 및 사회활동(부정선거감시운동, 투표·개표참관 등)

(2) 객체적 입장: 노인을 위한 자원봉사활동

노인을 위한 사회적 서비스로는 소득보장, 의료보장, 주거보장, 기타 사회보장서비스가 있고, 노인을 위한 자원봉사활동은 다음과 같다.

- 노인복지 이용시설 및 생활시설에서의 자원봉사활동
- 가정봉사원 서비스
- 노인복지서비스 정보제공 및 안내활동
- 식사제공서비스
- 대인서비스
- 환경개선서비스

4) 노인 자원봉사활동의 현황

(1) 노인 자원봉사활동의 참여 실태

한국에서는 그동안 노인 자원봉사활동이 그다지 활성화되지 못해 왔다. 미국의 경우 65세 이상 노인의 자원봉사활동이 40%인 데 반해 한국 노인의 자원봉사활동은 10%대에서 맴돌고 있다. 반면 지금의 비 노인층에게 노년기에 자원봉사활동을 할 의사가 있느냐는 질문에 약 74%가 할 의사가 있다고 밝혔다. 이런 측면에서 앞으로 노인층 자원봉사활동이 증가할 것으로 예상되며 이는 노인층 자원봉사활동의 인적 수요에 비추어 바람직한 현상이라 할 수 있다.

(2) 노인 자원봉사활동의 기관별 현황

한국의 노인 자원봉사활동을 연결해 주는 기관으로는 대한노인회, 노인복지회관, 자원봉사센터, 지방자치단체 등이 있다. 대한노인회의 경우는 지속적으로 자원봉사활동에 참여하고 있지만 그 영역이 한정적이며, 조직의 선전이나 홍보로 사용되고 있는 경향이 강하다. 노인복지회관에서는 노인이 주체가 되어 봉사단을 구성하여 보다 체계적으로 자원봉사활동을 하려는 경향이 확대되고 있다. 자원봉사센터의 경우는 자원봉사 수요처를 연결해 주는 기능으로 노인자원봉사단이 따로 운영되지는 않는다. 서울특별시의 경우는 유료 자원봉사활동으로 환경보호 같은 한정적 영역의 자원봉사활동을 하고 소득보장의 기회를 제공하는 목적으로 우리가 말하는 노인 자원봉사활동과는 그 의미가 조금 다르다.

5) 노인 자원봉사활동의 활성화 방안

첫째, 고령의 노인에게 사회적 역할이 필요하다. 자원봉사 프로그램을 강력히 권장하는 것은 어떤 의미에서는 노인여가정책의 본뜻에 어긋날 수도 있다. 이러한 관점에서 본다면 노인 단체 프로그램 중 자원봉사활동을 권장하는 내용이 너무 많은 비율을 차지하는 것도 문제점으로 지적될 수 있다. 개인적으로는 보람된 노후생활을 위해, 사회적으로는 건전한 노인문화 창출을 위해 봉사활동을 강조하지만, 그것은 다양한 사회인구학적 특성을 고려하여야 하고, 특히 참여하는 노인의 능력과 의지에 부합되는 것이어야 한다.

둘째, 노인 자원봉사활동을 실천하면서 소요되는 최소한의 경비나 활동욕구를 증가시킬 수 있는 사회적·심리적 측면에서의 보상이 필요하다. 즉 자원봉사활동에 참여하는 노인에 대해서 별다른 경제적 지원이나 보상이 없다는 사실이 이들의 참여욕구를 저해하는 요인이 될 수도 있다. 물론 여기에서 말하는 보상이란 경제적 측면과 사회적 인정, 봉사대상자의 감사 등 무형적인 모든 것이 포함될 수 있다.

셋째, 노인이 자원봉사활동에 참여하고자 하는 의향을 가지고 있더라도 동참할 수 있는 경로를 알지 못하는 경우가 있다. 따라서 노인 자원봉사활동 참여의 필요성과 방법에 대한 홍보가 확대되어야 한다.

넷째, 노인이 심신의 기능쇠퇴에도 불구하고 자신의 처지에 맞추어서 참여할 수 있는 프로그램이 개발되어야 한다. 노인은 긴 인생의 여정을 지나온 사람이기 때문에 그동안 축적한 많은 경험과 지식, 기술 등이 있지만 이러한 중요한 자원을 충분히 활용하여 삶의 보람을 느낄 수 있도록 해 줄 수 있는 프로그램이 제대로 개발되어 있지 않아 어쩌다 동참하게 된 노인에게 젊고 건강한 사람들이나 할 수 있는 무리한 과업이 배정된다든지, 수준에 맞지 않는 단순한 작업만을 부여함으로써 그들의 참여의욕을 감소시키는 결과가 초래되는 경우도 있다. 따라서 노인 자원봉사활동 프로그램 개발이 시급하다.

다섯째, 노인을 위한 활동에서 노인에 의한 활동으로 주체의 전환이 필요하다. 노인이라고 하면 일방적으로 도움을 받기만 하는 약자라는 고정관념이 있다. 그러나 경제적·사회적 여건의 변화에 따라 앞으로 전통적 대응방식으로는 노인문제의 해결을 기대하기 곤란할 것이다. 자신의 문제는 노인 스스로 해결하려는 노력, 나아가 지역사회와 국가를 위한 자원봉사활동에 전념하는 노인이 수없이 등장하고 있다. 이 같은 노인이 활동할 수 있는 기회를 제공하는 것이 앞으로의 노인 자원봉사활동의 1차적 정책방향이 되어야 한다.

여섯째, 자발적 노인 자원봉사활동조직의 육성이 저조하다. 한국의 자원봉사활동이 부진한 원인은 이를 효과적으로 수행할 수 있는 확립된 노인 자원봉사활동조직이 부재하기 때문이다. 그렇기 때문에 이들을 조직화해야 하는데 이때 자원봉사활동은 자율적, 주체적으로 수행된다는 사실을 간과해서는 안 된다. 따라서 자원봉사활동은 행정서비스와 엄격히 구별되어야 한다. 노인 자원봉사활동이 사회적으로 인정받기 위해서는 행정과 비교하여 상대적으로 자율적인 민간단체가 여러 단계에서 구성될 필요가 있고, 이들이 주체적으로 활동할 수 있는 방향으로 육성되어야 한다.

일곱째, 노인자원봉사활동을 위한 기존 자원의 활용도를 높여야 한다. 노인 자원봉사활동에 있어서 기존의 이용 가능한 인적·물적 자원을 어떻게 활용하는가를 일차적으로 고려해야 한다. 기존 자원의 활용은 인적 측면에서는 활동의 효율성을 제고시키고, 물적 측면에서는 한정된 자원의 낭비를 막는다는 이점이 있다.

5. 가족의 자원봉사활동

1) 가족 자원봉사활동의 특성

가족 자원봉사활동(family volunteering)은 미국의 경우, 최소한 2명 이상의 가족구성원이 함께 자원봉사활동에 참여하는 것을 말한다. 부모－자녀, 조부모－자녀 등과 같이 다른 세대의 가족구성원이 함께 참여하는 것이다. 한국의 경우 가족 자원봉사활동을 실시하는 거의 대부분의 기관은 부모와 자녀, 조부모와 자녀처럼 구성원의 세대가 다른 구성을 전제로 하고 있다. 현재 한국에서 가족 자원봉사활동에 관한 합의된 정의가 없는 실정이다. 따라서 센터나 학자가 제시한 가족 자원봉사활동의 정의를 살펴보겠다.

부산광역시자원봉사센터에서는 가족 자원봉사활동을 "여러 가지 자원봉사활동에 가족이 한 단위로서 함께 참여하는 것"이라고 정의하고 있다. 이경은(2003)에 따르면 가족 자원봉사활동은 "가족을 자원봉사의 한 단위로 한, 공공복지를 향한 가치이념과 동시에 민주적 방법에 의한 자주적·협동적 실천노력이며, 개인, 집단, 지역사회에서 발생되는 제반 사회문제를 예방·해결하고 사회적 환경을 개선하기 위하여 공사의 조직체를 통하여 무보수로 서비스를 제공하는 활동"이다.

이상의 내용을 정리하면 가족 자원봉사활동은 다음과 같은 공동의 특성을 가진다고 할 수 있다. 첫째, 2명 이상의 가족이 포함된다. 여기서 가족이란 부모와 자녀, 부부, 조부모와 손자녀, 그리고 형제나 자매, 그리고 혈족관계는 아니더라도 함께 거주하는 사람 등도 포함된다. 둘째, 가족이 아닌 타인을 위한 활동을 제1의 목적으로 한다.

따라서 가족 자원봉사활동의 개념을 "2명 이상의 다양한 가족이 한 단위로 다른 사람의 생활향상을 목적으로 지역사회를 위해 자발적으로 참여하는 활동"이라 정의할 수 있겠다.

2) 가족 자원봉사활동의 필요성

오늘날은 가족위기 혹은 해체에 대한 우려가 높아지고 있으며, 아울러 산업화로 인한 가족유대의 약화, 이혼율의 증가, 가족 내 폭력의 심화, 청소년비행의 증가 등이 심각한 사회문제로 제기되고 있다. 이러한 가족문제는 가족구성원 간 대화의 부족에서 빚어지는 경우가 많으며, 제반 사회문제는 사회적 책임을 가진 시민으로 자녀를 교육하지 못한 데도 그 원인이 있다. 따라서 부모는 자녀와 같이 자원봉사활동에 참여함으로써 가족 간의 유대나 자녀교육에 관한 여러 문제를 해소하는 효과를 얻을 수 있을 것이다.

(1) 급속한 산업화

오늘날 우리 사회도 급속한 산업화로 인하여 가족의 유대가 약화되었고, 그로 인해 가족위기 혹은 가족해체에 대한 우려가 높아지고 있으며, 아울러 이혼율의 증가, 가족 내 폭력의 심화, 청소년비행 증가 등이 심각한 사회문제로 제기되고 있다. 이러한 해결책으로 가족 자원봉사활동은 문제해결의 좋은 대안이 될 수 있다.

우선 가족 자원봉사활동은 점점 핵가족화 되면서 보호받지 못하게 된 노인이나 장애인 등을 가족이 찾아가 돌보고 말벗을 해 주고 손자나 손녀의 역할을 해 주기 때문에 노인이나 장애인의 가족기능을 보완하는 역할을 하게 될 뿐 아니라 참여하는 가족에게도 좋은 영향을 준다.

가족 자원봉사활동은 주로 초등학생이나 중·고생 자녀가 있는 가족이 참여하는데, 활동을 통해 자녀와 부모가 공통 관심사와 주제를 갖게 되고 이에 관해 서로 대화하는 시간이 증가한다. 대화의 시간이 늘어나면 가족 간에 의사소통 방식이 강화되므로 가족 내에 문제가 발생했을 때 슬기롭게 대화로 해결할 수 있는 공통된 문제해결방법을 갖게 된다. 그리하여 현대사회에서 흔히 일어날 수 있는 문제, 예를 들면 세대 간 갈등이라든가 가족구성원 간의 결속력 약화 등을 미연에 방지할 수 있다.

또한 자녀는 자원봉사활동을 통해 자신과 다른 삶의 모습을 보면서 사회에 대한 관심이나 이웃과 더불어 살아가는 방법을 배우므로 교육적 효과를 가질 뿐 아니라 부모의 자원봉사활동 참여도가 높을수록 자녀가 성인이 된 후 자원봉사활동을 하게 될 확률이 높다는 연구결과도 있듯이 자원봉사활동을 하는 부모의 모습이 자녀에게 귀감이 될 수 있다. 이와 같이 가족의 자원봉사활동은 산업화로 인해 발생되는 가족과 사회의 문제를 예방·해결할 수 있는 방안이 된다는 데 그 필요성이 있다.

(2) 주 5일 근무제의 시행

주 5일 근무가 사회적 이슈로 등장하면서 가족 중심의 여가활동 등 삶의 질에 관한 문제가 주요 과제가 되고 있다. 주 5일 근무제 시행으로 가족이 함께하는 시간이 금요일 오후부터 일요일 오후까지 2박 3일로 늘어났다. 그러나 2005년 6월 문화관광부가 발표한 "국민 라이프스타일 조사"에 의하면 한국인은 여가시간의 대부분을 텔레비전 시청, 음주, 낮잠, 게임, 잡담 등에 투자하는 것으로 나타났다. 성인의 경우는 산업화 과정에서의 치열한 경쟁, 학생의 경우는 입시준비로 인하여 자신의 취미가 무엇인지, 여가시간에 무엇을 해야 하는지를 알지 못하는 취미와 여가활용방법의 빈곤에서 빚어진 결과라 할 수 있다.

가족 단위 여가활동은 구성원 간 응집력 및 의사소통을 강화하고, 자녀에 대한 교육적 효과를 높이는 등 긍정적 기능이 많다는 점에서 바람직한 현상이다. 넉넉해진 여가시간을 삶의 질 향상이라는 주 5일 근무제의 근본취지에 맞게 건설적 여가, 양질의 취미생활로 승화시키기 위해 가족 자원봉사활동은 최고의 방안이 될 수 있다. 여가시간을 활용한 가족 자원봉사활동은 사회 속에서 자신의 위치를 생각하고 나눔의 소중함을 배울 수 있는 시간이 되며, 가족의 유대관계가 강화되고 지역사회에 기여하므로 '더불어 살아가는' 사회를 만들어 가는 성취감을 맛볼 수 있게 한다. 이는 소비적 활동을 통해서는 제공받을 수 없는 것이기에 주 5일 근무제를 활용한 가족 자원봉사의 필요성은 매우 크다.

3) 가족 자원봉사 현황

(1) 미국의 가족 자원봉사 실태

유럽에서 자원봉사 조직이 본격적으로 등장한 것은 19세기부터 시작하여 19세기 후반부터 20세기 초에 자원봉사 조직이 급격히 증가하였다. 수많은 자선조직들이 결성되어 국가 기관과 함께 활동하였다. 영국, 캐나다, 뉴질랜드, 북아일랜드 등 영연방

국가들에서도 자원봉사의 전통이 이어지면서, 자원봉사 영역은 정부의 사회복지와 사회서비스의 전달을 보충하거나 대신하는 중요한 역할을 맡고 있다. 특히 미국은 1990년대 정부의 행정과 복지의 발달에 따라 자원봉사 영역을 제3섹터로 정부와의 파트너십의 중심 영역으로 제도화시켰다.

정부의 재정지원으로 무수한 자원봉사기관들이 과거 정부가 맡아오던 사회복지와 사회서비스 기능을 상당부분 담당하게 되었다. 이제 미국의 자원봉사는 양적 증가를 보완하기 위해 질적 내실화를 준비하고 있다. 정부뿐만 아니라 기업, 대학 등 각계에서 국제화 등의 경쟁시대에 대비하기 위해 인간미와 창의력 그리고 문제해결 능력을 갖춘 인재의 양성과 고용을 위한 자원봉사가 전략적인 정책 혹은 부가가치의 상품으로 인정받고 있다.

그리고 미국은 1990년에 들어서 가족의 붕괴와 사회문제의 심각성 고조에 대한 우려의 목소리가 높아지고 이 두 가지 현실이 상관되어 있음을 경고하는 목소리가 높아졌다. 이에 촛불재단은 미국사회에 거대한 이득을 가져다 줄 잠재력 있는 자원으로써 가족 자원봉사에 대해 탐색하기 시작하였다.

1991년 촛불재단은 가족 자원봉사를 연구, 검토하는 프로젝트인 'Family Matters Program'을 시작하게 되었다. 이 프로그램은 '가족들을 전국적으로 봉사운동에 참여시켜 자원봉사를 통해 지역사회의 중요한 요구에 대응한다'는 것이다. 이 프로그램의 기본 전제는 자원봉사를 하는 가족은 지역사회 문제에 능동적으로 대처할 뿐만 아니라 가족성원들 간의 유대도 강화된다는 것이다. 그래서 이 프로그램은 시범적으로 선정된 미국의 6개 지역에서 실시되었고, 참여 가족 수를 확대하여 비영리단체, 교육기관, 종교단체, 그리고 기업이 함께 연계할 수 있는 방안을 모색하게 되었다. 미국의 가족 자원봉사 시태를 살펴보면 〈표 8-4〉 미국의 가족 자원봉사 실태와 같다(박태영 외, 2011).

〈표 8-4〉 미국의 가족 자원봉사 실태

분 류	미국의 가족 자원봉사 실태
참여집단	모든 인종, 모든 사회경제적 집단에서 참여하고 있음
가족유형	핵가족(부모와 자녀(60%), 어른만의 가족(24%), 한 명의 부모와 자녀(9%))
봉사활동	노인돕기, 아동 돌보기, 각종 불편자를 위한 방문 및 음식배달, 어린이 및 청소년 노인 프로그램, 교회 및 종교 프로그램, 스포츠 혹은 학교 프로그램 수행, 환경보호 프로그램 수행, 집 없는 자 돕기 등
기간	3년 이상
시작경위	어른이 관여 후 다른 구성원 참여(57%), 자녀 시작 후 다른 구성원 참여(14%)
	젊은이에게 봉사와 참여의 가치를 가르쳐주는 기회제공, 가족구성원들의 유대강화, 지역사회에 보답하고자 하는 사회적 책임감 형성
장애	시간 스케줄 조정, 자원봉사에 어린 자녀의 참여 어려움, 많은 프로젝트가 가족보다 개인에게 더 노력을 기울인다는 점, 다양한 연령의 봉사자들을 충족시키는 어려움
이점	남을 도울 수 있는 점, 가족과 함께 함으로써 그 일의 즐거움을 배가하는 효과, 한 번에 많은 봉사자를 얻을 수 있다는 점

출처: McClurey, S.(1999). Family-friendly volunteering. Washington, DC: The Point of Lights Foundation.

그리고 1993년 기업을 대상으로 한 촛불재단의 조사결과를 살펴보면 이들 중 50%가 기업의 자원봉사 프로그램에 직원들의 가족참여를 장려하고 있다고 보고했다. 이러한 가족 자원봉사활동을 통해 기업이 얻은 이점은 가족 자원봉사가 가족과 직원들의 회사에 대한 헌신을 증가시키고, 회사 대 공공 영역 및 지역사회와의 관계를 향상시킨다는 것이다. 이에 가족 자원봉사자들은 부랑자, 배고픈 자, 아동학대, 약물중독, 지역사회개발과 같은 다양한 사회문제 해결을 위하여 노력해왔다. 촛불재단은 이 결과를 토대로 미국사회에 거대한 긍정적인 변화를 이루어낼 잠재력을 갖는 가족 자원봉사를 보급하고 기술적인 지원이나 실제적인 활동에 대한 지원을 하고 있다.

Family Matters 발달로 1993년부터 1996년까지 3년 동안 대부분의 미국인(61.9%)이 가족과 함께 자원봉사활동에 참여하였다. 그리고 자원봉사센터를 대상으로 가족 자원봉사를 실시하는 이유를 조사한 결과 자원봉사센터의 97.6%가 개별 자원봉사보다 가족 자원봉사가 효과적이라고 한다. 또한 가족자원봉사조직의 46.6%가 한 번에 많은 자원봉사자들을 확보할 수 있는 점과 개별적 자원봉사보다는 가족 자원봉사를 할 때가 더 즐겁고(50.3%), 봉사의 빈도도 높고(15.2%), 훨씬 조직화(20.2%)되는 것을 가족 자원봉사의 효과라고 응답했다.

(2) 한국 가족 자원봉사 실태

우리나라 가족 자원봉사활동에 관한 연구나 발표는 최근에 와서 수행되어 정확한 자료를 수집하기 어려워, 기존 선행연구(이경은, 2003; 장덕희·김정옥, 2003 재인용)와 가족 자원봉사활동 자료집(홀트 대구종합사회복지관, 2000; 한국자원봉사협의회, 2006)을 참고로 하여 작성하였다. 아울러 각 기관별로 가족 자원봉사활동이 시작 되고 있으나 이에 대한 공식화되고 체계적인 자료가 미흡한 상태로 정확한 현황을 분석하기는 쉽지 않다.

가족 자원봉사활동은 1996년에 부산자원봉사센터에서 가정 먼저 시작되었으나, 중도에 그만두게 되었다. 1997년부터 현재까지 가족 자원봉사활동을 활발히 추진해 오고 있는 기관으로 홀트 대구사회종합복지관을 들 수 있다. 광주서구자원봉사센터의 가족 자원봉사활동이 1997년에 실시되었고, 몇몇 기관을 중심으로 시작된 가족 자원봉사는 2000년에 와서 우리나라 전체로 확산되고 있는 추세를 나타냈다. 2006년 한국자원봉사협의회는 SK 텔레콤과 함께 가족 자원봉사활동 활성화를 위해 공모에 의해 전국의 564가정을 선발하여 1년간 가족 자원봉사활동을 실시하였으며, 이에는 총 3,498명이 참여하였다.

우리나라 가족 자원봉사활동의 시작하게 된 계기는 기관의 특성에 따라 차이가 있었다(장덕희·이경은, 2001). 특히 지역사회복지관이나 시설이 가족자원봉사활동을 실시하게 된 계기는 기관(시설)을 지역사회로 개방하여 시설과 지역사회와의 관계 맺음을 강화하기 위한 '탈시설화', '시설의 사회화'를 위한 것인 반면, 자원봉사 전담기관인 자원봉사센터 등에서는 지역주민이 함께 할 수 있는 주민 참여형 자원봉사 프로그램으로 가족 자원봉사활동을 기획해 주민들에게 올바른 자원봉사 의식을 고취하고자 하였으며, 자원봉사자의 다음 세대를 자연스럽게 확보하기 위해 가족 자원봉사를 실시한 기관도 있었다. 기관에 따라 가족 자원봉사활동을 실시한 계기는 다르지만, 기관과 지역사회 주민이 함께 하는 프로그램이라는 점에서는 공통된 특성을 갖는다.

4) 가족 자원봉사활동의 과제

(1) 가족 자원봉사활동에 대한 가족의 의식변화

가족과 함께 자원봉사활동에 참여함으로써 이웃과 지역사회의 어려움을 이해할 수 있다. 또한 문제해결에 적극적으로 참여함으로써 내 이웃과 서로 협력할 수 있는 경험이 되며, 연대의식을 공유함으로써 나와 가족의 삶을 풍요롭게 할 뿐 아니라, 사회적 책임감을 준수할 수 있는 사회적 분위기를 조성할 수 있다. 이를 위해 가족구성원의 이해와 의식변화가 있을 때 가족 단위의 참여가 가능하다.

가족 자원봉사활동은 처음부터 가족에게 부담을 주는 것이 아닌 작은 일부터 시작하여 가족구성원이 자원봉사활동을 체험함으로써 지역사회에 기여했다는 느낌과 경험을 갖도록 하는 의식변화가 중요하다. 특히 가족 간 협동을 통해 완성할 수 있고, 다른 가족을 만나 가족구성원이 함께 일할 수 있는 기회를 제공할 뿐 아니라 지속적으로 활동할 수 있으며, 구체적 목표에 따라 활동할 수 있는 자원봉사활동은 가족이 함께 참여할 수 있는 의식변화의 분위기 조성에 도움이 된다.

(2) 가족 자원봉사활동에 대한 사회적 인식 및 인정

한국에서는 자원봉사활동에 대한 사회적 인식 및 인정도가 낮기 때문에 자원봉사자 자신도 자원봉사활동에 대한 평가를 낮게 내림으로써 참여에 대한 만족도도 낮을 뿐더러 가족 단위로 참여하는 경우가 적다.

결국 자원봉사에 대한 사회적 인식이 긍정적으로 바뀌지 않는 한 가족 자원봉사활동의 활성화는 기대하기 어렵다. 특히 우리 사회는 지역사회 개념과 공동체 의식이 희박한 상태에서 자원봉사를 나와 다른 못사는 사람을 위한 이타적 행동이나 선행 또는 희생이나 헌신으로 이해하고 있다. 자원봉사를 희생이나 헌신으로 간주한다면 가족과 함께 참여하기에는 더욱 힘든 일일 수밖에 없다. 왜냐하면 남을 위해 희생하고 헌신하는 것은 아무나 하는 것이 아니고 특별한 사람만이 할 수 있다는 사회적 편견 때문이다.

가족 단위의 참여율을 높이고자 한다면 이러한 사회적 인식이 변화되어야만 한다. 내가 사는 지역사회의 문제해결은 정부만 하는 것이 아니라 지역사회 모두의 책임이라고 본다면 누구든지 쉽게 접근하고 참여하게 된다. 아울러 가족 자원봉사활동은 우리가 일하는 지역사회를 만들어 가는 운동과 함께 벌여야 한다는 사회적 인식이 확산된다면 가족 단위로 자원봉사활동에 참여하려는 가족 수가 늘어날 것이다.

(3) 가족 단위의 자원봉사모델 개발 및 다양한 프로그램 제공

가족 자원봉사활동은 참여자와 수요자 한 측면만의 일방적 욕구에 의해서 성립되는 것이 아니라 누가, 언제, 어디서, 자원봉사를 할 것인가에 대한 공식적 추진체제가 확립되어야 한다. 가족이 할 수 있는 다양한 자원봉사 프로그램 개발, 가족 단위의 자원봉사자 모집, 교육, 훈련, 정보교환, 각 자원봉사기관과 연계할 수 있는 자원봉사모델이 제도화되어야 한다. 특히 가족 단위의 자원봉사활동은 단순한 활동이 아니라 평생교육 차원에서 가족의 친밀감, 결속력 강화를 도모할 수 있는 실용성 있는 프로그램을 개발하면 가족 자원봉사활동이 더욱 활성화될 것이며, 아동에서 노인에 이르기까지 지역사회를 기반으로 하여 주변에서 손쉽게 찾을 수 있는 자원봉사활동으로 세분화할 필요가 있다.

예컨대, 가족 자원봉사활동은 가족구성원이 함께 휴일을 이용하여 집 주변을 청소하는 일부터 시작하여 이웃의 아동, 장애인, 노인을 대상으로 식사보조, 세탁, 산책하기, 쇼핑하기 등 가족과 함께 등산이나 야외활동을 겸한 자연보호운동이나 쓰레기 줍는 일 등 손쉽게 할 수 있는 다양한 프로그램을 제공한다면 가족 단위로 참여하려는 가족 자원봉사활동이 더욱 활발해질 것이다.

(4) 가족 단위 자원봉사활동의 조직화 · 전문화 · 제도화

최근 한국에서는 자원봉사활동에 대한 심리적 관심이 커지면서 초·중등학생에서 노년층까지 다양한 연령층이 참여하고 있다. 그러나 그동안의 자원봉사활동은 단순

노동이나 노력봉사 위주로 해 왔기 때문에 중도에 포기하는 경우가 종종 있었다. 가족 자원봉사활동의 활성화를 위해 21세기 지식정보화 사회에 필요한 분야와 영역을 개발하고 조직화, 제도화한다면 새로운 분야에서도 가족이 적극적으로 배우면서 흥미를 느끼고 자원봉사활동을 지속할 수 있다. 특히 가족 단위로 참여하려는 자원봉사자의 취미, 특기, 재능을 고려하여 각 단계별, 영역별 전문화된 프로그램을 제공한다면 가족구성원에게는 전문교육의 기회를 확대하게 되고 자원봉사활동은 중도 포기가 줄고 더욱 활기를 띠게 될 것이다.

정부도 가족 단위로 할 수 있는 자원봉사활동을 지원해 주고, 각 영역별로 특화해 나갈 수 있도록 법적, 재정적, 기타 많은 지원을 할 수 있도록 제도화해야 한다. 아울러 모든 국민의 자발적이고, 조직적인 참여를 유도하기 위해 집중적 홍보를 하는 것이 좋으며, 가족 단위 자원봉사활동에 대한 사회적 인식 변화 및 동기부여 강화를 위해 평생교육 차원에서 체계적이고 전문적인 자원봉사 프로그램을 개발하도록 제도화해야 한다. 그리고 참여하고 있는 가족 자원봉사자에 대한 최소한의 노력을 변제한다는 의미에서 사회적 보상이 이루어지도록 경력인정, 포상, 보험제도를 활용하여 가족 자원봉사활동이 사회에 정착될 수 있도록 해야 한다.

(5) 적절한 인정과 보상을 통한 가족 단위의 자원봉사관리

자원봉사는 원래 어떤 인센티브를 목적으로 하는 활동은 아니다. 그러나 자원봉사 경력자에게 적절한 인센티브를 제공하면 가족 자원봉사활동을 지속하는 데 도움이 된다. 즉 적절한 인정과 보상을 한다면 가족과 함께 참여하는 자원봉사자는 활동을 통하여 만족과 보람을 느끼면서 계속 참여할 가능성이 높다. 특히 자원봉사자 개개인의 기대 및 욕구에는 매우 큰 차이가 있기 때문에 인정과 보상은 각 개인과 가족의 욕구에 따라 개별화하여 의미 있는 보상을 실시하는 것이 중요하다.

예컨대, 성취지향적 가족에게는 더욱 책임 있고 중요한 의무가 부여될 수 있도록 하고, 사회적 인정을 추구하는 가족에게는 표창이나 적당한 지위를 부여해 주는 것이 좋다. 가족 자원봉사활동은 사회를 간접 경험함으로써 자신의 진로를 결정하는 데 도움이 될 수 있는 기회를 제공하기 때문에 가족 단위의 계속적 자원봉사활동 참여를 유도하기 위해서는 다양한 인센티브를 통한 관리를 하는 것이 바람직하다.

6. 여성 자원봉사활동

1) 여성 자원봉사의 특성

유휴 여성인력의 대표적 계층인 주부는 상대적으로 시간을 조절할 수 있는 능력이 있고, 다양한 기술과 잠재능력을 가지고 있어서 여성의 사회참여나 유휴 인력의 활용 면에서 매우 중요한 자원봉사활동 참여가능 대상으로 인정되고 있다. 최근 제정된 1999년 평생교육법, 2002년 인적자원개발기본법 등은 여성인적자원 개발을 위한 틀을 제시하고 있으며, 이러한 법률에 의해 여성실업자, 전업주부 등과 같은 유휴 여성인적자원 개발을 위한 정부의 지속적인 계획이 발표되고 있다.

2) 여성 자원봉사의 필요성

여성 자원봉사는 몇 가지 시대적 필요성을 가지고 있다. 이를 구체적으로 정리해 보면 다음과 같다(박태영 외, 2011).

(1) 유휴 여성인적자원의 증대에 따른 사회적 활용의 문제

우리 사회가 점차 지식기반사회로 이동함에 따라 여성의 교육기간이 장기화되고 교육수준 또한 높아지고 있다. 이러한 현대 여성들이 가정에만 전념하여 생활한다는 것은 개인적인 인간 성숙의 차원에서나 국가·사회의 인력활용 면에서 큰 손실이 아닐 수 없다. 우리나라의 경우 교육이라는 변수가 여성의 경제활동 참여를 이끄는 강력한 힘으로 작용하지 못하고 초대졸 이상의 고급인력이 비경제활동인구로 머물러 있음을 고려해 볼 때 이들을 자원봉사활동에 활용하는 것은 고급인력을 활용할 수 있다는 점에서 고무적이라고 할 수 있다.

(2) 여성 개인의 잠재능력 개발과 활용

여성의 사회참여를 강조하는 사회환경의 변화는 여성의 강한 사회활동 동기를 자극하고 있다. 유휴 여성인적자원의 경우 자신의 잠재능력 개발에 대한 욕구가 폭발적인 교육 참여로 나타나고 있다. 여성 개인의 잠재능력 개발과 활용에 대한 욕구의 증가는 교육 참여 외에 다양한 사회활동 통로의 개발을 사회적으로 요구하고 있으며, 자원봉사활동은 그것에 대한 효과적인 매개체로서의 역할을 수행할 수 있다.

(3) 여성의 생산적 여가활동에 대한 사회적 관심 증대

주거 및 생활양식의 변화에 따라 여성의 가사노동시간은 계속 감소하여 왔고, 출산행위의 변화 때문에 육아기간도 단축되어 이 결과로 여가시간은 증가하여 왔다. 여성의 여가시간의 활용문제는 그것의 사회, 문화적 중요성은 물론 국가의 경제적 측면에서도 그 중요성이 지대하다(김진태, 2002 : 23). 자원봉사활동은 여성의 사회적 활용과 자아실현뿐만 아니라 사회 전체의 공동선을 위한 생산적 여가활동으로 주목받고 있다.

(4) 여성 노동력의 필요한 복지수요가 증대

고도의 산업사회 도래 이후 우리 사회는 가족기능의 약화로 인해 가족 내의 아동, 노인, 장애인에 대한 보호의 필요성이 대두되면서 인간적인 만남, 정서적인 교류, 외출서비스, 식사서비스, 목욕서비스 등과 같이 금전적이거나 물질적인 것으로는 해결되지 않고, 사람에 의해서만 해결 가능한 대인서비스에 대한 욕구가 증대되고 있다. 이에 따라 여성 특유의 부드러움과 따뜻함이 대인적 사회복지서비스 실천에 적합하게 되었고, 시간적 활용이 자유로운 유휴 여성인적자원의 자원봉사활동 참여가 절실히 요구되고 있다.

(5) 사회 전체의 자원봉사활동 생활화에 여성의 역할 증대

사회 전체의 자원봉사활동 생활화 분위기를 주도하는 여성의 역할이 강조되고 있다. 자원봉사활동은 전 국민의 공동참여와 연대의식을 바탕으로 함께 생활하며 참여하는 복지사회를 추구하기 위한 활동이다(김범수 외, 2002 : 196). 특히 주부의 경우 가정 내 자원봉사활동을 생활화할 수 있는 분위기 조성자로서의 역할을 수행할 수 있으며 이것은 사회 전체에 자원봉사활동 생활화 분위기를 자연스럽게 확대시킬 것이다.

3) 여성 자원봉사의 현황

1980년대 초까지 여성들의 자원봉사는 특정 여성단체를 중심으로 한 행동형 자원봉사와 정부주도하의 지역사회활동에 주력하는 새마을 부녀회의 한국여성개발원에서 '여성 자원 활동 인력은행'을 설치하였다. 그리고 여성들은 아시안 게임, 1988년 서울올림픽대회와 장애인올림픽대회 등의 국제적인 행사를 성공적으로 자원봉사하였다. 이로써 여성 자원봉사는 새로운 전기를 맞이하게 되었으며 다양한 조직적 활동으로 발전되었다.

1990년 이후 여성 자원봉사는 여성의 교육수준 향상과 의식화에 힘입어 개별적인 활동보다는 다양한 민간조직을 통한 활동으로 발전하여 왔다. 정부는 1991년 '여성 자원봉사센터'를 설립하고 여성 자원봉사에 대한 지원을 전체적으로 확대하고 있다. 여성 자원봉사조직들은 사회복지관, 여성단체, 시민단체 등의 민간기관의 소모임 중심으로 프로그램화하는 추세이며 활동의 내용도 사회복지뿐만 아니라 일반상담, 성폭력 및 가정폭력에 대한 상담, 환경보호활동, 생활협동조합활동 등으로 확산되고 있다. 특히 가족폭력상담활동은 서울 여성의 전화를 중심으로, 성폭력상담활동은 한국성폭력상담소를 중심으로 1980년대부터 시작하여 성폭력특별법 및 가정폭력방지법을 제정하도록 하는 등 구체적인 제도변화를 가져오도록 했으며, 한국여성의 인권운동의 자평을 넓히는 역할을 했다고 인정할 수 있다(한국여성의 전화연합, 1999).

한편 기존에 여성 유휴인력의 활동이라는 관점에서 접근하였던 여성 자원봉사정책은 '민주시민으로서의 여성의 사회봉사'라는 관점으로 전환되면서 여성 자원봉사자의 전문성을 제고시키고 체계적인 지원을 확대하고 있다(여성보고자료, 2002).

따라서 여성 자원봉사는 성별로 분리된 여성들만의 활동이 아닌 시민운동이자 시민참여활동의 하나로 자리 잡는 계기가 된다(김성경, 1999). 2002년 우리나라 성인여성의 자원봉사 참여율은 17.2%로 나타났으며, 전체 자원봉사자 중 53%(남성 47%)를 차지하였다. 여성 자원봉사자의 이성 사회학적 특성을 보면, 기혼이며, 중류층으로 86.5%가 고졸 이상이었고, 대부분이 종교를 갖고 있었다. 연령은 40대, 30대, 20대, 50대 이상의 순이었다. 소속단체는 개인적인 모임, 봉사단체, 시민단체 순 이었다(볼론티어 21, 2002).

따라서 여성 자원봉사는 여성단체와 여성자원센터를 중심으로 이루어지고 있음을 알 수 있다.

정부 차원에서 여성의 자원봉사를 육성하고 지원하는 법적 근거는 여성발전기본법(1995년 제정)에 두고 있다. 동법 제34조(여성자원봉사의 지원)에서 여성 활동의 활성화를 위하여 정부의 지원을 언급하고 있고, 동법 시행령 제35조(여성자원봉사센터 설치운용)에서 여성자원봉사센터 설치 및 운영에 대한 정확한 근거를 언급하고 있다.

(1) 여성단체

여성NGO라 함은"여성들이 문제를 공동으로 해결하기 위하여, 혹은 공동의 관심사를 추구하기 위해 여성들이 주체가 되어 자발적으로 조직한 결사체"(김귀현, 1997)라 정의할 수 있다. 여성발전기본법에서는 "남녀평등의 촉진, 여성의 사회참여확대 및 복지증진을 주된 목적으로 설립된 법인 또는 대통령이 정하는 단체를 말한다."라고 여성단체를 정의하고 있으며, 동법 시행령에서는 대통령령이 정하는 단체를 '남녀평등의 촉진, 여성의 사회참여확대 및 복지증진을 주된 목적으로 설립된 단체'와 '기타 여성발전을 위한 사업을 수행하는 단체로서 정무 제2장관실이 인정하는 단체'로 명시하고 있다. 그러나 여성발전기본법에 의한 여성단체의 규정은 여성단체로서 활동하는 상당수의 단체들을 제외할 수 있어 한국여성단체의 특성으로 지적되는 '사회발전'에 대한 가치를 포괄할 수 없는 어려움이 있다. 따라서 여성단체는 여성문제나 사회문제를 해결하려는 목표를 가진 여성에 의한 조직으로 남녀평등을 촉진하고 여성의 사회참여 확대와 사회복지 증진을 목적으로 하는 자발적인 단체로 볼 수 있다.

2001년 중앙부처에 등록된 여성단체 수는 93개이며, 회원 수는 9,175,757명에 이르고 있다. 또한 광역시·도 단위로 활동하고 있는 협의회에 가입한 여성단체는 총 402개이며, 회원 수는 3,174,304명이다. 그 외에 개별적으로 활동하거나 단체활동 특성에 따라 협력단체로 활동하고 있는 경우도 있다(홍상우, 2003). 이러한 여성가입 회원 수는 우리나라 20세 이상 전체 성인여성의 약 50%에 해당하는 많은 여성이 여성단체에 가입하고 있음을 보여준다. 그러나 한 여성이 다수의 여성단체에 중복가입하고 있음도 감안하여야 한다.

그리고 단체에 따라서는 모인 회원들의 특성과 전문성을 살린 자원봉사활동을 전개하고 있다.

(2) 여성자원봉사활동센터

자원봉사활동은 사회적으로는 복지수요의 증가 및 다양화에 따라 공식제도의 부족한 부분을 보조하는 기능, 공적 제도에 대한 대안적 기능, 시민을 위한 대변적 기능, 사회 통합적 기능 등을 수행하고 있으며, 이런 기능으로 인해 공적인 복지제도가 발달한 선진국에서도 자원봉사에 대한 수요는 계속 증가하여 왔고 자원봉사 역시 증가하여 왔다. 우리나라에서도 70년대 이후부터 자원봉사 인력을 활용하기 시작했고 '86년 아시안 게임과 '88년 올림픽대회 이후 급격히 확산되기에 이르렀다. 1990연대 들어 자원봉사활동에 대한 사회적 관심이 증대하였고, 이에 따라 자원봉사 지원체계가 확립되기 시작하였다. 1992년 처음으로 개소해서 2007년 현재 전국 시·군·구에 157개소의 여성자원봉사활동센터가 운영되고 있다(한국자원봉사협의회, 2007).

여성자원봉사활동센터를 중심으로 전개되고 있는 여성 자원봉사활동 영역은 불우이웃돕기, 지역사회봉사, 국가 및 지방자치단체 주관 봉사활동, 봉사활동을 위한 기금 마련 영역에 걸쳐 다양하게 이루어지고 있다. 그러나 대부분의 활동이 일회성이거나 여성의 전통적인 보살핌의 역할을 강조하고 있다.

4) 여성 자원봉사활동의 활성화 방안

우리나라 여성 자원봉사활동은 복지시설을 중심으로 한 수혜적 차원인 단순한 일손 돕기나 노동력 제공이 주류를 이루어 왔고, 여성 자원봉사활동을 시작한 많은 사람도 자원봉사활동에서 만족을 갖지 못하고 있고 목적과 동기가 어떻든 자원봉사활동에 참여하였으나 프로그램의 부재 등 또 다른 문제로 인해 중도 탈락하는 사례가 빈번하다(임천지, 2002). 이러한 여성 자원봉사활동의 문제점을 극복하고 활성화하기 위한 방안을 고찰하면 다음과 같다.

첫째, 자원봉사 프로그램의 비전문성과 단조로움이다. 자원봉사활동에서 보다 다양한 프로그램은 여러 분야에 걸쳐 자원봉사자를 모집할 수 있는 좋은 점이 있고, 자원봉사 수요자에게 필요한 봉사활동을 할 수 있으므로 자원봉사활동 프로그램은 매우 중요하다.

둘째, 여성 자원봉사활동에 대한 부정적 측면이다. 여성 자원봉사활동의 내용이 '보호제공서비스'를 주로 하는 가정 내 주부의 역할과 유사한 노동임을 강조하면서 여성 자원봉사활동도 임금노동 시장의 성역할 분업과 성 고정관념에 따른 차별화 경향을 나타내고 있고, 이러한 '보살핌'을 특성으로 하는 자원봉사활동 참여는 돌보는 자로서의 여성의 역할을 사회로 확대하여 성 고정관념적인 노동의 개념을 고정시키고 자칫 여성들로 하여금 여성들의 '순환노동'을 촉진시킬 우려가 있다(노욱재, 1997). 그리고 여성의 자원봉사활동은 여성의 취업기회가 제한된 사회적 상황에서 여성들의 취업 및 사회활동에 대한 욕구는 증가하고, 한편 사회복지의 수요가 많아진 복합적인 현실에서 여성들을 무보수의 자원봉사활동에 적극 참여하도록 장려하게 되었다는 점을 지적하는 이들도 있다.

사실상 여성의 자원봉사활동은 여성 자신을 사회적 존재로서 자각하게 하며 타인과 더불어 살아가는 경험을 통하여 자신의 인적 성장과 잠재능력을 개발할 수 있는 기회를 제공하는 중요한 교량적 역할을 하여야 한다(전성호, 2006). 따라서 여성 자원봉사의 활성화 방안을 여성 개인 측면, 여성 사회교육기관 측면, 여성 자원봉사기관 측면, 여성단체 측면, 여성 자원봉사 관련 기관의 연계 측면의 다섯 가지 측면으로 나누어 살펴보았다.

(1) 여성 개인의 자원봉사활동 의식 개발

여성 개인 측면에서 자원봉사활동이 활성화되기 위한 방안을 제시해 보면 다음과 같다.

① 인적 자원으로서 여성 자신의 사회활동 가치를 인식해야 한다. 여성의 사회활동 가치에 대한 낮은 인식은 사회참여를 저해하는 가장 중요한 요인이다. 특히 남성 위주의 우리 사회구조에서 여성의 낮은 사회활동 가치는 여성의 사회참여를 더욱 힘들게 하고 있다.

② 잠재능력 개발과 인격성장의 기회로서 자원봉사활동의 가치를 인식해야 한다. 자원봉사활동에 참여한 여성은 그 활동에 참여하지 않은 여성보다 여성의 사회적 가치 평가와 자신의 재능·지식 활용 정도가 높은 것으로 조사되었다. 결국 자원봉사활동은 여성 개인의 가치를 높이고 자아실현을 유도할 수 있는 긍정적인 활동으로 볼 수 있다.

(2) 여성 사회교육기관의 자원봉사활동 기능 강화

① 자원봉사자 모집처로서의 공공 여성교육기관의 역할 강화가 필요하다.

② 교육 프로그램 내용 중 자원봉사관련 기초 교과를 편성하여 실시할 필요가 있다.

③ 교육 강사를 자원봉사활동에 중간지도자로 개발하고 활용할 필요가 있다.

④ 교육 수강 시 자원봉사자 우대 제도를 마련할 필요가 있다.

⑤ 적극적이고 다양한 자원봉사활동 홍보방법을 개발해야 한다.

(3) 여성 자원봉사기관의 기능 활성화

① 여성의 특성에 적합한 자원봉사 프로그램을 개발해야 한다.

② 가족 자원봉사 프로그램을 개발할 필요하다.

③ 여성자원봉사센터의 구조 개편과 역할 확대가 필요하다.

④ 여성 자원봉사활동의 전문적인 관리체계를 구축해야 한다.

(4) 여성단체의 자원봉사 활성화

여성단체의 자원봉사의 주요 문제점은 단체 유형별로 그 차이가 없이 실시되고 있으며 참여하고 있는 활동 분야도 물리적 힘이다. 특화된 단체 사업의 발굴과 활동의 전문화가 필요하다. 지역을 거점으로 하는 단체활동 과제를 개발해야 한다. 지역주민의 욕구를 조사하는 아웃리치 기능을 해야 한다.

(5) 여성 자원봉사관련 기관 간의 연계

여성 자원봉사관련 기관 간의 적극적인 연계 및 협력이 필요하다. 지역사회 자원 간의 연계 및 협력은 매우 중요한 요인이다. 긴밀한 기관 간의 연계와 협력이 필요하다. 자원봉사센터는 수요자 중심이 되어야 하고 공급자 중심의 자원봉사센터 3자 간의 유기적인 협력이 필수적이다(박태영 · 손정일, 2001).

Chapter 9

자원봉사 프로그램 마케팅 개발

1. 자원봉사 프로그램과 마케팅 개념

1) 자원봉사 프로그램의 개념

(1) 자원봉사 프로그램의 의의

프로그램(program)의 사전적 의미는 진행계획이나 순서이다. 해야 할 일을 명시해 놓은 시간표나 계획표나 차례표 등이다. 프로그램이란 "의도된 계획에 따라 어떤 목적을 달성하기 위해 인적·물적 자원을 활용하는 일련의 집합적 행동"이라고 정의할 수 있다.

사회복지봉사 프로그램은 사회구성원에 대한 원조를 제공함으로써 사회의 욕구를 충족시킴과 동시에 사회복지사에게는 성취감과 만족감을 주는 수단이 되기도 한다(정무성, 1999 : 67).

따라서 자원봉사 프로그램이란 '의도된 계획에 따라 구체적 목표를 달성함으로써 사람과 지역사회를 변화시키고자 하는 행동계획'인 것이다. 아울러 서로 다른 역할과 책임을 가진 구성원의 행동을 기술한 것이고 변화를 창출해 내는 자원봉사자 및 클라이언트 등 관련된 구성원 간의 관계에 대한 방법과 규범을 제공하는 것이라고 볼 수 있다(이성록, 1998 : 159).

그러므로 자원봉사 프로그램은 사회복지사나 자원봉사자가 잠재력이 있고 시간이 지남에 따라 성장과 변화를 성취할 수 있다는 사회복지사나 자원봉사자의 핵심가치에 입각해서 설계되어야 한다. 프로그램에 참여한 모든 개인은 가치와 존엄성이 있으며, 다른 사람과의 관계 속에서 프로그램을 통해 학습되고 개발될 수 있는 능력이 있음을 기본전제로 하여야 한다. 특히 참여자의 욕구, 문제, 관심, 장·단점을 프로그램에 어떻게 포함시킬 것인지에 대한 구체적인 계획이 있어야 한다. 모든 프로그램 참여자가 서로에게 기여하고 우애적 관계와 변화를 기뻐할 수 있는 방법이 모색되어야 한다.

(2) 자원봉사 프로그램 개발 시 고려할 전제조건

자원봉사 프로그램 개발 시 5P(Purpose, Person, Problem, Process, Place)를 고려해야 한다(신복기 외, 2002 : 403-404).

① **목표의 일관성**(Purpose) : 프로그램의 내용은 목적이 제시하는 바로 그 내용에 적합해야 한다. 참여자로 협동심을 고취시킨다는 목적이나 목표를 세워놓고 그 내용에서는 계획과는 다른 내용을 포함하여 오히려 협동심을 저해하는 결과를 초래한다면 목적이나 목표에 일치시키지 못한 셈이 된다. 따라서 프로그램 내용에 지나치게 치중하여 수단이 목적이나 목표에 전도되는 '목표전치' 현상이 일어나지 않도록 유의하여 작성하고 프로그램을 진행하는 중간 중간에도 수시로 점검하는 것이 바람직하다.

② **대상자 능력의 적합성**(Person) : 프로그램 내용선정에 있어서 가장 중요한 것은 대상자 능력의 적합성에 대한 고려이다. 프로그램 내용은 대상자의 욕구와 흥미 또는 능력수준을 고려하여 주제의 내용과 방법이 적합하고 친밀감이 있는 것으로 선정한다. 뿐만 아니라 프로그램의 대상자에 참여자 및 그 가족이 포함될 수 있는 것이 보다 바람직하다. 아무리 좋은 프로그램이라 하더라도 그 대상자의 능력에 적합하지 않다면 실행할 수 없다. 따라서 프로그램을 수행하게 될 대상자 능력의 적합성을 고려하는 것이 중요하다.

③ **문제의 통합성**(Problem) : 프로그램에 참여하는 대상자의 문제를 통합하는 것은 대단히 중요하다. 프로그램에 참여하는 대상자의 문제해결이나 목표달성을 위하여 단편적 프로그램을 제공하는 것이 아니라 인간의 경제적·사회적·심리적·문화적 제반 문제들을 통합적으로 고려하는 프로그램을 제공하는 것이 필요하다. 따라서 프로그램을 수행하게 될 대상의 문제를 통합할 것은 통합하여 불필요한 노력을 줄이는 것이 중요하다.

④ **프로그램의 지속성**(Process) : 프로그램은 일회성에 그치는 것이 아니라 정책이나 제도적으로 안정성을 띠어야 한다. 모든 프로그램은 일시적이고 일회적인 접근

으로 이루어져서는 안 된다. 따라서 프로그램은 장기적이고 체계화된 계획 아래 지속적으로 정책에 반영하고 제도화시키는 것이 필요하다. 그리고 프로그램의 내용을 구성할 때 지식, 이해, 기능, 태도 등의 측면이 프로그램의 내용에서 의미 있게 통합되고 보다 높은 공통 목표를 성취하는 데 기여할 수 있도록 다양한 성격의 서비스 기관들이 참여할 수 있게 지속적으로 이루어져야 한다.

⑤ **프로그램의 지역성**(Place) : 프로그램을 실시하는 기관의 지역적·문화적 상황이 다르기 때문에 프로그램의 내용선정에서도 지역적 특성을 반영하고, 각 지역의 독특한 특성을 발굴하여 프로그램이나 집단 명으로 활용할 때 프로그램 참여자나 구성원 및 지역사회주민이 프로그램에 보다 쉽게 접근할 수 있고 많은 호응도를 불러일으킬 수 있는 장점이 있다.

(3) 자원봉사 프로그램 계획에 반영할 내용

자원봉사 프로그램을 계획할 때 반영할 내용은 다음과 같이 클라이언트를 위한 배려, 팀원을 위한 배려, 자원봉사자 자신을 위한 준비 등 세 가지이다.

① **클라이언트를 위한 배려** : 첫째, 상대방이 원하는 것을 반영하라. 둘째, 생활리듬을 반영하라. 셋째, 세심한 마음을 반영하라.

② **팀원을 위한 배려** : 첫째, 자발성을 유도하는 내용을 반영하라. 둘째, 연대감을 조성하는 내용을 반영하라. 셋째, 성취감을 도모하는 내용을 반영하라.

③ **자원봉사자 자신을 위한 준비** : 첫째, 자원봉사현장체험의 기회를 가져라. 둘째, 자신감을 가져라. 셋째, 협력자를 발굴하라.

2) 자원봉사 마케팅의 개념

(1) 마케팅의 개념 정의

마케팅의 정의와 개념에 대해서는 시대의 흐름, 기업체들이 채택하는 마케팅 오리엔테이션(marketing orientation)의 변천, 마케팅 학자들과 실무자들의 관점 차이 등에 따라서 다양한 의견이 제시되어 왔고 현재에도 의견이 분분하다. 그러한 의견들을 종합해 보고, 성공적으로 기업경영을 하는 소비자(시장) 지향적인 기업체들의 마케팅 활동을 관찰해 볼 때, 마케팅의 핵심적인 요소들은 인간의 필요와 욕구, 수요, 제품, 교환, 시장 등이다. 따라서 이들 핵심적 요소들을 개략적으로 살펴보고 종합적으로 마케팅의 개념을 정리해 보면 다음과 같다.

① 마케팅은 인간의 필요 · 욕구 · 선호를 만족시킬 능력(capability)이 있는 제품이 존재해야만 형성될 수 있다.

② 마케팅은 인간이 필요, 욕구, 선호를 교환(exchange) 내지 거래(transaction)라고 부르는 수단과 방법을 통하여 만족시키겠다고 결정해야만 형성될 수 있다.

③ 마케팅은 특정 재화에 대한 실제적 · 잠재적인 구매자로 형성된 시장이 있어야만 존재할 수 있다. 시장이 존재해야만 시장(marker)을 상대로 판매 등의 활동을 지속적으로 전개하는 마케터들(marketers)이 존재할 수 있다.

이렇게 볼 때, '마케팅은 시장을 대상으로 활동하는 것(marketing means working with markets)'이라고 간단히 표현할 수 있다. 좀 더 구체적으로는 마케팅을 '잠재적 소비자 내지 사용자(그 집단이 곧 시장임)의 만족을 목표로 하여 제품을 계획(product planning)하고 그것과 상호 연관된 제 기업 활동의 총체'라고 정의할 수 있다.

기업체들뿐만 아니라 비영리기관들의 활동까지도 포함하는 넓은 뜻으로는, 마케팅을 '교환과정을 통하여 인간의 필요와 욕구를 만족시키는 데 목표를 둔 인간의 활동'이라고 정의할 수도 있다(한국마케팅연구원, 1996 : 163-164).

자원봉사 마케팅은 자원봉사자들을 모집하고 유지하는 데 있어서, 기관 내에선 친자원봉사주의(provolunteerism) 분위기를 확립하는 데 있어서, 공적인 지원과 기관의 지원을 획득하는 데 있어서 그리고 자원을 확보하는 데(물품, 서비스 그리고 화폐적 자원들) 있어서 매우 중요한 역할을 한다. 마케팅 전략의 완성은 자원봉사 프로그램의 성공, 특히 줄어드는 자원에 비해서 점차 클라이언트들의 욕구가 증대하는 현 시기에 있어서 효과적으로 자원봉사 프로그램을 운영하는 데 매우 중요하다(P. C. Dunn, 1995 : 248).

(2) 자원봉사와 마케팅 개념의 적용

자원봉사에 있어서 실제로 마케팅 개념의 적용이 중요한 부분과 이유들을 구체적으로 열거해 보면 다음과 같다.

① 모집에 있어서 마케팅은 잠재적 자원봉사자들과 자원봉사 프로그램을 연결시키는 교량 역할을 한다. 다시 말해서, 마케팅은 자원봉사자들을 프로그램에 참여시키게 하는 유인책을 제공함과 더불어 무엇이 필요하고 어떤 혜택이 가용한지를 규명해 준다.

② 자원봉사자의 유지·보존에 있어서 마케팅은 중요한 역할을 한다. 즉 유형 또는 무형의 보상으로 자원봉사자들에게 주어지는 자원봉사활동의 가치는 자원봉사자들을 유지·보존하는 데 결정적 역할을 할 뿐 아니라 그들이 다른 사람들에게 자원봉사의 가치를 전달하는 계기를 마련하여 모집에도 도움을 준다.

③ 마케팅은 자원봉사 프로그램에 필요한 자원개발(모금활동 등)에도 중요한 역할을 한다. 즉 자원봉사 프로그램이 물품, 서비스 또는 현금을 필요로 할 때 마케팅 방법은 이들 자원들을 확보하는 가장 합리적인 방법이 될 수 있다. 그러나 아직도 자원봉사 프로그램에 있어서 마케팅은 유용한 도구로써 활용되지 못하고 있는 실정으로 자원봉사 프로그램의 목적달성에 가장 필요한 도구로서의 인식이 확산되어야 한다(S. Vinyard, 1995 : 17-18).

빈야드(Vinyard, 1986)는 자원봉사에 있어서의 마케팅을 대중, 시장 그리고 이들의 교환적인 관계로 구성되는 교환적 과정으로서 접근하고 있다. 대중(publics)이란 자원봉사 프로그램을 에워싸고 있는 사회적 식별이 가능한 부분들이다. 이들은 명칭(소년단), 일반적 특성(선배시민들) 또는 분류(유급직원, 클라이언트, 집단 또는 기관의 대변인들, 규제집단들 그리고 물품 및 공급품 제공자들) 등에 의해서 확인이 가능하다. 이들 부분들은 자원봉사 프로그램이 상호작용을 시도하려는 집단들로 존재할 필요는 없다. 즉 그들은 그저 존재하는 것이다. 시장은 자원봉사 프로그램의 관리자들을 지배관계를 확립하기 원하는 일반대중이다. 자원봉사 프로그램과 이것이 필요로 하는 것을 가지고 있는 시장들 사이에 일어나는 "거래(bargain)"를 교환적 관계라고 부를 수 있다(Dunn, 1995).

① **제1단계**: 자원봉사 프로그램이 소요하고 있는 가용한 자원을 확인하라.

② **제2단계**: 사람, 물자, 기금, 자원 그리고 서비스 등 자원봉사 프로그램이 필요로 하는 구체적인 요구들(needs)을 확인하라.

③ **제3단계**: 어떤 개인들, 집단들, 부분들 그리고 기관 및 단체들이 자원봉사 프로그램이 필요로 하는 자원들을 가지고 있는지를 확인하라.

④ **제4단계**: 제1단계에서 제3단계를 거쳐 확보한 자료들을 활용하여 파악한 필요한 것들을 확인할 수 있는 전략들을 수집하라.

여기에는 다음의 광범위한 세 가지 마케팅 전략들이 채택될 수 있다. 즉 첫째는 미분화된 전략(전체 시장을 동일성을 지닌 것으로 취급한다), 둘째는 집중적 전략(시장을 여러 개의 부분들을 나누되, 이 부분들 중 오직 한 부분에 초점을 맞춘다), 셋째는 분화된 전략(두 개 또는 그 이상의 시장들에 초점을 맞추되 이들을 각기 다른 메시지를 가지고 접근한다) 등으로 나눌 수 있다. 일단 적절한 마케팅 전략이 선택되면 일정한 메시지가 광고 선전(advertising), 판촉(promotion), 개인적 판매(personal selling) 그리고 홍보(publicity) 등의 모든 과정들에 일관성 있게 적용되도록 하는 데 특별한 관심을 기울여야 한다(Dunn, 1995 : 248-249).

많은 자원봉사기관 및 조직들은 "마케팅" 적용과정을 통해서 자원봉사 프로그램의 운영에 성공하고 있다. 자원봉사자들과 관리자들은 "마케팅"이란 말을 마케팅 계획의 광고와 판매 국면들을 기술하는 데 주로 사용하고 있는데 조사활동과 기록활동은 광고와 판매전략에 선행해서 필요한 1단계 활동들이다.

자원봉사 프로그램을 위한 마케팅 계획의 내용 및 과정을 열거하면 다음과 같다(MaCduffp, 1987 : 6).

① 욕구사정(needs assessment)의 실시 : a. 지역사회 b. 자원봉사 프로그램

② 프로그램 재검토(review) : a. 새로운 프로그램 개발 b. 기존 프로그램의 수정

③ 프로그램을 구매할 사람에 대한 조사: a. 클라이언트들 b. 자원봉사자들

④ 판촉과 광고를 통해서 프로그램에 적용할 자원봉사자들의 모집 계획의 확립

⑤ 프로그램을 위한 지원대책의 개발

⑥ 프로그램의 평가(evaluation)

2. 자원봉사 프로그램 관리

1) 자원봉사 프로그램 관리의 중요성과 기능

(1) 자원봉사 프로그램 관리의 중요성

최근 점차로 지역사회로부터 제공되는 여러 가지 인적·물적 복지자원에 대한 사회복지기관들의 의존도가 높아짐에 따라서 시간과 노력을 제공하는 자원봉사자들에 대한 조직 및 관리가 더욱 필요하게 되었다. 특히 예산부족과 과중한 업무량에 시달리는 사회복지기관의 입장에서 볼 때 자원봉사자는 매우 중요한 의미를 갖는다. 그러나 경제적 보상에 대한 욕구보다 사회 심리적 동기에 의해서 참여하는 자원봉사자를 관리하고 동기화하는 데는 인간자원관리에 필요한 근본적 기술이 요구된다. 따라서 자원봉사 프로그램의 성과를 제고하기 위해서는 고도의 동기관리와 조직관리 기술이 필요하다.

자원봉사 프로그램의 최종적인 성과를 대표하는 중도탈락과 참여강도에 영향을 미칠 수 있는 자원봉사자 관리의 주요 관리적 요소는 자원봉사인원의 모집, 선발, 훈련, 배치, 지도감독, 보상 등으로 집약될 수 있다. 이러한 관리적 요소들은 금전적 보상을 주목적으로 하는 영리조직과는 달리 심리적 동기요소에 의해서 행위가 이루어지는 자원봉사동기와 밀접한 관련을 맺고 이루어져야 하기 때문에 자원봉사 프로그램 관리를 하기 위해선 인간행동과 관련된 행동과학적 측면과 경영학 및 행정학 등의

제 분야에서 축적된 지식과 기술의 도입이 필요하다.

따라서 자원봉사자 관리문제해결과 관련된 주요 과업은 자원봉사행동에 관련된 동기관리와 자원봉사자 프로그램을 계획, 조직, 실행, 감독하는 관리 및 운영의 과업으로 집약될 수 있다.

자원봉사 프로그램의 성패를 좌우하는 가장 중요한 요소는 관리의 문제이다. 따라서 자원봉사 프로그램의 관리가 점차 전문화되고 있으며, 이를 담당하는 자원봉사 관리자 또는 행정가의 역할이 전문직의 성격을 띠게 되었다.

관리자(Management)는 결과에 대한 책임감을 가지고 어떤 활동을 계획, 조직, 조정, 지시, 통제, 지도 감독하는 것이라고 정의할 수 있다.

(2) 자원봉사 프로그램 관리의 기능

자원봉사 관리자의 실제적 기능들을 관리이론가의 견해에 따라 제시하면, ① 기획(planning), ② 조직(organizing), ③ 직무배정(staffing), ④ 지시(directing), ⑤ 통제(controlling) 등으로 나눌 수 있다. 이들 기능들을 구체적으로 요약해 보면 다음과 같다.

① 기획

다섯 가지 기능 중 가장 기본이 되는 기능이다. 기획이란 어떤 일을 수행할 수 있는 대안적 방법 중에서 한 가지의 행동노선을 선택하는 것이다. 기획 분야에서 잘 알려져 있고 흔히 활용하는 개념은 “목표에 의한 관리(MBO : Management by Objectives)”라는 개념이다. 소위 MBO란 약자는 누구, 무엇을, 언제, 어떻게 실행하느냐를 결정하는 것이다.

자원봉사의 경우 현재 지역사회 내에서 훌륭한 목적을 지닌 많은 자발적인 자원봉사의 노력이 뚜렷한 명분을 가지고 시작되는 것을 볼 수 있지만 일반적으로 기획이 결여된 현상을 목격할 수 있다. 모든 자원봉사의 노력은 우선 자신과 주변의 욕구와 요구를 면밀하게 관찰하고 이에 대해 무언가 행할 것을 결정해야 한다. 그러나 사전에 이러한 노력과 관련된 기존의 서비스들, 재원, 업무분담, 지역사회교육과 지원상태 등에 대한 조사와 같은 기본적인 문제들을 처리하지 않고 무조건 노력만을 얼마간 기울이다가 곧 사라져 버리는 현상을 흔히 보게 된다. 이런 경우에 자원봉사자들은 곧 환멸과 좌절감을 느끼게 되고 클라이언트들 또한 얼마간 희망에 부풀었다가 이전보다 더욱 절망에 빠지게 된다. 따라서 제반 기획들이 프로그램이 착수되기 전에 확실하게 개발되어야 한다.

② 조직화

관리자가 자원봉사 프로그램의 목적과 목표를 달성하는 데 필요한 활동들을 집합·분류하고 배정하는 일을 처리하는 기능이다. 즉 과업이 어떻게 수행될 것인가를 결정하는 것이다. 조직화에 포함된 두 가지 기본적 요소는 위임(Delegation)과 조정(Coordination)이다. 사실상 자원봉사자 관리에 있어서 적용하기 가장 어려운 요소는 위임이라고 할 수 있지만 이는 매우 중요한 요소다. 흔히 관리자들은 자원봉사자들을 신뢰하지 않고 특정 업무를 배정하는 것을 꺼린다. 그러나 관리자는 지식과 시간면에서 자신의 한계에 대해서 솔직하고 현실적이어야 하며 과제집단 또는 위원회의 명목으로 위임을 실천해야 한다. 다수의 조사와 경험을 통해 볼 때 책임 있는 부서에 자원봉사자를 배치하는 것은 매우 기능적이면서도 가치 있다는 조사결과들이 나오고 있다. 따라서 자원봉사자들은 유급 직원들을 능가하는 참신한 아이디어와 활력 그리고 헌신을 제공하기도 한다.

조정(Coordination)이란 오른손이 하는 일을 왼손이 알게 하는 것을 보장하는 것으로서 자원봉사자와 직원이 하는 일들을 상호 확실히 알게 하는 것이다. 이는 프로그램의 각 부분이 전체와 일치되게 하고 사람들 사이 그리고 프로그램들 간에 협력을 위한 모든 기회들이 장려되고 최대한 발전될 수 있는 계기를 마련하는 데 중요하다. 많은 자원봉사 프로그램들이 조정의 부족으로 실패하는 경우를 흔히 볼 수 있다. 조정에 가장 중요한 역할을 하는 것이 의사소통(Communication)으로써 직원과 자원봉사자 사이에 정규적으로 계획된 다양한 모임과 회합을 통해서 이루어질 수 있다.

③ **직무배정**

이는 누가 어떤 과업을 수행할 것인가를 결정하는 것이다. 자원봉사 프로그램에서는 정규 유급직원과 자원봉사자를 모두 포함해서 이루어진다. 관리자는 유급 또는 무급 직원들을 모집, 선택, 훈련, 승진 그리고 임무해제를 시키는 업무를 처리해야 한다.

④ **지시**

배정된 업무를 수행하게끔 지도하는 것이다. 즉 업무를 완수하는 기능이다. 이 기능은 직원들을 동기화시키고 의사소통하게 하고 지도하는 활동들로 이루어진다.

- 동기화(Motivating)란 업무를 수행하는 사람들의 행동의 이유를 이해하는 것이다. 사실상 자원봉사자들의 동기를 판별한다는 것은 어려운 과업이지만 성공적인 관리자는 반드시 처리해야 하는 과업이다.
- 의사소통(Communication)이란 관리자에게 가장 도전적인 과업으로서 이는 자원봉사자, 직원, 행정가, 클라이언트 또는 지역사회에 귀를 기울여 경청하고 의사를 교환하는 활동이다. 특정 과업 수행이 정보와 과제를 주고받는 데 있어서 부정확하고 불완전한 이유들 때문에 달성되지 못하는 경우가 많다.
- 지도(leading)는 지도력에 의해 이루어지는 과업으로서, 사람들이 행동하도록 밀거나 당기거나 강요하는 것이 아니고 인도하고 관리하는 것이다. 이는 지도자 또는 관리자의 인간에 대한 기본적 가정들을 반영하는 것이다. 기관이나 조직에서 다양한 지도력을 행사하고 있으며 이러한 지도력은 조직의 분위기와 그곳에서 일하는 사람들의 동기에 큰 영향을 미치고 있다.

네일러(H. H. Naylor)는 자원봉사 프로그램에서는 새로운 스타일의 지도력이 요구되고 있으며, 이는 이전의 지도력에서 유용치 못한 요소들을 과감히 뽑아버리고 전통적인 고귀한 이상, 기준 그리고 기본적 가치들을 수호하려는 실험적 용기를 갖춘 역동적이고 절충적인 접근방법을 통해 모색되어야 한다고 했다. 이러한 지도자들은 어느 누구의 지시대로 행동하기보다는 그들 자신에게, 학습하고 행동할 수 있는 그들의 능력에 부여하는 주위 사람들의 믿음에 반응함으로써 개발될 수 있다. 따라서 이러한 지도자들은 새로운 지식들을 실행에 옮겨 시도해 보고 가능한 모든 자원들을 동원해서 효과적인 결과를 가져올 수 있게 하는 실천적 방법을 발견하려는 적극적이고 능동적인 학습의 기회를 필요로 한다(H. H. Naylor, 1975 : 01-92).

⑤ **통제**

관리자가 조직에서 일어나는 모든 일들이 계획과 일치하는지를 판별하는 데 기본이 되는 평가(Evaluation)의 과정이다. 즉 계획이 제대로 수행되고 목표들이 달성되었는가를 확실히 알기 위한 것이다. 만약 실패했다면 그 이유를 규명하고 어떤 대책을 세워 실천해야 하는지를 모색하게 된다. 즉 계획의 변경, 직원의 변경, 정책의 변화 들의 대책을 적용해야 한다. 그러나 이와 같은 통제의 주요 도구인 평가를 많은 자원봉사 프로그램에서 소홀히 하는 현상을 볼 수 있는데, 이는 행동 자체에 과도하게 몰입하고, 생각은 하면서도 적용은 꺼려하기 때문이다. 그러나 질적인 자원봉사 프로그램을 실행하기 위해서는 평가가 기본이 되며, 평가는 공식적 또는 비공식적으로 이루어질 수 있다.

평가의 공식적 방법은 프로그램의 질, 가치, 강점과 약점에 관한 구체적 질문들을 작성하여 질문지를 직원, 자원봉사자 그리고 클라이언트에게 배포하여 응답을 받거나 또는 정기적인 개인적 면접 또는 전화면접을 통해 무작위 표출방법으로 대상자를 선정하여 조사하는 것이다. 평가의 비공식적인 방법은 지속적으로 접촉이 있을 때마다 진행되는 상황에 대한 평가를 수집하여 문제의 발생을 민감하게 파악하고 대처하는 것이다.

이상의 다섯 가지 일반적인 관리의 기능들을 자원봉사자 관리 또는 행정의 용어들로 해석해서 열거해 보면 다음과 같다.

〈표 9-1〉 자원봉사 프로그램 관리의 다섯 가지 기능과 열 가지 요소들

기 능(Function)	요소들(Components)	
1. 기획	1. 목적	2. 목표들
2. 조직화	3. 활동계획	4. 업무설계
3. 직무화	5. 모집	6. 면접
4. 지시 및 지도	7. 배치	8. 훈련
5. 통제 또는 평가	9. 지도감독	10. 평가

출처: S. Vinyard(1994: 63)

〈참고자료-1〉 자원봉사 프로그램 관리의 아홉 가지 기준 및 원칙

	기 준	원 칙
1	자원봉사 프로그램 정책 수립 기준	자원봉사자를 활용하는 기관 및 조직은 자원봉사자와 그들의 업무활동에 직·간접적으로 영향을 미치는 모든 영역에 있어서 기관 정책들을 수립하고 시행해야 한다.
2	자원봉사 프로그램 관리 및 구조 확립 기준	자원봉사자를 참여시키는 기관 및 조직들은 자원봉사 관리자를 임명하여 자원봉사자의 활동을 지원해야 한다. 자원봉사 관리자들은 적절한 자원봉사 관리를 하는 업무의 복잡한 성격과 중요성을 인식할 정도의 수준에서 활동하도록 배려해야 한다.
3	자원봉사 프로그램 행정체계 확립기준	기관 및 조직들은 자원봉사 프로그램이 효율적으로 운영되고 자원봉사자의 권리와 사적인 면이 보장될 수 있는 효과적인 행정체계를 갖추어야 한다.
4	자원봉사자 직위 명세서 작성기준	자원봉사 프로그램들은 조직의 목적과 목표가 달성되고, 자원봉사자와 클라이언트의 권리가 보장되고 유급직원과 무급직원 사이의 경계가 상세히 규명될 수 있게 하는 직위 명세서를 확립해야 한다.
5	자원봉사자 모집 기준	자원봉사자로 일할 수 있는 사람들을 모집하는 기관 및 조직들은 조직의 정책과 절차에 의해 지지받고 지원을 받을 수 있는 모집 전략을 명확히 규정해야 한다.
6	자원봉사자 선발기준	기관 및 조직은 공정하고, 개방적이고, 유급직원과 동등한 방법으로 자원봉사자 직원을 면접하고 선발해야 한다.
7	자원봉사자 오리엔테이션 교육 및 훈련기준	자원봉사자와 일하는 기관 및 조직은 자원봉사자의 지위를 지키는 데 필요한 정보 및 기술의 요구조건을 충족시킬 수 있는 오리엔테이션, 교육 및 훈련을 제공해야 한다.
8	자원봉사자 지원, 수퍼비전 및 감독기준	자원봉사자를 포용하는 기관 및 조직은 자원봉사자 참여의 범위와 수준에 적합한 자원봉사활동을 보장하기 위해 적절한 지

	기 준	원 칙
		원 및 지지, 수퍼비전과 감독 및 지도를 제공할 수 있는 구조를 갖추어야 한다.
9	자원봉사 프로그램 기획 및 평가기준	자원봉사자를 참여시키는 기관 및 조직은 클라이언트, 자원봉사자 자신들, 유급직원 그리고 보다 넓은 지역사회에 주는 효과적인 결과 및 산출을 보장할 수 있는 방향에서 자원봉사 프로그램을 지획, 평가하고 지속적으로 향상시켜야 한다.

출처: Volunteering Western Australia(1997)

2) 자원봉사 프로그램 관리의 원칙

성공적인 자원봉사 프로그램을 연구한 대부분의 문헌들은 성공에 영향을 준 근본적인 요인들을 지적할 때 일관성을 보이고 있다. 즉 기관의 목적 또는 유형들(종교적, 정치적, 교육적, 보건 또는 사회복지, 시민단체 등)에 관계없이 일정한 원칙들이 그들의 자원봉사 프로그램의 계획과 운영에 적용되어야 한다는 데 합의를 하고 있다. 따라서 효과적인 자원봉사 프로그램이 되기 위해서는 다음의 원칙들이 적용되어야 한다는 것이다(NIAAA, 1977 : 1-6).

첫째, 기관이 자원봉사 프로그램에 대해 사명감 또는 책임감을 가져야 한다. 그리고 이러한 사명감의 표명은 자원봉사자에 의한 공헌의 가치에 대한 인정이 언어적 또는 문서상의 성명 이상의 것이 되어야 한다. 즉 사명감이 행동을 통해 나타나야 한다는 것이다. 기관의 정책형성기구가 자원봉사 프로그램에 대해서 공식적 승인을 표명할 뿐만 아니라 자원봉사 프로그램 기획과 적용을 실제로 이끌 수 있는 정책들을 확립해야 한다. 그래서 자원봉사 프로그램의 기획, 모집, 훈련 그리고 관련된 활동들을 지원할 수 있는 충분한 예산과 직원의 근무시간을 할애하여 투입해야 한다. 나아가서는 자원봉사 프로그램과 관련 있는 법적 의무나 책임감 수행 등을 면밀히 검토해야 한다.

기관의 행정가는 자원봉사 프로그램을 조언하는 데 적합한 자격을 갖춘 직원을 선발하고, 적절한 권위를 위임하고, 핵심직원의 협력과 참여를 보장함으로써 자원봉사 프로그램 조정자로서의 업무를 배정해야 한다. 물론 유급직원이 자원봉사 프로그램의 모든 국면에 참여해야 하며 팀의 구성원으로서 무급직원, 즉 자원봉사자의 참여도 환영해야 한다.

둘째, 한 사람 이상의 시간과 아이디어가 자원봉사 프로그램 계획과 적용에 필요하다. 기관에서 일단 자원봉사 프로그램 실시 여부를 탐색하는 계획이 결정된다면 이를 위한 위원회 또는 업무 추진 팀(Task Force)이 형성되어야 한다. 구성원으로서는 이사회, 행정부서 직원, 지역사회 인사들, 기관의 클라이언트 역할 경험자 그리고 자원봉사 프로그램에 영향을 미칠 수 있는 여타 집단을 대표하는 사람들이 참여해야 한다.

이러한 위원회의 목적은 자원봉사 프로그램의 실행 가능성을 결정하고 자원봉사 프로그램에 대한 기관 및 직원의 사명감을 형성하는 것이다. 그리고 자원봉사 프로그램이 바람직하고 실행 가능하다는 결정이 일단 내려지면 자원봉사 프로그램 조정자를 선발해야 하고 기획위원회의 지원 하에 프로그램의 계획, 예산 배정 그리고 관련된 업무 등을 지시할 수 있어야 한다. 그리고 프로그램을 운영하게 되면 위원회는 자원봉사자 집단 또는 현재의 클라이언트나 회복단계의 클라이언트 중에서 선발한 사람들을 첨가하여 계속적으로 자원봉사 위원회의 기능을 발휘하도록 위임해야 한다.

셋째, 최초의 자원봉사 프로그램은 시험적 프로그램의 성격으로 되어야 한다. 비록 광범위하고 면밀한 기획과 준비를 갖추었다고 해도 실제로 적용하는 과정에서 예기치 못한 일들이 벌어질 수 있기 때문이다. 그래서 처음으로 모집되고 훈련받은 자원봉사자들의 규모는 적은 규모로 적절히 구성되어야 한다. 이때 시험적 자원봉사 프로그램의 규모는 기관의 규모에 따라서 달라질 수 있다. 또한 자원봉사 프로그램이 기관의 전체 부서에 확대 적용될 수도 있고, 모든 부서의 한 가지 기능에 한해서 적용될 수도 있다. 시험적 프로그램의 기간은 프로그램의 성격에 따라 차이가 나겠으나 모집으로부터 시작해서 관리과정의 주기를 모두 채워보는 기간이 좋으며, 이는 대략 6개월 정도면 자원봉사자들이 직원 및 클라이언트와 친숙해질 수 있다.

넷째, 실제로 자원봉사자를 모집하기 이전에 자원봉사 프로그램의 기획에 충분한 시간이 주어져야 한다. 즉 자원봉사 프로그램이 기관의 서비스 전반에 미치는 영향을 연구하기 위해서는 일정한 시간이 필요하다. 이사회 구성원들, 직원들 그리고 지역사회 대표들이 모여서 자원봉사가 가장 필요한 영역, 그들이 가장 효과적으로 활동할 수 있는 방법, 특정 업무들을 수행하는 데 필요한 기술, 자원봉사 프로그램에 대한 기관의 지원대책, 지역사회에 존재하는 관련자원의 확인, 예상되는 문제들과 이들에 대한 대처방법 등에 대한 충분한 아이디어가 수집되어야 한다.

다섯째, 자원봉사 프로그램은 기관의 과외 활동이 아닌 전체기관 프로그램의 통합적인 부분이 되어야 한다. 따라서 기관의 여느 다른 프로그램과 마찬가지로 상세히 배려하고 주의를 기울여야 한다.

여섯째, 자원봉사자들은 전체기관 직원의 통합적인 부분이 되어야 한다. 이 원칙을 실천하기 위해선 유급 직원에게 적용되는 고용, 배치, 지도감독, 평가 등에 관한 정책들이 자원봉사자들에게도 똑같이 적용되어야 한다. 또한 자원봉사자들의 의견이나 제안도 유급직원의 것들과 마찬가지로 존중되어야 하고, 모든 교육 훈련 프로그램 업무 관련의 비용 상환 등의 대책들도 똑같이 적용되어야 한다. 따라서 자원봉사자 지위의 명칭도 자원봉사직원(Volunteer Staff)이 되어야 한다.

일곱째, 자원봉사자에 대한 유인책은 프로그램 성공에 중요한 역할을 한다. 자원봉사자들은 무급 직원이므로 화폐 이외의 업무만족을 줄 수 있는 요인들이 가장 중요하다. 장기 봉사에 대한 시상, 연말의 만찬 그리고 감사장 등의 전통적 형태의 인정으로는 충분하지 않다. 잘 계획되고 지속적인 인정 프로그램은 직원과의 개인적 화합, 기획에 참여할 기회, 새로운 제안에 대한 인정, 필요한 업무에의 배정 등의 새로운 영역의 유인책의 개발이 필요하다. 자원봉사자에게 기본적 동기화 요인이 될 수 있는 것은 자원봉사 프로그램의 질적인 요소들이다. 즉 매력적이고 도전적인 업무로서 각 자원봉사자를 기관의 사업에 독특하게 기여할 수 있는 개인으로 취급해 주는 것이다.

여덟째, 기본적으로 지도감독 및 평가가 요구된다. 평가는 프로그램이 어떻게 운영되고 어떤 영향을 미치는가의 질문에 답할 수 있는 정보를 수집하고 분석하는 과정이다. 이러한 지도감독 및 평가는 기관이 존재하는 한 계속적으로 이루어지는 것이다.

3) 자원봉사 프로그램 관리의 조건

효과적인 자원봉사자 관리는 이론상으로는 단순하게 보이지만 실제로 운영은 매우 어렵다. 우선 업무개발, 지도감독, 평가체계 등의 기본적인 인사관리에서 볼 수 있는 모든 복잡한 요소들이 처리되어야 하며, 나아가서 자원봉사자 관리 자체가 포함하는 모든 복잡성들이 해결되어야 한다. 한 가지 흥미 있는 예를 들면 유급 직원들에게서는 흔히 볼 수 없는 현상으로 지나치게 열성적인 자원봉사자가 나타날 수 있다는 것이다. 자원봉사 관리자는 동기의 부족이 아니라 오히려 과도한 동기 때문에 프로그램 자체에 문제를 야기시키는 자원봉사자를 가끔 다루어야 한다. 즉 어떤 자원봉사자는 너무 헌신적으로 자원봉사에 임해서 활동 중에 나타나는 문제에 대한 즉각적인 해결책을 기대하고 노력하면서 왜 기관체계가 해결책 마련에 느리게 대처하는지를 이해 못한다.

따라서 이런 자원봉사자는 조급해져서 유급 직원이나 다른 자원봉사자들의 헌신적 노력의 부족을 비난하고 격분하기도 한다. 효과적인 자원봉사 프로그램 관리는 자의적으로 이루어지지 않고 우연히 이루어지는 것도 아니다. 잘 설계된 자원봉사 프로그램 관리는 많은 요인들을 사전에 고려할 필요성이 있으며, 자원봉사 프로그램 수행을 위해 자원봉사자들을 찾아 나서기 이전에 많은 결정사항들을 처리해야 한다 (McCurley & R. Lynch, 1989 : 17).

3. 자원봉사 프로그램의 실제

1) 자원봉사 프로그램의 기획

기획의 과업은 자원봉사 프로그램의 개발과 실제적인 운영에 있어서 가장 기본이 되는 기능이다. 기획이 없이는 조직화, 업무배정, 지도감독, 통제 및 평가 등의 관리과정이 의미를 잃게 된다. 자원봉사 프로그램을 새로이 창조하거나 또는 재구상할 필요성을 결정하는 것이 기획과정의 첫 단계이다. 자원봉사 프로그램을 기획함에 있어서는 우선 다음의 질문들이 응답되어야 한다.

첫째, 자원봉사 프로그램을 통해서 무엇을 성취하려 하는가의 목적 또는 사명을 명확히 하고 이에 따른 구체적 목표들을 설정하는 것이다.

둘째, 자원봉사 프로그램을 확립하고 운영하는 데 대해 이사회 그리고 상급관리자들이 얼마나 책임감을 느끼고 있는가를 확인해야 한다.

셋째, 자원봉사자들에 대한 직원의 태도는 어떠하며 직원들이 자원봉사자들과 함께 일할 수 있도록 동기화되고 필요한 훈련을 제공하고 지도감독의 의무를 감당할 사명감을 가지고 있는가를 알아야 한다.

넷째, 기관이 자원봉사자들에 대한 확고한 정책을 가지고 있거나 가지려고 하고 있는가를 확실히 해야 한다.

이상의 질문들의 응답을 통해서 자원봉사 프로그램에 관한 긍정적 분위기가 확립되었다고 결정이 되면 자원봉사 프로그램의 기획이 착수될 수 있다.

2) 업무설계와 모집

자원봉사자 관리의 전문가인 윌슨(M. Willson)은 "업무를 설계하기 전에 모집을 시작하는 것은 마치 음악이 시작되기 전에 춤을 추려는 것과 같다."라고 말했다. 업무설계에 있어서 핵심적 요소는 이들 업무들과 기관 및 조직의 사명과의 사이의 관계를 결정하는 것이다.

(1) 업무설계와 업무분장(Job Description)

업무설계는 업무분장을 통해서 구체화되어야 하며 다음의 정보들이 포함되어야 한다. 즉, 자원봉사자들이 수행해야 하는 의무사항들, 업무수행에 요구되는 시간 및 기간, 관리를 담당하는 직원의 지위, 정규적으로 업무를 배정하는 직원, 자원봉사자의 자격조건(교육 및 특수한 기술), 훈련의 내용(현임훈련 또는 공식적 훈련), 제공될 수 있는 혜택 및 보상들(교통비 상환, 식사 제공, 행사 초대 등)이 포함된다.

최상의 업무분장은 정교하거나 복잡한 것이라기보다는 명확하고 정확한 것이라고 할 수 있다.

(2) 모집

최상의 모집을 위한 도구는 성실한 기획과 업무설계를 거쳐서 완성된 탁월한 자원봉사 프로그램과 자원봉사자들의 욕구동기에 맞는 의미있는 업무 내용들이다.

모집은 신중하게 계획되어야 하는 바, 자원봉사자들을 모집할 수 있는 최상의 장소(출처)가 결정되고 모집할 최적의 시기, 능동적 참여의 동기를 부여할 수 있는 메시지의 준비 그리고 그들이 가장 쉬운 방법으로 등록할 수 있는 절차의 확립 등이 이루어져야 한다.

윌슨은 "모집은 프로그램의 욕구와 가장 부합되는 관심과 조건을 가진 대상자들을 구체적인 표적으로 선택하여 실시해야 한다."고 말했다. 그러나 비록 구체적 표적대상들을 결정했다 하더라도 성공을 보장할 수 없을 때에는 보다 광범위한 지리적, 성적, 연령적, 경제적 배경의 대상들을 향해서 각기 다른 메시지를 통해서 모집을 시도해야 한다.

또한 잠정적인 자원봉사자들을 접근함에는 시기, 시간, 절기 그리고 시간적 여유 등이 모집의 성공에 영향을 미친다.

3) 선발과 배치 및 업무부여

기관이 자원봉사자들의 서비스로부터 최대의 혜택을 기대하고 자원봉사자들 역시 만족을 얻게 하려면 세심한 선발과정을 통해서 선발하고 그들에게 가장 잘 부합되는 업무를 부여해서 배치의 작업을 완료해야 한다. 이때에 면접이 정확한 판단을 할 수 있도록 도와주는 가장 공통적인 방법이다.

면접의 과정을 통해서 자원봉사자 개개인은 자신이 자원봉사활동에서의 기대 또는 목표들 그리고 참여에의 진정한 동기들을 확인하고 이에 적합한 업무가 부여되어야 한다. 적절한 사람을 적합하고 잘 계획된 업무에 배치하는 것이 자원봉사관리자에게도 가장 보람있는 경험이 된다. 즉 자원봉사 프로그램 관리자의 가장 큰 도전과 기쁨은 기관을 위해 무엇인가 생산하는 것에만 있는 것이 아니고 오히려 자원봉사자들 개개인을 성장, 발달시키는 데에 있다.

따라서 특수한 기술이나 재능을 가졌든지 또는 특정한 잠재력을 소유한 자원봉사자들은 현재 알맞은 업무분장이 없을 때에는 기존의 업무에 위축시켜 배치하기보다는 새로운 업무를 개발해서 배치하는 노력도 필요할 것이다.

면접 과정에서 업무분장을 통해서 각 자원봉사 직책의 요구 조건들을 상세히 설명해 주고 상호의견 및 정보 교환을 통해서 자원봉사자 개개인의 동기, 의욕 그리고 구체적 목표들이 결정되고 이들 정보를 바탕으로 최종적으로 업무가 배정되어야 한다. 이와 같이 각 기관의 면접은 적절한 배치를 결정할 수 있도록 구조화되어야 하며 자원봉사자들로 하여금 업무를 보다 잘 이해하고 업무가 실제로 자신들이 원하는 것인지, 그리고 자신들이 수행할 수 있는 자격이 있는지를 결정할 수 있게 해야 한다.

자원봉사자들의 불만, 나아가서 중도탈락의 이유들 중에는 ① 자원봉사활동이 시간의 낭비이다. ② 기술과 재능이 적절히 활용되지 않는다. ③ 적합한 업무에 배치되지 않았다 등이 주류를 이루고 있다.

4) 자원봉사자의 유지 및 보존 활동

자원봉사자들이 자원봉사활동을 지속적으로 또한 적극적인 참여를 통해서 전개하도록 도와주기 위해서는 자원봉사자 개개인이 충분한 교육과 훈련, 정규적인 지도감독, 인정과 보상 그리고 평가를 받아야 한다. 그래서 그들의 업무수행 실적이 비효과적일 때에는 정규직원들에게 적용되는 것과 같은 맥락에서의 사려 깊은 계획과 배려, 그리고 조치가 취해져야 한다.

(1) 오리엔테이션과 교육 및 훈련

오리엔테이션은 기관의 사명 또는 목적, 기관의 조직 및 구조 그리고 기관의 사업 및 프로그램 등 기관의 전반적인 소개에 필요한 내용들로 구성된다. 여기에 기관 모든 부서들에 대한 소개와 탐방 그리고 관련 직원들의 소개는 기본적으로 포함된다. 즉 자원봉사자들이 그들이 일한 부서뿐만 아니라 전체 기관 및 직원들과 친숙해질 수 있는 계기의 마련이 중요하다.

자원봉사자들은 해당 지역사회에서도 최선의 기관 대변인이 될 수 있기 때문에 기관에 관한 모든 정보가 전달되어야 한다. 다음에는 자원봉사자들은 배정받은 일정한 업무를 수행하기 위해 지속적으로 교육 및 훈련을 받아야 한다.

훈련이라는 용어는 특정한 그리고 제한된 학습 상황을 의미하는 것 같지만, 사실은 자원봉사자 개개인 그리고 기관의 잠재력 실현을 증진시킬 수 있게 도와줄 수 있는 모든 노력을 포함하는 개념이다. 즉, 행동과학자들이 말하는 인간자원개발(Human Resource Development)이란 개인이 자기 자신, 집단, 지역사회, 사회 그리고 보다 큰 문화체계 내에서 효과적인 자원으로 기능할 수 있는 인간을 형성하기 위한 광범위한 발달 과정에 초점을 두는 것이다.

따라서 훈련을 통해서 이루어지는 학습은 매우 복잡한 과정으로서 첫째는 우선 각 개인의 내부에서의 변화가 정신, 태도, 감정, 가치관 그리고 흥미의 다양한 차원에서 이루어져야 하며, 둘째는 이러한 변화들이 행동으로 표현되는 것이 이상적이라고 할 수 있다. 자원봉사자와 직원을 훈련시키는 가장 큰 목적은 그들의 업무수행 또는 성과를 증진시키는 것으로서, 각자의 업무의 특성 및 요구에 따라서 단기훈련이냐 단순한 훈련이냐가 결정될 수 있다. 여하튼 훈련이 계속적으로 이루어져야 하는 것은 기관의 의무이며 자원봉사자의 관리라는 사실이 명확히 되어야 한다.

또한 훈련은 정보 및 지식 제공의 차원과 실천적 기술 및 능력이 습득되는 실습 차원의 결합에 의해 이루어져야 한다. 자원봉사자 훈련은 첫째, 특정한 업무를 시작하기 전에 기관의 목적, 정책, 구조, 절차 그리고 클라이언트에 대한 이해를 증진시키고 오리엔테이션 또는 사전훈련, 둘째, 특정한 업무에 대한 이해를 도와주는 준비훈련(강의 및 관찰), 셋째, 현직에서 업무수행에 필요한 지식 및 기술을 습득하게 하는 현직훈련(On-the job Training), 넷째, 각 개인의 최대한의 잠재력 개발과 실현을 도와줄 수 있는 계속교육 및 훈련 등으로 구분된다.

대부분 기관들은 자원봉사자들의 훈련을 위해 주로 기관 내에서의 세미나, 워크숍, 교육과정 또는 현직훈련 등에의 참석을 통해 이루어지는 공식적인 학습과정을 마련하고 있다. 따라서 자원봉사자들의 배치 면접 시에 기관의 공식적인 훈련활동에 참여해야 하는 요구 또는 기대가 전달되어 자원봉사자들에게 인식되어야 한다. 자원봉사 프로그램의 효과와 성공을 위해서는 자원봉사자뿐만 아니라 직원들에 대한 훈련도 동시에 이루어져야 한다.

만약에 정규직원들에게 제공되는 훈련의 주제가 자원봉사자들의 업무와 관련이 있다면, 여기에 자원봉사자들도 직접 참여할 수 있어야 한다. 즉, 직원과 자원봉사자가 함께 훈련받는 기회가 필요하다. 따라서 훈련 상황은 자원봉사자훈련, 자원봉사자와 효과적으로 일할 수 있게 도와주는 직원훈련, 직원과 자원봉사자의 팀워크훈련, 그리고 자원봉사자와 직원의 자기개발 훈련 등으로 분류될 수 있다.

(2) 지도감독(Supervision)

자원봉사자들도 직원들과 마찬가지로 기관 내의 모든 상황을 파악할 수 있으며, 어떤 일들이 행해져야 하는가를 알 수 있는 지위에 있는 직원으로부터 지지받기를 요구한다. 따라서 자원봉사자의 관리에 있어서 가장 중요한 점은 그들이 활동하는 동안 책임을 함께 나눌 수 있는 직원에게 접근할 수 있는 통로를 열어주는 것이다.

많은 기관들이 공식적인 훈련을 실시한 후에는 자원봉사자들을 방치하거나 또는 획일적으로 관리하는 사례들을 볼 수 있으며 이는 심각한 문제를 야기할 수 있다. 즉 관리자가 기관의 목적과 욕구는 잘 관리하지만 자원봉사자 개개인의 목적과 욕구는 잘 모르거나 무관심하기 쉽다. 이는 클라이언트는 물론 직원들과의 갈등이나 문제를 일으키는 원인이 될 수 있다. 결국 자원봉사자는 자신의 일은 주의를 기울일 가치도

없는 일이라는 인상을 받게 되어 중도탈락으로 귀결될 수 있다.

좋은 지도감독의 첫째 조건은 각 자원봉사자를 책임지고 지도할 수 있는 직원을 지정하는 것이며 이는 업무분장에도 명시해야 한다. 따라서 지도감독을 맡은 직원은 자원봉사자의 업무수행의 활성화를 위해 시간과 정력을 바쳐야 할 필요성을 최대한 이해하고 이를 실천에 옮겨야 한다. 물론 비교적 단순한 업무를 맡은 자원봉사자와 고도의 책임과 기술을 요구하는 업무를 감당해야 하는 자원봉사자의 지도감독에는 양적 그리고 질적인 차이가 있겠으나 역시 지도감독은 공통적으로 실시해야 한다.

효과적인 지도감독을 위해서는 첫째, 업무에 관해서는 완벽한 지시를 하고 어떤 질문에도 응답할 준비를 해야 하며, 둘째, 기관이 기대하는 것을 명확히 전달해야 하며, 셋째, 자원봉사자의 활동에 인정과 감사를 표시하며, 넷째, 부적절한 행동은 바로 볼 수 있게 도와주고, 다섯째, 자원봉사자의 욕구 동기를 충족시키는 데 융통성을 발휘하여야 한다.

(3) 인정과 보상

자원봉사 프로그램의 가장 큰 과제는 자원봉사자들이 계속 행복하게 느끼면서 자원봉사활동을 지속적으로 전개할 수 있도록 도와주는 것이다. 이를 위해 활용되는 것이 '인정과 보상'으로서 자원봉사자들의 지속성을 보장하는 유일한 수단은 아닐지라도 자원봉사자들이 봉사의 경험에서 만족감을 느끼고 기관에 머무르도록 격려하고 자극하는 중요한 매개체의 역할을 한다.

대부분의 경우 인정활동은 자원봉사자들의 서비스 활동에 대한 감사를 표시하는 데 사용하는 '화폐'와 같은 역할을 하며 이는 자원봉사 프로그램 성공에 중요한 요인으로 작용하는 것으로 나타났다. 이러한 인정과 감사는 지속적인 바탕에서 전달되어야 하며 자원봉사자들에게 주어지는 관심과 배려는 아주 작은 방법으로 큰 노력 없이 주어지지만 자원봉사자 개개인에게는 커다란 의미로 느껴진다. 어떤 경우에는 이름표 또는 근무 중에 입는 유니폼이 자원봉사자들로 하여금 자신의 지위에 따라 감각과 기관의 구성원이라는 느낌을 갖게 할 수도 있다.

따라서 자신들은 기관 내에서 가치 있는 존재이고 수용되고 있다는 자부심을 갖게 한다. 인정과 보상이라 함은 그 의미에 있어서 정신적 또는 물질적, 독창적 그리고 구체적인 요소들을 모두 포함할 수 있다. 이와 같은 인정과 보상은 근래에 와서 자원봉사 상황에서 매우 공개적으로 다루어지고 있는바 자원봉사자 입장에서는 기대(Expectation) 또는 이득(Benefit)으로 표현되고 있다.

그러나 조심해야 될 사항은 인정과 보상에 경제적 의미가 전제되어야 한다는 주장은 옳지 않다는 것이다. 실제로 대부분의 자원봉사자들은 자신들의 활동의 대가로서 경제적 보상이 아닌 사회적 기여나 자아개발을 도모함으로써 사회 심리적 보상을 선호하고 있는 것으로 나타나고 있다. 따라서 자원봉사자를 활용하는 기관에서는 그들의 봉사를 얻는 대신에 손쉽고 직접적인 경제적 보상을 제공하기보다는 그들에게 지식, 경험, 기술 등을 제공하여 사회 심리적 욕구가 충족되도록 하는 것이 더욱 중요하다.

그러나 현재 한국의 상황에서는 인정과 보상 실시에 많은 문제점을 나타내고 있으며, 특히 경제적 또는 물질적 보상을 점차 증가시켜서 자원봉사 경험이 가져다 주는 가장 소중한 이득인 이타성을 양육할 수 있는 기회를 박탈하는 현상을 노출하고 있다. 인간의 본능적 욕구로서의 이타성을 개개인의 자아실현의 목적 달성은 물론 사회적으로는 진정한 사회복지의 실현에 필요불가결한 요소라고 할 수 있다.

물론 미국 같은 경우에도 클라이언트들의 자원봉사 참여가 증가하면서 경제적 보상이 대두되는 현상을 보이고 있으나, 기본 전제는 봉사업무, 즉 일에 대한 보상이라는 의미는 철저히 배제하면서 그들의 실질적인 복지적 요구에 대한 배려 또는 업무수행의 효율성 및 효과와 관련해서 실시되고 있다.

미국의 기관들에서 실시되고 있는 인정과 보상은 공식적인 것과 비공식적인 것으로 구분될 수 있다. 공식적인 것들은 배지나 핀, 일정기간 근무 후에 주는 증서 또는 감사장, 연례만찬 또는 파티나 식사에의 초대, 시상, 표창, 기관의 소식지에 게재, 장기근속 표창 등을 들 수 있고, 비공식적인 것들로는 매일 매일의 지지와 감사의 표현, 보다 중요한 책임부여(신임회원 훈련에의 참여, 기관을 대표한 지역사회 연설), 직원회의에의 참여 허용, 기관 야유회 초대, 그리고 기관에의 소속감을 고취하기 위한 직원증 발급, 개인 사물함 설치 등을 들 수 있다.

그러나 인정과 보상의 전달에는 각 개인의 자원봉사 동기 및 욕구가 가장 우선적으로 고려되어야 한다. 따라서 자원봉사자들을 개별화하여 의미 있는 보상을 실시하는 것이 관리자의 중요한 임무이다. 예를 들어서 성취지향의 동기가 강한 자원봉사자에게는 더욱 책임 있고 중요한 업무의 부여(승진)가 고려될 수 있고, 권력지향 욕구가 강한 사람을 새로운 직책의 부여 또는 다른 자원봉사자들을 지도할 수 있는 지위를 제공하는 등의 배려를 할 수 있다.

Chapter 10

자원봉사센터의 설치

1. 자원봉사센터의 개념

지역사회주민이 지역사회복지에서 주체적 역할을 수행하기 위한 가장 보편적인 방법이 바로 자원봉사활동이다. 지역사회복지에서 자원봉사는 지역사회주민의 참여를 통한 지역공동체 형성을 위해 활성화된 것으로, 지역사회주민이 지역사회의 문제해결과 시민으로서의 의무이행에 참여할 수 있는 구체화된 방법이다. 이러한 지역사회주민의 자원봉사활동을 체계적으로 통합하고 활성화하기 위해서 설치·운영되고 있는 것이 자원봉사센터이다. 그동안 자원봉사센터는 자원봉사활동의 수요와 공급의 상호 조정역할을 수행하고 지역사회 자원봉사활동의 활성화를 위하여 많은 공헌을 해 오고 있다.

자원봉사센터의 설치는 자원봉사자를 필요로 하는 기관 및 시설과 지역사회에서 자원봉사를 하고 싶어도 어디서, 무엇을, 어떻게 해야 하는지 잘 모르는 개인, 양자의 욕구가 있을 때 서로를 연결시키는 것으로부터 시작되었다(이강현, 1997). 2006년 2월 5일부터 시행된 「자원봉사활동기본법」 제3조에서는 "자원봉사센터라 함은 자원봉사활동 개발·장려·연계·협력 등의 사업을 수행하기 위하여 법령과 조례 등에 의하여 설치된 기관·법인·단체 등을 말한다."고 정의하고 있다.

「자원봉사활동기본법」 제19조에서는 국가기관 및 지방자치단체는 자원봉사센터를 설치하고, 국가는 자원봉사센터의 설치·운영이 활성화될 수 있도록 적극 노력하여야 하며, 지방자치단체는 자원봉사센터의 운영에 필요한 경비를 지원할 수 있도록 하고 있다. 이는 곧 국가와 지방자치단체의 적극적 뒷받침으로 자원봉사활동이 시민운동으로 정착될 수 있는 계기를 마련하였으며 그 중심에는 자원봉사센터가 있음을 의미한다(김범수 외, 2015).

그러나 자원봉사센터는 자원봉사센터 간의 기능중복, 자원봉사자의 모집과 배치업무에만 치중하게 되는 자원봉사센터 역할의 모호성, 비효과적 자원봉사관리, 자원봉사자를 개발, 육성, 유지하고 자원봉사활동을 효과적, 조직적으로 관리·조정할 전문가의 미배치, 자원봉사센터 간 상호 협력관계 부족으로 인한 센터업무의 중복, 효율성 저하 등으로 자원봉사센터가 본래의 역할을 충분히 수행하지 못하고 있다는 점 등이 문제점으로 지적되고 있다. 따라서 자원봉사센터가 자원봉사활동의 활성화와 지역사회복지증진을 위한 역할을 수행하기 위해서는 자원봉사센터가 기능과 역할을 정립하고 현재 제기된 문제점을 개선하려는 노력이 필요하다(박태영 외, 2015).

2. 자원봉사센터의 기능과 역할

1) 자원봉사센터의 기능

자원봉사센터의 기능은 연구 학자들의 관점에 따라서 다양하게 제시되고 있다. 여기서는 지금까지 연구에서 제시하고 있는 자원봉사센터의 기능을 살펴본 후, 적절한 자원봉사센터의 기능을 설정하고자 한다.

김성이(1996)는 자원봉사센터의 기능을 ① 조사·연구, ② 지역사회 발전기획과 프로그램 개발, ③ 모집과 배치, ④ 상담과 교육·훈련, ⑤ 홍보 및 홍보자료의 개발·보급, ⑥ 인정, ⑦ 자료와 정보제공, ⑧ 대변, ⑨ 집회장의 대여와 기구·자재의 대여 및 재정 지원, ⑩ 자원봉사활동 중에 일어나기 쉬운 사고에 대한 보장기능, ⑪ 국내·외 교류기능으로 설정하고 있다. 이 연구에서 자원봉사센터의 기능을 지역자원봉사활동센터의 자원봉사활동관리과정에 해당되는 기능 외에 자원봉사활동의 지원과 관련된 사고에 대한 보장기능과 국내·외 교류기능, 재정지원 기능 등 제도적 지원, 전국자원봉사센터의 기능도 포함되어 있다.

그리고 한국여성개발원(1994)에서는 자원봉사센터의 기능을 ① 자원봉사자 및 활용기관 모집, ② 자원봉사자 교육 및 훈련, ③ 자원봉사활동자 수급조정, ④ 홍보 및 정보의 제공, ⑤ 조사·연구, ⑥ 자원봉사활동의 기반정비, ⑦ 자원봉사자 집단의 육성·조직 등 일곱 가지 기능으로 설명한다. 자원봉사센터의 기능을 자원봉사자를 대상으로 하는 관리기능뿐 아니라 자원활용수요기관을 대상으로 하는 관리기능도 센터의 주요 기능으로 보고 있는 것이 특징이다.

박태영(1996)은 자원봉사센터의 기능을 ① 수급조정, ② 기록·등록, ③ 자원봉사활동의 지원, ④ 양성·연수, ⑤ 홍보·계발, ⑥ 네트워크화, ⑦ 조사·연구 등 일곱 가지로 분류하고 있다. 자원봉사센터에서 기관업무를 위해서 자원봉사자의 역할이 중요하다면, 자원봉사자들이 무엇을 했는지를 아는 것 또한 중요하다. 이러한 문서화된 자료는 모집, 훈련, 인정 그리고 예산계획을 세우는 데 있어서 많은 도움이 되므로 기록·등록의 기능도 센터의 주요 기능으로 보고 있는 것이 특징이다.

이상에서 제시하는 자원봉사센터의 기능분류에서 공통적 요소는 지역사회주민으로 하여금 자원봉사활동에 적극적으로 참여하도록 하는 것으로 모집기능, 배치기능, 교육·훈련기능, 프로그램 개발 기능, 홍보 및 정보제공기능, 인정과 보상기능 등이다. 또한 자원봉사센터의 조직화된 자원봉사활동을 위해서는 각 센터와 지역사회조직 간의 교류 및 연계망의 구축이 필요하고 부가적으로 기록·등록기능은 문서화된 자료를 통해서 자원봉사자의 역할을 인정하고 자원봉사자 모집, 훈련, 인정 그리고 계획을 세우는 데 많은 도움을 주고 있다.

따라서 자원봉사센터의 기능은 첫째, 수급조절, 둘째, 기록·등록, 셋째, 자원봉사활동의 지원, 넷째, 양성·연수, 다섯째, 홍보·계발, 여섯째, 네트워크화, 일곱째, 조사·연구 등 일곱 가지로 설정할 수 있다. 자원봉사센터의 일곱 가지 기능을 구체적으로 살펴보면 다음과 같다(박태영 외, 2015).

(1) 수급조절

자원봉사활동 담당자의 주축이 되는 직무이다. 간단하게 말하면 자원봉사활동을 희망하는 사람(단체 등)에게 활동을 소개하고, 또한 자원봉사자가 도와주었으면 하는 사람(시설, 단체 등)에게 자원봉사자를 소개하는 일이다. 하지만 수급조절을 위한 담당자의 역할은 다양하며, 각각의 상대에 따른 적절한 대응이 요구되는 기능이다.

(2) 기록 · 등록

기록 · 등록은 원활한 수급조정을 위하여 자원봉사자나 자원봉사활동집단의 희망이나 활동에 관한 내용, 클라이언트에 대한 희망내용, 사회자원 등을 파악하고, 문제해결을 위한 방법을 찾고, 적절한 상담 및 원조방법을 검토하는 기능이다. 또한 담당자의 업무가 적절히 인수 · 인계되는 데 있어 필수기능이다.

(3) 자원봉사활동의 지원

자원봉사활동의 지원은 자원봉사자나 자원봉사활동집단이 효과적으로 활동할 수 있도록 자원봉사활동과정에서 생기는 고민의 상담, 기자재나 자료의 대여, 정보제공, 더 나아가 자원봉사자 보험의 가입추진 등의 다양한 지원을 하는 기능이다.

(4) 양성 · 연수

양성 · 연수는 자원봉사활동을 원활히 수행하기 위해 자원봉사자의 의식과 인간성을 높이는 기술을 연마할 수 있도록 하는 기능이다. 양성 · 연수기능이 적절히 제공되기 위해서는 자원봉사활동센터가 직접 실시하는 것뿐만 아니라 다른 기관, 단체에서 실시하고 있는 프로그램을 활용할 수 있어야 한다.

(5) 홍보 · 계발

홍보 · 계발은 자원봉사자의 활동을 확인 · 정리하고, 자원봉사활동의 방향성을 제시하고, 보다 많은 사람에게 자원봉사활동을 이해시키기 위한 기능이다. 특히 근래에 와서 홍보 · 계발기능은 살기 좋은 마을 만들기를 추진하는 데 있어서 주민에 대한 복지교육 차원에서 점점 중요하게 여기고 있는 기능이다.

(6) 네트워크화

네트워크화는 수급조정을 하는 가운데에서 파악한 욕구에 대하여 필요한 자원봉사활동을 선구적으로 만들어 내어 육성하고 지역 단위의 자원봉사활동을 네트워크화해 나가는 기능이다. 또한 다양한 교류를 통하여 자원봉사활동이 효과적으로 추진되도록 협동체제를 만들어 가는 기능도 포함되어 있다.

(7) 조사 · 연구

조사 · 연구는 지역사회에서 자원봉사활동을 더욱 원활하고 효과적으로 추진하기 위하여 알려지지 않은 욕구나 자원봉사활동을 하려는 인재를 발굴하고, 활동내용을 발전시키기 위해서 수행되는 기능이다. 그러나 조사 · 연구를 실시하기 위해서는 담당자가 모든 일을 하는 것이 아니라 사회복지협의회의 전문가, 지역사회의 자원봉사자, 관계기관과 협력 및 분담하여 추진할 필요가 있다.

2) 자원봉사센터의 역할

자원봉사센터의 역할을 살펴보는 방법으로서 자원봉사센터의 자원봉사 담당자 업무를 중심으로 자원봉사센터의 업무를 파악해 볼 수 있다. 자원봉사 담당자의 업무는 과정 중심 업무와 기능 중심 업무로 나누어서 볼 수 있는데, 이 중 자원봉사 담당자의 기능 중심 업무가 지역사회 자원봉사활동의 인프라 시설로 설치된 자원봉사센터의 본연적 기능에 더 적합하므로 기능 중심으로 자원봉사센터의 역할을 정리해 보고자 한다.

자원봉사센터의 기능을 중심으로 하는 자원봉사센터의 역할은 ① 수급, ② 안내(상담), ③ 기록 및 등록, ④ 기자재 · 장소대여, ⑤ 인정 및 보상, ⑥ 상담 · 조언, ⑦ 육성 · 조직, ⑧ 교육 · 훈련, ⑨ 연수, ⑩ 홍보, ⑪ 계발, ⑫ 연계망 구축, ⑬ 교류, ⑭ 조사 · 연구, ⑮ 프로그램 개발로 설명될 수 있다. 이를 정리하면 〈표 10-1〉과 같다.

〈표 10-1〉 자원봉사센터의 기능과 역할 분류

<table>
<tr><th>기능</th><th>역할</th><th>업무</th></tr>
<tr><td rowspan="2">수급・조정</td><td>수급</td><td>모집, 상담, 연결, 관리배치</td></tr>
<tr><td>안내(상담)</td><td>자원봉사활동(프로그램)에 대한 상담</td></tr>
<tr><td>기록・등록</td><td>기록 및 등록</td><td>활동기록작성(활동카드, 상담카드 작성)
등록카드작성(등록카드, 욕구카드 작성)</td></tr>
<tr><td rowspan="4">자원봉사활동 지원</td><td>기자재・장소대여</td><td>회의장・기자재 제공
자원봉사활동에 대한 각종 지원금 소개・절차의 안내
자원봉사활동을 위한 기금조성</td></tr>
<tr><td>인정 및 보상</td><td>자원봉사자 보험가입
자원봉사활동 인정서・수첩 발급, 자원봉사자 표창</td></tr>
<tr><td>상담・조언</td><td>자원봉사활동에 관한 상담・정보제공
자원봉사활동에 관한 자료의 안내・제공・대출</td></tr>
<tr><td>육성・조직</td><td>자원봉사자 소집단활동 지원, 전산 프로그램 설치</td></tr>
<tr><td rowspan="2">양성・연수</td><td>교육・훈련</td><td>자원봉사자 오리엔테이션 및 재교육
자원봉사자 스쿨, 워크숍</td></tr>
<tr><td>연수</td><td>자원봉사 담당자 교육・훈련</td></tr>
<tr><td rowspan="2">홍보・계발</td><td>홍보</td><td>홍보지・포스터 발행, 자원봉사신문 발행, 사례집 발간</td></tr>
<tr><td>계발</td><td>자원봉사캠페인 실시, 자원봉사체험학교</td></tr>
<tr><td rowspan="2">네트워크화</td><td>연계망 구축</td><td>자원봉사단체 간의 협의체 구성</td></tr>
<tr><td>교류</td><td>자원봉사자, 자원봉사활동집단, 관계기관・단체, 담당자 간 교류
지역연대사업(지역 내 공동의 자원봉사자 대회 참가)</td></tr>
<tr><td rowspan="2">조사・연구</td><td>조사・연구</td><td>욕구, 지역조사 등</td></tr>
<tr><td>프로그램 개발</td><td>조사・연구를 통한 프로그램 개발</td></tr>
</table>

2006년 2월 6일 공포된 이후 2014년 11월 19일 일부개정된 자원봉사활동기본법 시행령 (대통령령 제 25751호) 제15조에서 제시한 특별시 광역자치단체 및 시・군・구 자원봉사센터의 구체적 역할과 기능은 〈표 10-2〉와 같다.

〈표 10-2〉 특별시 · 광역자치단체 및 시 · 군 · 구 자원봉사센터의 역할 및 기능 비교

특별시 및 광역시 · 도 자원봉사센터의 기능	시 · 군 · 구 자원봉사센터의 기능
① 특별시 및 광역시 · 도 지역의 기관 · 단체와 상시 협력체계 구축 ② 자원봉사관리자 및 지도자의 교육 · 훈련 ③ 자원봉사 프로그램의 개발 및 보급 ④ 자원봉사 조사 · 연구 ⑤ 자원봉사 정보자료실 운영 ⑥ 시 · 군 · 자치구 자원봉사센터 간의 정보 및 사업의 협력 · 조정 · 지원 ⑦ 그 밖에 특별시, 광역시 · 도 지역의 자원봉사 진흥에 기여할 수 있는 사업	① 시 · 군 · 자치구 지역의 기관 · 단체와 상시 협력체계 구축 ② 자원봉사자 모집 및 교육 · 홍보 ③ 자원봉사 수요기관 및 단체에 자원봉사자 배치 ④ 자원봉사 프로그램의 개발 · 보급 및 시범운영 ⑤ 자원봉사 관련 정보의 수집 및 제공 ⑥ 그 밖에 시 · 군 · 자치구 지역의 자원봉사 진흥에 기여할 수 있는 사업

출처: 법제처(2014).

일반적으로 자원봉사센터의 역할은 다음과 같이 요약할 수 있다(임명옥, 2005).

첫째, 자원봉사활동참여의 동기를 부여한다. 자원봉사활동에 참여하기 전에 모든 인간은 특정한 욕구를 갖게 되는데 자원봉사센터에서는 지역사회주민의 이와 같은 특정한 욕구에 대한 동기를 부여하기 위하여 그들에 대한 홍보활동을 강화하여야 한다. 즉, 일반주민을 대상으로 하는 자원봉사활동에 대한 교육을 실시하고, 성공적인 자원봉사활동사례를 소개하며, 자원봉사가 필요한 지역 실정에 대한 자세한 정보를 제공함으로써 지역사회주민의 자원봉사활동에의 참여를 유도하여야 한다. 또한 자원봉사활동참여자에 대한 사회적 인정 · 보상제도를 실시하여 지속적 활동에 대한 동기를 부여하여야 한다.

둘째, 자원봉사관리 및 수요 발견으로 자원봉사활동을 희망하는 사람과 자원봉사자를 필요로 하는 사람(기관)을 모집하고 자원봉사자 및 활용기관에 대한 상담과 교육 · 훈련을 제공하여 효율적 프로그램을 실행하도록 한다. 또한 자원봉사자를 수요처에 배치하고 활동이 이루어질 수 있도록 하여야 한다. 또한 자원봉사센터는 지역사회 내의 각종 복지시설, 기관 및 단체, 도움이 필요한 개인 등 자원봉사에 대한 수요를 명확히 파악하기 위하여 지역사회 중심의 조사 · 연구를 행한다. 조사 · 연구활동

의 내용은 자원봉사활동의 수요처 개발을 위한 정기적 조사, 자원봉사자의 욕구파악을 위한 조사, 자원봉사활동의 현상파악을 위한 조사 등이 있다. 또한 지역사회 내의 심각한 사회문제나 현안문제를 중심으로 프로그램을 개발하여 지역사회발전을 통합적이고 체계적으로 수행한다. 이와 같이 자원봉사센터는 지역사회주민의 욕구를 측정하여 가장 필요한 프로그램을 개발하여 수행할 수 있도록 추진하여야 한다.

셋째, 자원봉사 소집단 육성 및 정보제공으로 자원봉사센터는 동일 분야에서 활동하고 있는 자원봉사자나 교육을 받고 있는 자원봉사자를 대상으로 소집단을 구성하도록 하고, 소집단의 지도자를 선정하여 지속적 활동이 이루어질 수 있도록 지도·육성한다. 소집단 육성의 목적은 소집단 과정을 통하여 자아실현을 경험하게 하고 조직에의 소속감을 통하여 지속적 활동을 함으로써 지역사회발전을 위해 복지공동체를 구현하려는 데 있다. 또한 자원봉사센터는 지역사회 내의 자원봉사활동 관련 자료와 정보를 제공해야 한다. 자원봉사 관련 자료들을 자원봉사활동단체나 개인에게 대출해 주며 다양한 정보도 수집하여 제공한다. 그리고 자원봉사활동에 필요한 시설과 기구를 대여해 주어야 하고 자원봉사자들이 자유로이 이용할 수 있는 장소도 확보하여 주어야 한다.

넷째, 효과적 자원봉사 프로그램을 관리한다. 자원봉사센터는 비영리단체의 운영을 강화시키기 위하여 자원봉사자를 효과적으로 관리하는 데 중점을 두어 프로그램을 실시한다.

다섯째, 기금마련을 지원하는 역할을 한다. 자원봉사활동에는 기관이나 시설에서 직접 봉사활동을 하는 경우도 있지만, 직접적 활동을 하지 않으나 재정적 지원을 하고자 하는 사람들도 많다. 이는 이전에 활동을 하지 않던 사람들도 자원봉사에 참여하는 것, 즉 자원봉사를 활성화하는 것으로 지역사회의 기금모금을 통하여 지역사회를 더욱 발전시킬 수 있다(김범수 외, 2015).

3. 자원봉사센터의 운영체계 및 현황

1) 운영체계

한국에서 자원봉사를 관리하고 조정하는 역할을 담당하고 있는 기구는 중앙 차원에선 행정안전부, 보건복지부, 문화체육관광부, 여성가족부 등이다. 최근까지 보건복지부가 자원봉사업무를 담당한 주무부처의 역할을 했으나, 자원봉사활동 영역이 확대되고 행정안전부 법안으로 「자원봉사활동기본법」이 제정됨에 따라 주무부처가 보건복지부에서 행정안전부로 변경되었다.

각 중앙부처에서는 개별적으로 자원봉사센터나 자원봉사업무 담당부서를 두고 자원봉사활동을 행정적으로 지원하고 있다. 각 부처 산하의 자원봉사 담당과는 중앙에 있고, 시·군·구청 단위에서는 해당 부처 소속의 자원봉사업무와 관련이 있는 여러 개의 부서가 자원봉사를 담당하고 있다. 지방의 경우 담당부서로는 사회과, 사회복지과, 주민생활지원과, 사회진흥과, 가정복지과, 청소년과 등이 있고, 일부 지방자치단체의 경우만 자원봉사 담당 또는 과를 두고 있다.

정부부처별 자원봉사센터의 현황은 다음과 같이 요약할 수 있다.

첫째, 행정안전부의 경우 전국적으로 시·군·구 단위에서 250개소가 설치·운영되고 있다. 행정안전부가 지난 1996년 「지역종합자원봉사센터 설치·운영지침」을 마련하고 전국의 광역시·도 및 시·군·구 단위에서 설치하는 것을 기본목표로 정부전달체계로 추진하여 왔으며 지침 및 조례에 근거하여 설치되어 있다.

둘째, 보건복지부의 경우 전국적으로 광역시·도 단위에서 17개소가 설치·운영되고 있다. 각 시·도 사업복지협의회 부설로 지난 1994년 사회봉사안내소를 '자원봉사정보안내센터'로 개칭하고 기능을 정립하여 민간 전달체계로 추진하여 왔다. 「사회복지사업법」 제9조에 근거하여 설치되어 있다.

셋째, 문화체육관광부의 경우 전국적으로 광역시·도 단위에서 17개소가 설치·운영되고 있다. 1996년 "청소년자원봉사센터 설치·운영지원계획" 및 1997년 「청소년

기본법 시행령」 제4조에 의한 정부 전달체계로 추진하여 왔다. 2005년부터는 「청소년활동진흥법 시행령」 제33조에 근거하여 설치되어 있다.

넷째, 여성가족부의 경우 전국적으로 시·군·구 단위에서 157개소가 설치·운영되고 있다. 지난 1995년 「여성발전기본법」에 근거하여 각 시·군·구별로 정부 전달체계로 추진하여 왔으며, 조직과 구조가 없이 담당공무원이 다른 업무와 병행하여 추진하여 왔다. 「자원봉사활동기본법」 제정 이후 일부 시·군·구 단위에서는 지역종합자원봉사센터에 통합·흡수되는 경향으로 나타나고 있다. 2003년부터는 「여성발전기본법 시행령」 제28조에 근거하여 설치되어 있다.

2005년은 자원봉사계의 숙원이었던 「자원봉사활동기본법」을 제정하여 국민의 자원봉사활동진흥을 위해 국가와 지방자치단체가 그 책무를 다하도록 하였고, 자원봉사활동 도중에 발생할 수 있는 안전사고에 대비하여 보험 등에 가입하도록 하는 등 자원봉사활동의 진흥을 위한 토대를 마련함으로써 한국 자원봉사의 역사에 한 획을 긋는 계기가 되었다(김범수 외, 2015).

자원봉사센터의 운영형태는 설립주체에 따라 민립형과 관립형으로 나눌 수 있으며, 자원봉사센터를 운영하는 주체가 민간단체냐 지방자치단체냐에 따라 민영형과 관영형 그리고 공영형으로 나눌 수 있다. 이러한 자원봉사센터의 운영형태를 완전직영형, 혼합직영형, 위탁운영형, 독립법인형으로 세분할 수 있다. 분류요건 및 각각의 장·단점을 살펴보면 〈표 10-3〉과 같다.

행정안전부의 자원봉사센터조직 및 운영체계를 살펴보면, 전국의 자원봉사센터는 246개소이며 운영형태로는 직영이 145개소, 위탁이 63개소, 법인이 38개소로 각각 나타났고, 센터별 운영형태는 순수직영이 29%, 혼합형이 30%, 위탁이 26%, 법인이 15%이다(행정안전부, 2015).

〈표 10-3〉 자원봉사센터의 운영형태 및 장·단점

운영형태	분류요건	장점	단점	실무자 신분
완전 직영형	운영주체가 지방자치단체며 지방자치단체 내부 조직에 센터조직이 포함되어 있음. 직원은 모두 공무원이며 소장은 지방자치단체장 또는 없는 경우도 있음	· 신속한 대응력과 추진력 · 신뢰성 · 공공성 · 자원동원력 · 재정적 안정성	· 자율성 침해와 중립성 한계 · 획일성과 자원봉사자 동원 대상자 · 유연성 및 일관성 부족 · 전문성 결핍	① 공무원 ② 계약직 공무원
혼합 직영형	운영주체는 지방자치단체이나 실제 운영조직은 별도의 조직임. 직원은 모두 민간인이며 소장은 상근·비상근 민간인이 맡고 있음. 공무원 파견이 가능함.	· 민·관 협동체계의 시너지 효과 · 재정적 안정성 · 사업추진력	· 공무원의 간섭으로 자율성 위축 · 관련 단체 오해로 인한 중립성 침해 · 민간지위 약세로 인한 전문성 위축	① 공무원+민간인 ② 민간인
위탁 운영형	운영주체가 법인, 민간단체, 협의회 등이며 직원은 모두 민간인. 소장은 각 단체 대표가 겸직	· 자율성 · 전문성 · 탄력적 운영	· 예산 불안정 · 위탁제도 자체의 한계 · 운영단체의 자기 편중성 · 위탁단체의 역량미흡 · 정치적 중립성 훼손 · 직원의 낮은 처우 및 신분 불안정 · 경쟁단체의 비협조 · 낮은 공공성 이미지	민간인
독립 법인형	자원봉사센터 자체가 법인이며 센터직원은 모두 민간인이고, 소장은 법인대표가 겸직하거나 상근·비상근 민간인이 맡고 있음. 공무원 파견이 가능	· 민·관의 행정적 결합 · 고유성 · 자율성 · 전문성 · 신분 안정	· 재정부담 · 자율성 위축 · 인사권 제약	① 민간인 ② 민간인+공무원

출처: 서울특별시 자원봉사센터(2006).

향후 자원봉사센터가 새롭게 운영되기 위한 성공조건은 민·관의 유기적 연계를 통해 기존 자원봉사단체·기관과 경쟁자로서가 아니라 동반자 및 협조자로서 파트너십 관계를 유지하는 것이다. 그러기 위해서는 자원봉사센터 운영위원회에 관련 공무원뿐만 아니라 민간의 자원봉사단체 대표, 수요처 대표를 당연직 회원으로 참여시켜 민간 및 공공의 수평적 연계체제를 강화하며 기존 자원봉사단체의 독립성과 자율성을 보장해야 한다.

2) 운영현황

자원봉사센터는 설립주체와 목적에 따라 운영형태에 있어 상당한 차이가 있으나 자원봉사활동의 수요와 공급의 측면에서 수요자 중심의 자원봉사센터, 공급자 중심의 자원봉사센터, 그리고 수요와 공급을 적절히 조정하고 자원봉사센터 간의 효율적 연계역할을 수행하는 조정자 중심의 자원봉사센터로 구분해 볼 수 있다.

수요자 중심의 자원봉사센터는 자원봉사를 직접 활용하고 있는 사회복지서비스기관으로 종합사회복지관, 재가복지봉사센터, 사회복지 관련 시설, 병원 의료사회사업실, 상담기관, 시민사회단체(NGO, NPO, 환경단체) 등을 들 수 있다.

공급자 중심의 자원봉사센터는 민간형태의 비사회사업적 영역에서 기관 본연의 목적을 수행하기 위해 자원봉사를 활용하고 있는 기관이다. 종류로는 교육기관(대학, 중·고교 사회봉사단), 기업, 종교사회봉사 등이 있다(박태영 외, 2015).

(1) 지역자원봉사센터

지역자원봉사센터는 '○○구 자원봉사센터'란 명칭으로 행정안전부가 설치·운영하고 있다. 이 센터는 「자원봉사활동기본법」 및 지방자치단체 조례에 따라 각 지역 자원봉사자의 수요와 공급을 조정하기 위해 광역시·도에 16개소, 시·군·구에 232개소가 있다. 자원봉사센터는 1996년부터 전국 자치단체당 1개소 설치를 목표로 추진되어 7년에 걸쳐 전국의 시·군·구에 설치가 완료되었다.

각 지역 자원봉사센터는 자원봉사자 상담, 모집, 훈련, 프로그램 개발, 감독, 평가에 이르기까지 지역자원봉사활동의 모든 부분에 관여하면서 지역사회 시민단체와 자원봉사자의 유기적 관계를 형성한다. 전문인력은 대도시가 5~7명, 농촌지역이

1~2명 정도로 센터당 평균 3명 정도의 인력이 배치되어 있으나 실제로 한 센터가 얼마나 많은 업무를 수행하는지는 자치단체의 지원 정도와 직원의 자질, 노력에 따라 차이를 보이고 있다.

지역자원봉사센터는 민간의 자발성이 강조되는 자원봉사 영역에서 관영센터가 많은 수를 차지하고 있다는 비판과 최저한의 직원배치로 인한 형식적 운영 가능성, 그리고 부족한 예산배정 등의 문제가 제기되었고, 또한 지역 관련 단체와의 연계·협력 과정에서도 미비함이 제기되고 있다. 따라서 이 자원봉사센터가 자원봉사활동을 활성화하고 자원봉사 영역의 전문화, 지역공동체 활성화라는 설립목적을 달성하기 위해서는 운용체계의 개선과 전문인력의 확보, 적절한 예산의 배정, 네트워크 기능 강화 등이 선행되어야 한다.

(2) 한국중앙자원봉사센터

자원봉사활동 기본법 및 동법시행령에 의해 국가 및 지방자치단체가 자원봉사센터를 설치토록 함에 따라 국가 차원의 한국중앙자원봉사센터를 설치하여 지역자원봉사센터의 전문성 보완과 운영의 활성화 및 네트워크를 구축하고 전국적인 자원봉사활동의 허브 역할을 담당하고 있다. 2010년 행정안전부로 위탁운영되었으며, 1365 자원봉사포털시스템(www.1365.go.kr)을 오픈하면서 본격적으로 활동을 시작하였다.

한국중앙자원봉사센터는 전국 600만 자원봉사자들의 자원봉사활동을 지원하고, 자원봉사센터의 전문성 보안과 센터운영의 활성화 등을 뒷받침하여 전국 차원의 자원봉사 활성화 및 전국 246개 자원봉사센터와의 네트워크 구축 등의 허브의 역할을 수행하며, 민·관 파트너십으로 자원봉사 국가브랜드화를 추진하는 역할을 하고 있다(1365 자원봉사 포털, 2016).

4. 자원봉사센터의 활성화 방안

2005년 「자원봉사활동기본법」 제정에 따라 행정안전부가 중앙부처별로 설립된 센터 간의 행정지원체계를 일원화하는 역할을 담당하는 주무부서이기는 하나, 본래 의도한 바대로 행정의 일원화 체제를 구축하지 못하고 있다. 특히 대부분의 자원봉사센터가 중앙정부로부터 안정적인 재정적 도움을 받지 못하고 지방자치단체의 조례에 의거하여 행정적·재정적 지원에 의존하다 보니, 자치단체장의 관심과 의지에 따라 규모나 운영형태, 재원 등에서 지역 간에 커다란 차이를 나타내고 있다.

자원봉사센터가 지역사회에서 비전을 제시할 수 있는 기관이 되기 위해서는 자원봉사관리자의 전문성을 높이고, 중앙부처별로 운영되는 자원봉사센터 간에 네트워크를 구축하고, 지역사회의 욕구를 조사하여 지역사회가 처한 나름대로의 문제와 그 해결방안을 제시하는 등 다각적이고 다양한 노력을 기울여야 한다. 자원봉사센터를 좀 더 활성화하기 위한 방안 몇 가지를 제시하고자 한다(김범수 외, 2015).

1) 각 부처별 자원봉사센터의 효율적 운영

현재 행정안전부, 보건복지부, 문화체육관광부, 여성가족부는 각각 서로 다른 명칭으로 자원봉사센터를 부처 특성에 맞게 운영하고 있다. 그리고 이들 부처에서는 자원봉사업무의 중요성을 인식하여 자원봉사센터를 확대하려는 경향을 보이고 있다. 그러나 각 부처에 설립된 자원봉사센터 간에 연계성과 통일성이 없는 한, 업무가 중복되어 행정적·재정적 낭비가 적지 않을 것이다. 이러한 문제를 개선하고 자원봉사센터를 효율적으로 운영하기 위해서는 여러 센터를 통합하고 조정할 수 있는 일원화된 체계를 마련하는 것이 효과적이다.

2) 정부의 행정적 · 재정적 지원 확대

현재 자원봉사센터는 시작단계로서 아직 효과적 체계가 구축되지 못한 상태다. 「자원봉사활동기본법」은 자원봉사센터에 대한 중앙정부와 지방자치단체의 지원근거조항을 규정하고 있음에도 불구하고 중앙정부의 예산지원과 지방자치단체장의 적극 지원이 미약한 실정이다. 지방자치단체는 재정적 지원, 정보망 형성, 지역사회 협력체계 구축, 사회적 인정과 보상, 홍보 등을 통해 시민의 폭넓은 참여를 유도하기 위한 행정적 · 재정적 지원체계를 구축하는 것이 마땅하다.

3) 전문인력배치 및 처우개선

자원봉사센터별 평균 상근인력은 3.1명으로 배치수준이 낮고, 낮은 보수체계와 불안정한 신분은 일선 자원봉사관리체계의 맹점이 되고 있다. 특히 보수체계에 있어 무조건 1호봉부터 적용하거나 호봉제도가 아예 없는 경우도 있어 이에 대한 대책을 세워야 한다. 행정자치부의 2006년도 자원봉사센터 활성화 지침에 따르면 시 · 군 · 구 자원봉사센터의 최소 상근인원 배치 및 최소 운영비 지원 등 지방자치단체는 민 · 관 파트너십의 취지에 입각하여 자원봉사센터에 대해 적정 수준의 환경을 제공해야 한다.

4) 창의적 인정 · 보상체계 마련

자원봉사센터는 자원봉사자에게 동기를 부여하기 위하여 창의적 인정방법과 보상체계를 마련하여야 한다. 실비지급과 보험가입에서 벗어나 찾아 쓰는 마일리지, 공영시설 이용 시 감면, 명예의 전당, 월 우수 자원봉사자 선정, 선진지 견학, 봉사시간 인증패 수여, 전출입 시 자원봉사활동실적의 연계 등의 다양한 방법으로 자긍심을 고취하고, 자원봉사활동의 보람과 만족을 느끼면서 지속적으로 활동할 수 있도록 지원하여야 하며 자원봉사붐을 조성하여야 한다.

5) 한국자원봉사센터협회의 역할 강화

자원봉사센터를 관리 · 평가 · 지원하기 위해서는 한국자원봉사센터협회의 조직을 통해 자원봉사활동 관리조정업무의 단계별 표준화와 지침서 개발 및 표준화된 각종 양식의 제공을 통한 자원봉사센터 관리과정의 체계화와 자원봉사관리자 교육 프로그램 개발을 통한 전문적 자원봉사관리자 양성을 실현할 수 있도록 역할이 강화되어야 한다. 또한 전국 자원봉사센터 간에 유기적 연계망을 구축하여 상호 정보교환을 통한 운영상의 문제해결방안을 모색하고, 정책적으로도 제안할 수 있는 총괄기구의 역할을 담당해야 한다.

6) 자원봉사관리자의 전문성 강화

전문적이고 체계적인 자원봉사관리를 위하여 자원봉사관리자의 전문성 강화가 요청된다. 자원봉사관리자는 상당한 전문지식과 자격이 필요하므로 자원봉사관리자 교육과정을 이수하여 관리자로서의 전문성을 높여야 한다. 자원봉사관리자의 전문성을 제고하기 위해서는 자원봉사 관련 연구기관이나 연수원 및 대학에서 정규적 재교육을 실시하며 교육교재를 개발함으로써 전문성을 확보해야 한다. 이런 사회적 제반 요건을 갖추기가 현실적으로 어렵다면 우선적으로 광역시 · 도 자원봉사센터에서 자원봉사관리자의 근무연수에 따라 교육지침서를 만들고, 이를 기초로 시 · 군 · 구 자원봉사센터에서 중간관리자 교육을 이수할 수 있도록 교육과정을 개설하여 전문성을 강화할 수 있다.

7) 자원봉사관리의 효율화

자원봉사센터에서 자원봉사자를 모집하기 위해서는 효과적 홍보방법에 대한 연구가 필요하다. 단체나 학교 등 자원봉사자 확보가 용이한 집단에 자원봉사 관련 홍보지 배부 등을 통해서 지역 특성에 맞게 적극적으로 자원봉사자를 모집할 수 있는 방법을 모색하여야 한다. 그러나 지역 단위에서 행하는 이런 소극적 방법에 안주할 것이 아니라 국가에서 정책적으로 공익광고를 통해 자원봉사자가 이제는 사회복지 측면의 시혜적 활동이 아닌 미래지향적 가치를 갖는 시민운동이 될 수 있도록 분위기를 조성해야 한다.

또한 자원봉사센터에서 자원봉사자에게 제공해야 하는 중요한 관리과정 중 하나는 교육·훈련이다. 자원봉사센터가 자체적으로 기초교육, 재교육, 자원봉사활동을 위한 분야별 기술교육 및 교육·훈련 프로그램을 마련해 실시하는 것은 어려운 일이므로, 우수한 교육·훈련 프로그램을 광역시·도 자원봉사센터에서 개발하여 이를 자원봉사자에게 우선적으로 적용하여 그 효과가 파급될 수 있도록 하는 것이 좋다.

8) 프로그램 개발기능 및 수요처 개발 강화

자원봉사센터가 지역사회 내에서 발생하는 사회적 문제를 효과적으로 해결하고, 지역사회주민의 적극적 참여를 유도하기 위해서는 지역사회와 관련 있는 자원봉사활동 프로그램 및 목적에 맞는 분야별 자원봉사단을 자체적으로 개발하는 능력을 신장시켜야 한다. 또한 이를 통해 자원봉사센터가 지역사회에서 자원봉사활동의 중심기관으로 자리 잡을 수 있도록 해야 한다.

자원봉사센터는 수요처 개발을 위해서 지역사회와의 교류관계형성이나 파트너십을 구축하기 위한 노력을 기울여야 한다. 아울러 자원봉사관리자들이 사회복지시설뿐만 아니라 개인 수요자, 공공시설물까지도 범주에 포함시킬 수 있도록 수요처에 대한 인식을 확대하고 적극적으로 수요처를 개발할 필요가 있다.

9) 자원봉사센터와 지역사회의 관계 배양

자원봉사센터는 지역사회 내 자원봉사활동과 관련된 자원 및 인력을 개발하고 이들을 조정하며, 자원봉사활동의 수요와 공급 그리고 관련 전문지식 및 자원봉사관리 체계와 관련된 정보를 체계적으로 활성화하기 위해 지역 관련 단체와 연계·협력해야 하는 전문기관이라 할 수 있다. 따라서 자원봉사센터는 지역 내의 다른 자원봉사 관련 단체는 물론이고 각 부처 소속의 자원봉사센터와도 업무상 협조체계를 이루어 효율적이고 효과적인 자원봉사활동을 지원하기 위한 수평적 네트워크를 형성하도록 노력해야 한다.

Chapter

11

자원봉사관리과정

1. 자원봉사관리과정의 개념

자원봉사관리과정이란 일반적으로 자원봉사를 하려는 자원봉사자의 욕구와 자원봉사자의 도움을 받으려는 봉사대상자의 욕구를 연결하고, 자원봉사의 목적과 구체적 업무, 책임성에 대한 교육, 활동내용에 대한 피드백 과정을 통해 자원봉사가 효과적으로 이루어지게 하는 일련의 절차와 방법을 강구하는 것으로 정의할 수 있다.

자원봉사관리과정이 적절히 이루어지지 못할 경우, 시간과 노력을 들여 확보해 놓은 자원봉사자를 효과적으로 활용할 수 없을 뿐만 아니라 자원봉사자의 기대도 충족시킬 수 없다. 최근 자원봉사의 중요성에 대한 인식이 증가함에 따라 자원봉사자의 효율적 관리방안과 자원봉사관리과정에 대한 관심이 증가하고 있다. 자원봉사관리과정에 대해 일치된 견해는 없지만, 일반적으로 자원봉사관리과정의 핵심요소로는 자원봉사자 모집과 홍보과정, 면접과 선발과정, 교육·훈련과정, 배치, 지도·감독 그리고 인정 및 평가 등 일련의 과정으로 구성된다(김동배 외, 2009).

자원봉사관리과정은 경제적 보상에 의해서 동기화되지 않은 자원봉사자를 모집하고 유지하기 위해 자원봉사자의 참여동기에 대한 이해와 효과적 자원봉사관리와 운영에 대한 기술을 필요로 한다. 특히 자원봉사관리자는 자원봉사자의 참여동기와 욕구가 자원봉사관리과정 전반에 영향을 주기 때문에 자원봉사관리과정에서 이를 적절히 통합·적용하고 효과적으로 활용하는 것이 중요하다(조휘일, 1998).

이 장에서는 자원봉사관리과정을 자원봉사자 모집, 교육·훈련, 배치, 지도·감독과 평가, 인정과 보상으로 구분하여 각 과정에서 자원봉사관리자가 수행해야 할 주요 과업과 역할을 중심으로 살펴보고자 한다. 이러한 구분은 절대적 구분이 아니라 자원봉사자를 관리하는 현장의 특성에 따라 중복되기도 하고 생략되기도 하는 상대적 구분이며 순환적 의미를 가지고 있다고 볼 수 있다(조학래, 1998).

2. 자원봉사자 모집

자원봉사자 모집과정은 잠재적 자원봉사자를 발굴하여 실제로 자원봉사에 참여하게 하는 일련의 활동과정을 말한다. 즉, 자원봉사자를 활용하고자 하는 기관이 원하는 능력과 봉사정신을 가진 자원봉사자를 찾고, 자원봉사자가 수행해야 할 과업과 연결시키려는 중요한 과정이다. 이처럼 자원봉사자 모집과정은 자원봉사 프로그램의 목적달성을 위해 적합한 자원봉사자를 발굴하고, 그들이 관심을 가지고 자원봉사에 참여하도록 유도하는 과정이다. 모집과정은 자원봉사자의 업무내용에 대한 구체적 설계나 업무분장이 먼저 이루어진 상황에서 전개되어야 한다.

자원봉사자 모집을 위해서는 잠재적 자원봉사자의 특성과 관심사 및 욕구의 분석, 기관의 철학 및 목적과의 일치성 평가, 홍보내용과 방법 등이 필요하다. 실제로 자원봉사자 모집에서 종종 발생하는 문제는 자원봉사자가 충분하지 못하다는 점과 적합한 자원봉사자를 충분히 확보하기가 어렵다는 점이다. 따라서 자격을 갖춘 충분한 자원봉사자를 모집하기 위해서는 주민조직, 종교단체, 사회단체, 공공기관, 각종 협회 등 지역사회의 활용 가능한 모든 조직체뿐만 아니라 개인적 접촉을 통해 잠재적 자원봉사자로 참여할 가능성이 있는 인적 자원을 최대한 발굴해야 한다(조학래, 1998).

1) 모집방법

자원봉사자 모집방법으로는 스스로 강한 동기를 가지고 자원봉사에 참여하는 자기모집(Self-Recruitment), 활동 중인 자원봉사자나 해당 기관의 직원을 통한 비공식모집(Informal Recruitment), 지역사회에서의 공공광고를 통한 일반모집(General Recruitment), 관련 기관의 주선을 통한 공식모집(Formal Recruitment) 등으로 구분할 수 있다(Stenzel & Feeney, 1976).

한국에서는 현재 활동 중인 자원봉사자나 직원의 대인관계망을 통한 비공식모집과 기관 간행물이나 지역신문 등 대중매체를 통한 일반모집이 큰 비중을 차지하고 있다.

하지만 자원봉사자 스스로가 찾아오는 자기모집이 자원봉사자 참여경로에서 중요한 비중을 차지하는 현실로 볼 때, 자원봉사자 모집 및 홍보활동에서 체계적 접근이 필요하다. 이러한 자원봉사자 모집방법을 보다 자세하게 다음 네 가지 유형으로 구분해 볼 수 있다(McCurley & Lynch, 1996; 조학래, 1998; 남기철, 2007).

(1) 다수모집

다수모집(Warm Body Recruitment)은 특별한 기술이 필요하지 않거나 제한된 시간 내에 필요한 기술을 쉽게 습득할 수 있어서 많은 자원봉사자를 모집하기 위하여 자원봉사자의 자격요건을 제한하지 않고 참여 가능한 다수의 사람을 모집하고자 할 때 유용하다. 특히 이 방법은 특정한 행사의 안내나 참여와 같은 단기간의 단순한 일에 필요한 많은 자원봉사자를 찾고자 할 때 효과적이다. 따라서 짧은 시간 내에 자원봉사 프로그램에 관한 메시지를 가능한 한 많은 사람이 접할 수 있게 하는 것이 중요하다. 다수모집방법으로는 모집 전단지와 포스터를 사람이 많이 모이는 장소에 배포하는 방법, 대중매체나 인터넷을 이용하는 방법 그리고 지역사회단체나 교육기관 등과 접촉하는 방법이 있다.

(2) 표적모집

표적모집(Target Recruitment)은 자원봉사업무에 필요한 기술, 시간, 능력 등을 구체적으로 제한하여 그에 해당하는 자원봉사자를 찾아내는 방법이다. 현재 해당 업무를 담당하고 있는 자원봉사자의 욕구나 배경을 검토하여 공통요소를 발견하고, 그것을 기초로 그 일을 좋아할 수 있는 부류의 사람을 확인하여 그 중에 적합한 대상자를 찾아낸다. 자원봉사자의 참여동기를 충족시켜 주는 업무가 자원봉사자 모집의 관건이기 때문에 사람들의 흥미를 유발할 수 있는 특별한 업무를 강조하는 것이 중요하다. 표적모집은 특별한 기술을 가진 자원봉사자를 모집할 때 특히 효과적이다.

(3) 동심원모집

동심원모집(Concentric Recruitment)은 동심원이론에 근거하고 있다. 연못에 돌을 하나 던졌을 때 그 돌이 던져진 곳을 중심으로 물결이 퍼져 나가는 것처럼, 현재 기관과 직·간접적으로 관련을 맺고 있는 사람을 중심으로 점차 확산해 나가 자원봉사자를 모집하는 방법이다. 이 방법은 잠재적 자원봉사자가 이미 자원봉사기관에 호의적 성향을 가지고 있기 때문에 긍정적 반응을 얻을 가능성이 높으며 비교적 간단하고 효율적이다. 동심원을 형성할 이상적 집단에는 현재 자원봉사에 참여하고 있는 자원봉사자, 자원봉사자의 친구나 친척, 자원봉사대상자 및 그들의 친구, 직원의 가족이나 친구, 후원자 그리고 지역사회주민이다.

(4) 연계성모집

연계성모집(Ambient Recruitment)은 집단결속력이 강하고 상호 간의 연계성이 밀접한 사람이나 집단으로 이루어진 닫힌 체계로부터의 모집방법이다. 이 방법을 효과적으로 적용할 수 있는 닫힌 체계로는 학교, 회사, 전문직, 종교단체 등이 있다. 연계성모집방법은 3단계로 구성된다.

첫째 단계는 참여가 집단의 중요한 가치라고 설명하는 참여의 문화를 형성하는 것이다. 둘째 단계는 그 가치에 대해 공동체나 집단구성원을 교육시키는 것이다. 집단구성원이 된 초기에 자원봉사의 가치와 의미에 대한 토론에 참여시키는 것이 가장 좋은 방법이며, 집단구성원이 토론을 주재할 때 더욱 효과적이다. 마지막 단계는 지지집단을 형성하는 것이다. 적합한 자원봉사활동 분야나 활동거리를 찾고, 자원봉사자의 개인적 욕구를 충족시켜 줄 수 있도록 지원한다.

2) 모집을 위한 홍보전략

자원봉사자 모집을 위한 홍보전략을 정리하면 다음과 같다(박태영 외, 2015).

(1) 1단계: 모집대상 결정

- 표적집단: 자원봉사 프로그램을 효과적으로 수행하기 위해 어떤 기술과 어떤 사람이 필요한지 분석하고, 홍보가 그 대상에게 전달되도록 한다. 대상이 설정되면 언제, 어디서, 어떻게, 홍보할지가 정해질 수 있다.
- 모집인원: 모집단계에서는 약간 여유 있게 모집하는 것이 좋다. 모집하고 있는 인원에 따라 홍보수단이 결정될 수 있다.
- 모집기간(시기): 설정된 대상이 홍보를 접할 수 있는 충분한 기간은 얼마인지, 현재 모집하고 있는 시기가 적절한지 분석한다.
- 모집장소: 모집대상, 즉 잠재 자원봉사자가 모집 메시지를 가장 손쉽게 접할 수 있는 장소를 분석한다.

(2) 2단계: 홍보수단 결정

가장 알맞은 홍보방법을 선택하기 위해서는 각 홍보매체의 특성을 잘 파악하고 있는 것도 중요하다.

- 대중매체: 신문(일간지), 잡지, 텔레비전, 게시판, 버스·지하철 포스터, 텔레마케팅, 우편, 인터넷 등이 있다.
- 모집캠페인: 브로슈어, 전단지, 포스터 등이 있다.
- 교육, 캠프: 교육의 성과나 분위기에 따라 자원봉사자 모집의 결과에 영향을 받을 수 있으며 지속적 교육이 필요하다. 반면 자원봉사 프로그램이 필요로 하는 능력을 가진 자원봉사자나 그 업무에 대한 욕구를 가진 자원봉사자가 스스로 찾아오도록 만드는 효과가 있다.
- 일대일 모집: 자원봉사자 모집홍보에서 가장 효과적인 방법이 될 수 있다. 또한 효과성이 매우 높지만, 시간과 인력의 소모가 많고 사전에 자원집단에 따라 분류가 잘된 리스트가 준비되어 있어야 한다.
- 지역사회 리더와의 접촉: 지역사회의 리더는 모집운동에 귀중한 자산으로 잠재적 자원봉사자와 만날 수 있는 가교역할을 한다.

(3) 3단계: 홍보 메시지 결정

무엇을 홍보할 것인가, 즉 무엇을 알릴 것인가에 해당한다. 모집캠페인의 슬로건이 될 수도 있고, 홍보문의 헤드라인이 될 수도 있다. 홍보물이 전달하는 메시지는 모집 대상에 대한 분석을 바탕으로 업무계획서에 나와 있는 내용을 가지고 만들 수 있다. 메시지는 글이 될 수도 있고 사진이 될 수도 있다.

(4) 4단계: 모집활동 수행

누구를 어떻게 얼마나 모집할 것인가에 대한 계획이 세워지면 그 계획의 수행 시 비용의 효과성을 고려해 보아야 한다. 자원봉사자를 모집하기 위한 비용이 실제 효과성과 비교·검토하여 적합한지를 고려해야 한다. 홍보에 대한 예산수립은 홍보수단을 설정하는 단계부터 함께 세워야 한다. 모든 것이 완료되면 계획상의 모집기간 동안 자원봉사자를 모집한다. 이때 누가 무슨 역할을 담당할 것인지, 언제 어떻게 몇 번의 홍보활동을 할 것인지 정확하게 이해하고 있어야 한다. 한 가지 홍보수단을 가지고 1회만 홍보하는 것이 아니라 연속적으로 여러 번 홍보하는 것이 효과적이다. 전 직원이 홍보하고자 하는 기관의 이미지나 자원봉사 프로그램이 가지고 있는 가치에 대해 공감하고 있어야 하며 적절한 업무분담이 필요하다.

(5) 5단계: 평가

모집홍보의 결과를 측정하고 평가하는 것은 결코 쉽지 않다. 실제 자원봉사조정자의 노력에도 불구하고, 실제 모집된 자원봉사자의 수는 목표했던 수에 비해 터무니없이 모자라기 일쑤다. 하지만 모집과 홍보의 중요성에 대한 기관 차원의 동의와 실무자의 노력이 뒷받침된다면 적어도 자원봉사에 처음 참여하는 자원봉사자의 수는 점차 늘어날 것이다. 지난 3개월간의 자원봉사 모집홍보활동에 대해 모집대상은 적합했는지, 모집장소가 적합했는지, 자원봉사자에게 동기부여와 인정의 분위기를 만들어 주었는지 등의 전반적 평가가 필요하다(볼런티어 21, 2004).

3) 모집 전 준비사항

자원봉사자를 모집한다는 것은 자원봉사자와 대상자가 만나도록 연계해 주는 과정을 말한다. 즉, 자원봉사를 하고자 하는 사람들에게 동기를 부여하고 기관이나 시설에서 제공하는 일거리와 만나도록 주선하는 것이라고 할 수 있다. 기관의 정책상 자원봉사자를 활용하려고 결정했을 경우 효율적으로 자원봉사자를 모집하는 방법과 준비사항이 필요하다. 자원봉사자를 모집하기 전 준비사항을 알아보면 다음과 같다.

첫째, 기관 내 직원에게 자원봉사의 이해에 관한 교육이 필요하다. 자원봉사란 국민 개개인에게 내재해 있는 이타주의 성격으로 이웃과 지역사회의 협동분위기를 조성하는 핵심활동이며, 국민의 나태를 예방하고 정신건강을 증진하며 왜곡된 것을 정화하는 활동이다. 또한 인간의 공통문제인 빈곤, 무지 등의 사회문제를 해결하며 국민의 창의력과 잠재력을 계발하고 실천을 가능케 하는 운동이라는 것을 직원에게 인식시키는 것이 필요하다. 왜냐하면 자원봉사에 관한 이해 없이 자원봉사자를 활용했을 경우 상호 보완적이 아니라 종속관계에 의한 상호 의견대립이 발생할 수도 있기 때문이다.

둘째, 자원봉사자를 받아들일 때에는 그들의 사회적 지위, 경제적 수준, 교육 정도 등에 따라 적절히 활용할 수 있는 자리가 필요하다. 또한 자원봉사자는 기관의 직원에 비해 통찰력과 비판의식이 있더라도 이를 최대한 수용할 수 있는 자세가 필요하다.

셋째, 자원봉사자가 활용할 수 있는 방이나 비품, 명찰(배지), 자원봉사일지, 출근부, 자원봉사 시간표, 자원봉사 신청서 및 자원봉사자가 참여할 수 있는 프로그램이 준비되어 있어야 한다(김범수 외, 2015).

4) 모집에 있어서 유의점

(1) 자원봉사자의 요구에 부응하는 것

자원봉사자의 요구에 부응하기 위한 모집의 전제조건은 자원봉사업무가 의미 있는 것이어야 한다는 점이다. 지원자에게 의미 있는 것이어야 "당신은 어떤 일을 하고 싶은가?"라고 질문할 경우 다음과 같이 말한다. "도전적인 일을 하고 싶다.", "내가 느끼기에 가치 있는 어떤 일을 하고 싶다.", "내 기술을 증진시킬 수 있는 것이었으면 한다." 따라서 자원봉사자가 하고 싶은 의미 있는 업무를 개발하지 않고 모집하는 것은 존재하지 않는 상품을 팔려고 시도하는 것과 같다. 대부분의 사람은 그러한 상품을 사려고 하지 않을 것이다.

(2) 적합한 자원봉사자를 발굴하는 것

자원봉사기관에서 자원봉사자를 모집할 때 두 가지 유형의 어려움이 있다. 첫째는 충분한 자원봉사자가 없다는 것이며, 둘째는 업무에 적합한 자원봉사자가 없다는 점이다. 실제로 자원봉사자가 남을 경우 여러 가지 면에서 좋지 못하다. 예를 들면 1명의 자원봉사자를 찾는 데 20명이 지원할 경우 우선 면접과 인터뷰, 어떤 자원봉사자를 받아들여야 할지를 결정하는 데 많은 시간을 쏟아부을 것이다. 그러고 나면 대부분의 자원봉사자를 거절해야만 하고 그들이 기분 나빠 할 것을 각오해야 한다. 왜냐하면 거절하는 것보다 더 나쁜 것은 그들이 해야 할 업무가 없는데 받아들이는 것이기 때문이다. 이 시점에서 지원자들은 당신과 기관 모두 무능하다고 생각할 것이다. 이렇듯 모집이란 어려워도 지원자 가운데서 자격이 있는 사람을 잘 구분해 내는 일이다(김범수 외, 2015).

3. 자원봉사자 교육 · 훈련

자원봉사자는 배정받은 일정한 업무를 수행하기 위해 지속적으로 교육·훈련을 받아야 한다. 교육·훈련이란 어떤 직무 혹은 가치에 대한 개념과 태도 및 소양을 형성하도록 하거나, 나아가 그것을 수행할 지식과 기술능력을 함양하도록 하여 목적하는 바에 따라 교육대상자의 개발을 돕는 것을 말한다. 마찬가지로 자원봉사 교육·훈련은 자원봉사활동에 참여하도록 동기를 부여하거나, 참여하고 있는 사람들이 자원봉사활동을 효과적으로 수행해 낼 수 있도록 하기 위한 과정이다. 해당 업무가 요구하는 데 따라서 훈련이 '단기간에 이루어질 것인가, 장기간에 이루어질 것인가', '단순하게 진행될 것인가, 복잡하게 진행될 것인가'가 좌우된다. 훈련은 중요하며 이는 자원봉사자의 권리라고 볼 수 있다(Fletcher, 1987).

자원봉사자에 대한 교육 시 유념하여야 할 것은, 자원봉사자의 욕구와 기관의 욕구 사이에 균형을 맞추는 것이다. 자원봉사업무를 의뢰한 기관의 특성, 욕구 그리고 본 기관의 임무에 대해 충분히 알려야 한다. 교육의 주요 내용은 다음과 같다(김범수 외, 2007).

1) 사회복지에 관한 이해

대부분의 사회기관·단체는 사회문제를 예방하거나 해결할 목적으로 설립되어 있다. 그러나 점점 증가하고 있는 사회문제를 얼마 되지 않는 기관들로 모두 감당하기는 매우 어렵다는 사실을 자원봉사자에게 인식시켜야 한다. 이러한 내용을 통하여 자원봉사자로 하여금 자발적으로 기관 내 사업에 참여할 수 있도록 동기부여를 해 주는 교육이 필요하다. 그래서 자원봉사자들이 기관의 사업을 이해하고 자신의 역할이 사회문제를 해결하는 일과 준전문가(Para-Professional)로서 참여하는 일이라는 긍지를 심어 주는 것이 필요하다.

2) 자원봉사에 관한 이론과 실제교육

자원봉사활동의 필요성, 자원봉사의 역사, 자원봉사의 정의, 전문직원과의 관계, 대상자와의 관계, 자원봉사자의 역할 등을 교육시켜야 한다. 자원봉사자가 어느 한 분야에서는 전문가일 수도 있지만 일단 봉사활동에 참여한 이상 자신이 소속된 기관이나 단체의 보완적 역할을 하는 자원봉사자로서의 역할을 수행할 수 있는 교육이 필요하다. 또한 자원봉사활동에 관한 경험담 및 소집단 토의방법을 통한 교육내용이 삽입되면 효과적일 것이다.

3) 기관 및 자원봉사활동에 대한 오리엔테이션

훈련과정 가운데 봉사할 기관에 대한 오리엔테이션 과정에서 자원봉사자에게 기관의 사명을 인식시키도록 하여야 한다. 오리엔테이션에서는 ① 기관의 설립목적 및 연혁, ② 기관의 조직, 사업내용, 재정관계, ③ 기관과 지역사회의 관계, ④ 이사회의 운영 및 의사결정의 단계, ⑤ 자원봉사자의 역할 및 업무에 관한 보고기록 등을 설명한다. 이와 같은 교육내용은 어느 기관에서나 훈련되어야 할 필수과목이라 생각되며 기관의 성격이나 프로그램에 따라 훈련내용 및 과목을 보충해야 할 것이다. 훈련방법도 가능하면 단시일 내에 집중적 훈련방법이 이상적이다.

일부 상담기관의 자원봉사자 교육내용은 90% 이상을 상담에 관한 전문교육을 실시하는 데 할애한다. 그러나 소규모 기관에서는 교육내용 중 50%는 전문적 교육, 50%는 토론식으로 진행하는 것이 바람직하다. 자원봉사에 관한 슬라이드나 영화를 제작하여 교육하거나 실제 프로그램을 역할극 형식으로 시범을 보여도 매우 효과적일 것이다. 또한 일정 기간의 훈련을 수료한 이들에게 보충교육의 하나로 평가회, 소집단 모임을 활성화하는 것이 바람직하다. 또한 정기적으로 재교육 프로그램도 가질 필요가 있다. 이렇게 함으로써 양질의 서비스는 물론 그들의 업무능력이 증진될 수 있을 것이다.

4) 자원봉사자 담당직원 교육

자원봉사활동기관의 대표자와 담당직원(Volunteer Coordinator)은 자원봉사업무에 관한 행정적 절차나 지원에 관해서도 항상 관심을 가져야 한다. 자원봉사자들을 지도하는 데 필요한 관리에 관한 이해 그리고 자원봉사자의 잠재력과 문제의식을 자극시켜 자원봉사 프로그램을 통하여 자기성취감을 맛볼 수 있게 하기 위한 계속적 연구가 필요할 것이다(김범수 · 신원우, 2006). 자원봉사자 교육 시 다음과 같은 교육 · 훈련 단계를 중심으로 교육과정을 제시할 수 있다(박태영 외, 2015).

(1) 교육 · 훈련 대상

자원봉사활동에 대한 교육 · 훈련은 대상별로 자원봉사자 교육, 자원봉사지도자 교육, 직원교육 등이 있다. 자원봉사자를 위한 교육이나 훈련은 워크숍, 가상연습, 역할극 등을 통해 할 수 있으며 단계별 훈련계획이 마련되어야 한다. 또한 자원봉사지도자는 자원봉사자를 조정하고 지도 · 감독하여 끊임없이 지지하고 원조해야 함을 감안할 때, 이들 전문가의 태도가 자원봉사자의 태도에 영향을 미치는 정도는 결정적이라고 하겠다. 뿐만 아니라 직원교육의 경우도 자원봉사자가 팀의 일원이라는 점을 인식시키는 중요한 단계이다(박태영 외, 2009).

(2) 효율적 교육 · 훈련 방법

자원봉사자를 교육 · 훈련시키려고 할 때 자원봉사자의 학력이나 나이, 배경 등이 다르므로 훈련계획을 세우는 데 여러 가지 어려움이 있게 마련이다. 그들을 훈련시키는 데 있어서 유의해야 할 사항은, 일부 자원봉사자들은 그들의 시간을 교육이나 훈련에 투자하는 것을 싫어한다는 점이다. 그러나 한 가지 중요한 것은 미국 『사회복지백과사전』에도 명시되어 있듯이 자원봉사자도 소정의 교육과정을 이수해야 자원봉사자가 될 수 있다는 점이다. 즉, 교육 · 훈련을 받지 않는 자들은 자원봉사활동 신청자일 뿐이지 자원봉사자는 아니라는 점이다.

또한 그들이 교육 · 훈련 후 몇 개월 동안 자원봉사활동을 할 수 있느냐 하는 것도 감안해야 한다. 미국에서도 자원봉사자의 봉사참여기간을 평균 6개월에서 1년 정도로 잡고 있다. 그들의 자원봉사기간이 짧다고 해서 훈련을 시키지 않을 수는 없다. 김영호(1997)는 자원봉사자 교육 · 훈련에 대해 다음과 같은 5단계를 제시하고 있다.

- 제1단계: 만남과 인식 단계 – 시청각교육, 장애인 체험(역할극), 소집단을 통한 만

남의 장을 마련하는 단계다.

- 제2단계: 상호 간의 관심 단계－1단계에서 느낀 바를 토의함으로써 회원 상호 간에 자기성찰과 깨달음의 기회를 갖게 하는 단계다. 또한 다른 사람과 사회문제에 대한 관심을 갖게 한다.
- 제3단계: 문제발견 및 협의 단계－회원이 협의과정을 통하여 인간의 삶의 의미를 깨닫고 가정과 지역사회문제를 발견하고 자신들이 할 수 있는 실천과제를 협의・모색하는 단계다.
- 제4단계: 문제해결을 위한 계획과 실천(생활) 단계－자원봉사자들이 실천해야 할 과제를 스스로 선택하고, 선택과제를 계획적으로 실천하면서 문제해결과 예방을 위해 연구・논의하며 실천계획을 세우고 생활체험을 하는 단계다.
- 제5단계: 실천을 통하여 변화된 결과를 파악해 보고 가족과 지역사회주민(기관)이 더불어 연구하고 발전하는 단계다.

(3) 교육 · 훈련의 고려사항

한국의 경우 자원봉사활동의 역사가 짧고, 자원봉사 지원자들은 의욕에 비하여 자원봉사활동의 경험이 적어서 이들의 능력개발과 효과적 활동을 위해 그들의 업무수행을 위한 교육 및 훈련이 절실하다. 특히 선발되는 자원봉사자의 기술에 비하여 자원봉사 분야는 고도의 전문성이 요구되는 경우가 많아서 교육・훈련의 필요성은 더욱 높다. 예를 들어 청소년복지, 장애인복지, 의료복지, 노인복지 등의 분야는 개인적 의지와 동기욕구만으로는 업무가 순조롭게 이루어질 수 없으며, 해당 직무에 대한 기술을 갖추어 전문화되지 않으면 성과도 낮아지고 참여자의 만족도도 저하되는 경우가 많다.

이러한 점을 고려할 때, 자원봉사자가 특정 업무를 시작하기 전에 기관의 목적, 정책, 구조, 절차 그리고 클라이언트에 대한 이해를 도와주는 준비교육 및 훈련이 필요하다. 특히 여러 연구에서 나타난 바와 같이 자원봉사동기의 많은 비중을 차지하고 있는 경험욕구가 강한 참여자의 경우는 직무환경과 직무수행에 대한 교육・훈련 그 자체가 중요한 의미를 가질 수 있기 때문에 특히 강조해야 할 과정이다(박태영 외, 2009).

〈표 11-1〉 성공적 교육 · 훈련에 필요한 조건

· 분명하고 중요한 교육목적
· 교육목표를 잘 알고 교육내용을 청중의 눈높이에 맞출 수 있는 강사
· 교육내용과 목표에 적합한 참가자
· 시청각교재 및 실습을 통한 학습효과
· 적절한 시설과 쾌적한 교육환경
· 교육과정의 실용성
· 교육준비와 진행의 치밀함
· 교육생의 욕구와 변화에 대한 융통성 있는 대응
· 참가자 간의 상호 교류를 위한 기회
· 현실적인 교육시간 구성
· 좋은 교육자료

출처: 볼런티어 21(2000: 225).

(4) 교육 · 훈련 개발과정

① 계획수립

교육을 통해 무엇을 알고 무엇을 하며 무엇을 느끼게 할 것인가에 대한 구체적이고 명확한 목표를 정한 후에 지역사회기관 및 단체의 직원, 이사, 자원봉사자 등 교육대상을 정한다. 그리고 예상되는 참가자들의 관심과 기술, 관점, 지식의 수준, 욕구를 바탕으로 커리큘럼 개발을 위해서 예상 참가자를 대상으로 사전 조사를 실시하거나, 기존 참가자들이 작성한 교육평가서를 토대로 교육계획에 반영하기도 한다. 지출에는 교육장소 대여료와 강사료, 교재 및 보충지료 제작비, 다과비, 진행 및 행정비, 기타 경우에 따라 숙박비 등이 포함된다.

교육내용에 대해서는 충분한 지식과 전달기술을 가진 강사를 선택하고, 워크숍과 같은 참여학습을 이용해 참가자들을 적극적으로 개입시키며 시청각교재와 기자재 등을 함께 활용하기도 한다. 평가에 있어서는 교육의 목표가 달성되었는지 점검하는 것으로서 명확한 교육목표를 설정하고, 교육실시 후에 그 결과를 측정 가능한 도구로 점검해야 한다(평가서 작성, 평가토론회 등).

참가자를 모집할 때에는 교육내용과 형태, 교육효과 등을 고려하여 적정한 참가인원을 미리 정하는 것이 바람직하며(참가자 중심의 학습방법은 30인 내외가 적정), 모든 형태의 모집안내문에는 반드시 신청기간과 신청방법, 담당자를 눈에 띄게 명시해야 한다.

② 사전준비

장소는 교육인원을 수용할 수 있고 접근성이 높으며 진행형태에 맞는 곳으로 예산을 고려하여 섭외하며, 강사섭외는 강의내용을 충분히 파악하고 교육목표를 달성할 수 있도록 참가자의 눈높이에 맞게 교육내용을 전달할 수 있는 강사로 하는 것이 중요하다. 섭외한 강사가 거절할 경우를 대비해 예비강사 리스트를 만들어 두는 것도 필요하다. 명확한 강의의뢰서를 보내고 또한 강사가 사용하고자 하는 교육기자재도 미리 확인해 두어야 한다.

또한 교육교재를 준비하고 교육에 사용할 기자재를 미리 대여해 두거나 확보해 두어야 하며, 참가신청자들과 강사들에게 교육·훈련이 시작된다는 사실을 상기시켜 주기 위해 교육이 실시되기 2~3일 전에 안내문을 보내는 것이 좋다. 그리고 교육·훈련이 시작되는 당일 참가 유무에 변동이 없는지도 점검한다.

③ 실행

교육장은 반드시 사전답사하여, 조명상태와 책상 및 의자 수, 전기코드의 위치 등을 점검하고 자리배열은 참가자 서로가 쉽게 의사소통할 수 있도록 하며, 시청각자료를 보기 쉽게 배치한다. 화이트보드와 마크펜, 차트 등 준비상황을 다시 점검하고 자원봉사센터 팸플릿과 배지, 소식지 등의 홍보물을 눈에 띄게 정리배열한다. 또한 유인물과 이름표 등을 나누어 줄 수 있는 접수처를 마련하며 간단한 다과를 놓을 수 있는 테이블을 준비한다. 그리고 강사의 위치 및 음향시설을 점검해 보고 강사가 사용할 기자재를 설치, 시험작동해 보는 것도 잊지 말아야 할 사항이다.

교육을 시작할 때에는 환영하는 인사말을 나누어 참가자들이 편안하게 느끼도록 하고 교육교재와 이름표, 기타 유인물을 교부한다. 이와 함께 교육장 내의 화장실, 흡연장소, 주차장 사용 등에 대한 정보를 숙지하고 있다가 이에 대한 정보를 제공하며 좌석을 안내하는 등 세심한 배려를 한다.

가장 적합한 훈련은 모의실행 또는 역할놀이를 통해 자원봉사자들이 함께 일하는 팀이 되도록 하는 것이다. 이러한 자원봉사활동 이전의 교육 및 훈련은 참여하는 봉사자로 하여금 자원봉사에 대한 새로운 동기유발과 공동체 의식을 느끼게 한다. 또한 자원봉사자 교육 시 이미 기존에 활동하고 있는 자원봉사자들을 초청해 사례발표회를 가지는 것도 매우 유익하다. 특히 아동과 청소년을 위해 대학생이나 청소년 자원봉사자를 강의에 초청하는 것이 좋다. 왜냐하면 청소년이 자신의 역할모델로 이용할 수 있기 때문이다. 이러한 과정을 거쳐 가족 자원봉사활동에 본격적으로 참여하게 된다.

(5) 교육의 종류

① 오리엔테이션 및 기초교육

오리엔테이션을 실시하면서 대부분의 기관은 소책자를 만들어서 자원봉사, 자원봉사센터, 활동기간 등에 대한 정보(기관에 대한 연혁, 조직, 사명, 주요 사업 및 연간 행사계획에 대한 안내)를 제공한다.

오리엔테이션 과정을 통해 자원봉사자들로 하여금 스스로 기관의 사업에 참여하고자 하는 동기를 갖도록 해 주는 것이 중요하며, 자원봉사활동의 가치이해 및 자원봉사활동 영역과 참여방법 등을 교육받음으로 인해 자원봉사자 자신의 역할을 명확히 인식할 수 있고, 새로운 환경에서 일하게 될 두려움도 감소시킬 수 있는 기회가 된다. 이미 활발히 자원봉사활동을 하고 있는 자원봉사자의 사례발표시간을 마련하여 구체적 활동내용을 이해하고 동기를 부여받을 수 있도록 한다.

오리엔테이션 시기는 기관·시설에 따라 다르나, 수시모집과 면접이 있는 경우에는 면접 시 오리엔테이션을 하고, 주별·월별·기간을 정해 자원봉사자 기초교육을 실시할 수 있다.

② 전문교육 · 업무교육

자원봉사자에게 전문교육을 통해 특정한 업무를 수행할 수 있는 구체적 원리와 기술을 교육한다. 자원봉사자들이 활동할 특정한 업무에 있어서 강조되어야 할 사항은 업무수행의 표준화이다. 즉, 모든 자원봉사자가 동일한 방법으로 그들의 업무를 수행하도록 가르쳐야 한다. 전문교육을 실시할 때 기존에 활동하고 있는 자원봉사자들을 통해 활동 분야별 사례발표를 함으로써 그 업무의 지도와 조언을 들을 수 있는 기회를 마련한다.

③ 재교육

현재 활동 중인 자원봉사자를 대상으로 한 재교육을 통해 새로운 정보를 제공하고 자원봉사자의 자질을 향상시키고 아울러 갈등을 해소시킨다. 특히 재교육은 자원봉사자 기능을 강화하는 등 전문성을 제고할 목적과 자원봉사자에 대한 정보파악, 활동자 간의 상호 유대 형성, 소속감 강화를 통한 자원봉사자 사후관리에 중점을 두고 교육을 실시하여, 보다 지속적인 활동을 할 수 있는 동기를 부여한다. 재교육기간 동안 다른 자원봉사활동처의 견학 및 교류를 실시하고, 사례발표를 통해 참여교육을 실시한다.

4. 자원봉사자 배치

자원봉사자를 모집, 교육·훈련한 다음에는 자원봉사자의 기대, 능력, 기관의 욕구를 고려하여 적절한 업무에 배정하는 것이 필요하다. 배치는 기관에 적합한 자원봉사자를 선정해 적재적소에 두는 것으로 배치가 잘못되면 기관으로부터 보호를 받아야 할 자원봉사자가 심적 고통을 받을 뿐 아니라 유급직원이나 자원봉사자의 사기가 저하되어 바람직한 서비스 제공이 어렵고 자원봉사자에 의한 기관의 평판도 나빠지게 되므로 지역사회에서의 입지도 낮아진다(Wilson, 1976).

업무배치에 있어서 고려해야 할 점은 다음과 같다.

첫째, 자원봉사 수요기관의 조건이다. 자원봉사자를 필요로 하는 기관에서 요구하는 업무내용과 조건, 기관에 대한 기본적 이해(설립취지, 교통수단, 서비스 수용태도), 이전 또는 기존의 자원봉사활동 현황 등을 고려해야 한다.

둘째, 자원봉사활동집단 또는 조직에 대한 조건이다. 자원봉사자들이 개별로 활동하는 것이 아니라 팀으로 활동할 경우 활동을 함께할 집단이나 조직에 대한 충분한 정보를 제공하여야 한다. 따라서 집단이나 조직의 주요 활동, 구성원의 속성, 정기모임, 가입방법 등에 대한 정보를 알아야 한다.

셋째, 자원봉사자의 조건이다. 자원봉사자가 희망하는 활동내용은 물론 지역·시간의 한정 여부, 자원봉사자의 속성, 의식 등을 고려해야 한다.

또한 배치에 있어서는 무엇보다도 먼저 고용조건에 대한 합의와 함께 업무내용을 명확히 제시한 직무지침에 대해 설명해야 한다. 직무지침은 자원봉사자가 수행할 업무의 책임, 업무를 수행할 자원봉사자의 자격조건, 감독과 책임의 체계, 그리고 업무의 업적을 평가하는 방법, 활동기관과 시간에 대한 설명이 포함되어 있어야 한다. 좋은 지침은 자원봉사자의 각 업무에 있어서 자원봉사자와 유급직원과의 최선의 관계를 유지하는 방법과 어떻게 서로의 기대감에 의해 발생되는 혼란을 피하고 조직의 목표달성에 기여할 수 있는가를 분명하게 밝힌다(유성호 역, 1998).

선발 및 배치기준을 확정하기 위한 행동지침은 다음과 같다(조휘일, 1998).

- 자원봉사자는 유급직원을 대치하는 역할을 담당해서는 안 된다.
- 자원봉사자는 그들이 가진 기술, 능력 및 욕구를 적절히 반영할 수 있는 역할에 배정되어야 하며 차별대우가 없어야 한다.
- 자원봉사자의 능력과 자원봉사자에게 요청되는 일을 수행하겠다는 의욕에 따라서 업무가 배정되어야 한다.
- 기관에 대해서 동정심과 헌신적 마음을 줄 수 있을 정도로 충분히 도전적이고 자원봉사자에게 성장의 계기를 마련할 수 있는 업무가 제공되어야 한다.
- 자원봉사자의 선발은 클라이언트는 물론 기관에 대해서도 책임성을 강조해야 한다.
- 자원봉사자의 업무배정은 초기 접촉 후에 최소 시간 내에서 이루어져야 한다.
- 자원봉사자가 특정 업무에 배정되기를 원한다 할지라도 그 업무의 수행에 적합하지 않은 자원봉사자일 경우에는 수용하지 말아야 하며 이때 자원봉사관리자는 다른 기회를 찾아보도록 권유해야 한다.
- 잠정적 자원봉사자들은 장기간의 봉사를 약속받기 전에 견습을 위한 대리의 기회를 가져야 한다.
- 상호 협정에 의해 체계된 계약은 자원봉사자의 욕구보다 능력에 맞게 조정되어야 한다.
- 자원봉사자의 특수하고 독특한 기술, 경험, 그리고 재능을 충족시키기 위해서 필요하다면 이들의 업무가 새로이 창조되어야 한다.
- 자원봉사자가 자원봉사자 교육 및 훈련기관에 의뢰된 경우에는 의뢰받은 기관 또는 부서는 최소한 다음의 요구사항을 준비하고 자원봉사자를 수용해야 한다. 첫째, 의뢰된 자원봉사자를 수용하는 기관 및 부서는 자원봉사자 서비스를 최대한 잘 활용할 것에 동의한다. 둘째, 서면으로 작성된 업무분장을 준비해야 한다. 셋째, 자원봉사자를 지도·감독할 직원을 배정한다. 넷째, 자원봉사자에 대한 오리엔테이션과 훈련을 제공해야 한다.
- 자원봉사자는 반드시 기관에 배속되고 개인에게 의뢰하면 안 된다.

5. 자원봉사활동 지도 · 감독과 평가

1) 지도 · 감독

자원봉사에서 지도 · 감독(Supervision)이란 자원봉사자를 활용하는 기관에서 경험 있는 자원봉사관리자가 지도 · 감독자로서 행정적 · 교육적 · 지지적 기능을 수행하여 경험이 부족하고 덜 숙련된 자원봉사자에게 지식과 기술을 전수함으로써 효율적, 효과적으로 자원봉사를 하도록 도와주는 과정이다(조휘일, 2002).

지도 · 감독을 담당하는 자원봉사관리자는 자원봉사자를 직접 관리하거나 다른 직원이 자원봉사자를 잘 관리하도록 하기 위한 전문기술을 가지고 있어야 한다. 일반적으로 자원봉사자는 동일한 업무를 수행하더라도 서로 다른 특성을 가지고 있기 때문에 그들을 지도 · 감독할 때에는 그들의 개별적 특성을 충분히 고려해야 한다. 또한 자원봉사관리자는 자원봉사자를 신뢰함으로써 그들에게 책임과 업무 그리고 권한을 위임할 필요가 있다(Fisher & Cole, 1993). 특히 경험 있고 유능한 자원봉사자에게 업무뿐만 아니라 신규 자원봉사자를 지도 · 감독할 수 있는 권한을 위임함으로써 자원봉사자의 능력을 인정해 줄 수 있고, 자원봉사관리자의 과도한 업무부담을 줄일 수도 있다.

자원봉사관리자가 지도 · 감독을 효과적으로 수행하기 위해서는, 우선 자원봉사 업무에 대해 정확한 지시를 하고 어떤 질문에도 대답할 준비를 갖추어야 한다. 둘째, 기관이 기대하는 것을 명확하게 전달해야 한다. 셋째, 자원봉사자의 활동에 대해 인정과 감사를 반드시 표현해야 한다. 넷째, 부적절한 행동은 바로잡을 수 있도록 도와주어야 한다. 마지막으로, 자원봉사자의 욕구와 동기를 충족시키는 데 융통성을 발휘해야 한다(조휘일, 1998).

일반적으로 지도 · 감독의 주된 기능은 자원봉사자가 달성해야 할 목표에 도달하기 위한 기본적 방법을 제시하여 자원봉사자가 업무수행에 대한 책임의식을 느끼도록 하는 데 있다. 따라서 자원봉사관리자는 지도 · 감독을 통해 자원봉사자가 변화하거나 개발해야 할 점을 지적해 주고, 능력과 업무에 대한 평가기회를 제공하며, 업무수행에 필요한 행정적 절차나 지원에 관한 정보를 제공해야 한다.

자원봉사자에게는 자기가 하고 싶어 하는 활동업무를 수행함으로써 얻는 성취감과 만족감이 가장 강력한 보상이자 자원봉사를 가장 효과적으로 수행하는 요건이 된다. 따라서 자원봉사관리자는 자원봉사자가 현재 수행하는 업무가 그 자원봉사자에게 적정한지를 세심하게 살펴보는 지도·감독을 수행해야 한다. 또한 자원봉사자가 수행한 활동과 서비스 전달방법을 함께 이야기하고 조정해 나가는 상향식 지도·감독이 요구된다.

지도·감독과정에서 활용되는 기록은 자원봉사자가 수행한 업무를 객관적으로 평가하고 분석할 수 있는 중요한 자료인 만큼, 자원봉사관리자는 지도·감독 이전에 기록을 충실히 검토하고 지도·감독에 임해야 한다.

자원봉사자는 자원봉사관리자의 지도·감독을 긍정적으로 받아들이는 자세를 가져야 한다. 그러나 지도·감독이 효과적이지 못하다고 느껴지면 자원봉사관리자에게 의견을 제시하여 바람직한 자원봉사로 이어지도록 해야 한다(김동배 외, 1996).

2) 평가

(1) 평가의 개요

활동의 평가는 활동이 목표대로 잘 진행되는지 여부를 파악하여 프로그램의 확대, 지속, 축소 등의 정책을 결정하고, 재원제공자에게 재원의 효율적 사용을 객관적 자료를 통하여 알릴 수 있고, 자원봉사자와 조정자 및 관련자의 사기를 진작시키기 위해 필요하다.

평가시기는 ① 활동 개시 직후, ② 활동 중(월별, 분기별, 연 1회 등), ③ 활동종료 시, ④ 상황에 따라 등으로 프로그램 평가에 적합한 시기를 선택해야 한다.

평가주체는 내부 평가자와 외부 평가자로 구분할 수 있으며, 내부 평가자는 조정자, 자원봉사자, 클라이언트가 될 수 있다. 외부 평가자는 전문 평가기관이나 외부 평가전문가에게 의뢰하면 된다.

평가유형에는 활동의 과정과 절차가 얼마나 합리적으로 이루어졌는지를 평가하는 과정평가와 활동을 통하여 달성하고자 세운 목표를 잘 달성했는지를 알아보는 결과평가, 활동을 통하여 일어난 모든 변화를 측정하는 영향평가가 있다.

평가방법에는 설문지, 간담회, 개인적 접촉, 작품 등을 통하여 측정하는 방법이 있다. 주로 많이 사용하는 것이 설문지를 이용하는 방법이다.

평가기준은 각 단체, 집단의 독자적 기준을 설정하여 평가해야 하고 획일적인 것이 아닌 다양한 것이 바람직하다. 평가기준으로 고려할 수 있는 것을 들면 다음과 같다(박태영, 1999; 박태영 · 최경익, 1993).

① 활동기간
② 활동목적의 사회적 의의(지역사회에 있어서 문제의 중요성)
③ 활동의 난이도
④ 활동에 있어서 리더십
⑤ 활동에 공조하여 참여한 인원 수
⑥ 클라이언트 측의 평가, 감사 정도
⑦ 조정자 측의 평가, 감사 정도
⑧ 관계자나 시민에게 폭넓게 감동을 주는 정도
⑨ 활동 그 자체의 구체적 성과의 크기
⑩ 활동계획에 따른 실행의 정확성
⑪ 활동목적 또는 방법의 참신성
⑫ 유사한 다른 활동을 참고로 한 기준

자원봉시활동에 대한 평가를 할 때 조정자가 유의해야 할 사항은 다음과 같다.

① 평가대상은 사람 그 자체가 아니라 그 사람의 행위이다.
② 정직하고 명확하게 평가한다.

③ 활동을 시작할 때 평가척도를 주고 평가시기를 정해 둔다.
④ 가능한 한 즉시 평가한다.
⑤ 긍정적인 말로 표현한다.
⑥ 다양한 관점으로 평가에 대한 논평을 발전시킨다.
⑦ 평가 관계자의 이해와 지지를 얻도록 유의해야 한다.

자원봉사 프로그램의 평가를 위한 또 하나의 자료로서 Volunteer Management Audit가 있다. 이 검사는 13개의 구성요소로 이루어져 있다. 그 항목은 다음과 같다 (한국사회복지협의회, 1997).

① 프로그램의 계획과 자원의 사정
② 조정
③ 업무설계
④ 모집
⑤ 면접, 선발
⑥ 오리엔테이션
⑦ 훈련
⑧ 자원봉사자와 직원의 관계
⑨ 지도 · 감독
⑩ 인정(보상)
⑪ 기록유지 · 보고
⑫ 평가
⑬ 자원봉사자의 개입

이들 각 구성요소 안에는 총 66개의 평가항목이 있고 각 항목은 4단계로 이루어져 있어서 그 실천수준을 나타낼 수 있도록 구성되어 있다. 각 기관에서 그 기관의 자원봉사활동을 이 항목들로 평가해 보면 그 기관의 자원봉사활동에 대한 실태를 잘 파악할 수 있다(박태영 외, 2004).

(2) 평가의 실제

프로그램의 계획단계와 마찬가지로 평가는 관련된 모든 사람을 포함시켜야 한다. 자원봉사책임자, 자원봉사자, 실무자, 서비스 이용자가 각자의 관점에서 평가할 기회를 가져야 한다. 그것은 사람들이 자원봉사 프로그램에 더 친숙해질 수 있고, 실무자에게 소속감과 사기를 증대시킬 수 있으며, 여러 계층의 의견을 모아 좀 더 확고한 평가를 할 수 있기 때문이다.

가. 평가 시 고려사항

① 평가양식, 평가 팀, 평가계획을 수립한다.
② 질문서, 조사서를 고안하고, 면접자를 선정하고 훈련한다.
③ 프로그램 참여자 모두의 의견을 청취하고 토론한다.
④ 평가결과에 의거하여 데이터를 분석한 후 확실한 보완활동계획을 수립한다.
⑤ 평가결과를 관련자 모두에게 보고하고 기관의 기획과정에 반영한다.
⑥ 외부평가도 실시한다.

나. 자원봉사자를 통한 평가

① 실무자의 태도
② 의사결정의 참여 정도
③ 서비스 이용자의 태도
④ 임무에 대한 자신감(수행 가능성)
⑤ 충분한 오리엔테이션 제공 여부
⑥ 실제 임무가 직무설명서 내용과 같은지의 여부
⑦ 임무의 흥미, 보람, 도전유발 여부
⑧ 피드백 여부
⑨ 새로운 직무에 대한 제안
⑩ 새로운 자원봉사자 유치방안
⑪ 가장 좋았던 경험
⑫ 가장 나빴던 경험
⑬ 프로그램에 대한 종합평가점수
⑭ 개선할 점 세 가지

⑮ 기타 제안이나 코멘트

다. 실무자가 하는 평가

① 자원봉사자의 책임 정도
② 자원봉사자의 직무에 대한 자격 여부
③ 자원봉사자에게 충분한 훈련이 제공되고 있는지 여부
④ 실무자가 자원봉사자를 활용하는 정도
⑤ 실무자가 자원봉사자와 함께 일을 잘할 수 있도록 훈련이 제공되는지의 여부
⑥ 실무자가 자원봉사자와 함께 일을 잘하기 위해 필요한 것
⑦ 서비스 이용자의 자원봉사자에 대한 반응
⑧ 자원봉사자의 참여로 얻은 혜택
⑨ 자원봉사자의 참여로 발생한 문제점
⑩ 자원봉사자의 참여로 자신의 업무량에 생긴 변화

자원봉사 프로그램의 평가는 자원봉사 프로그램의 끝을 의미하는 것이 아니라 자원봉사 프로그램을 시작할 때로 다시 돌아가기 위한 하나의 과정이다. 자원봉사 프로그램의 평가과정은 새로운 시작을 의미하는 단계이며, 자원봉사관리과정은 끊임없는 과정을 통하여 발전해 나간다(김범수 외, 2007).

6. 인정과 보상

1) 인정과 보상의 개요

자원봉사 실무자는 자원봉사자의 활동에 대한 인정·보상에 정성을 기울여야 한다. McCurley와 Lynch(1989)는 자원봉사활동에 있어서 인정의 법칙(rules of recognition)을 다음과 같이 설명하고 있다. 첫째, 자원봉사활동의 업적을 인정하고 사람에

대해서는 칭찬해 주어라. 둘째, 자주 인정하고 대중이나 동료 앞에서 인정해 주어라. 셋째, 자원봉사자의 노고에 즉시 그리고 적절한 시기에 칭찬해 주어라. 넷째, 인정은 일관되고 진실되게 그리고 인정받을 사람이 원하는 방법으로 해 주어라.

인정은 시작할 때나 끝날 때에만 하는 것이 아니라 지속적이어야 하며, 정확한 체계를 따라야 하지만, 동시에 마음을 써서 융통성 있게 개별성을 가지고 이루어져야 한다. 인정과 보상은 자원봉사활동의 유인책이지만 사회적 자원봉사활동에 대한 중요성을 높이는 결과를 가져온다. 인정은 공식적인 것과 비공식적인 것이 있다(박태영, 2000).

(1) 공식적 인정

- 자원봉사자의 업적을 치하하기 위해 연례적으로 행사개최
- 증명서, 상패, 자원봉사자 핀, 배지 등의 제공
- 자원봉사활동의 경력인정
- 선출직 인사의 선출판단기준으로 설정
- 입학, 취업, 승진 등에 반영

(2) 비공식적 인정

- "감사합니다."라고 말하기
- 조직의 중요한 의사결정과정에 참여시키기
- 자원봉사자 가족에 대해 질문하기
- 자원봉사활동 이외의 개인적 생활에 관심 보이기
- 직원과 동등한 대우를 받고 있다고 확신하게 하기
- 자원봉사자 가족에게 감사편지 보내기
- 더 책임 있는 직무를 수행하도록 추천하기

이러한 인정은 몇 가지 유의사항을 참고하여 시행해야 한다.

- 공개적으로 인정하되 특히 동료들이 보는 앞에서 하면 좋다.

- 자원봉사자가 해낸 훌륭한 활동에 대해서는 그날 즉시 칭찬이나 감사를 표함으로써 보상하는 것이 중요하다.
- 개인에게 맞는 인정이 효과적이다. 어떤 사람이건 그에게 가장 의미 있는 보상의 타입을 알아서 실행한다. 어떤 사람은 조용히 사적으로 받는 것을 좋아한다.
- 인정은 장난이 아니라 진지한 것이어야 한다. 인위적이거나 겉만 번지르르한 것은 곧 드러나서 당사자에게 불쾌감을 준다.
- 인정은 공정하게 해야 한다. 만일 임무를 잘하지 못한 자원봉사자를 보상한다면 오히려 잘하는 사람의 사기가 저하된다.

인정과 보상의 전달에는 각 개인의 자원봉사동기 및 욕구가 가장 우선적으로 고려되어야 한다. 따라서 자원봉사를 개별화하여 의미 있는 보상을 실시하는 것이 관리자의 중요한 임무이다. 특히 Vinyard(1993)는 가족 자원봉사의 경우를 예를 들어 자원봉사자에게 줄 수 있는 가장 좋은 보상의 방법을 예로 들었다.

① 자원봉사활동 가족사진 제공하기
② 자원봉사활동 후 활동장소에 가족 이름 남기기(예: 비둘기 가족의 발자취)
③ 가장 활동적인 가족에게 기관이 특별한 상 주기
④ 지역사회에서 수여하는 시상에 자원봉사 가족 추천하기
⑤ 지역기업이 제공한 할인식사쿠폰 제공하기
⑥ 가족의 기념을 축하해 주는 행사하기
⑦ 부모의 직장, 자녀의 학교, 또는 가족의 교회에 가족 자원봉사활동에 대한 탁월한 활동을 칭찬하는 추천서 제출하기
⑧ 기관의 안내판에 사진 게시하기
⑨ 공공지도자나 감독관(supervisor)의 클라이언트에게 직접 보상하기
⑩ 다른 봉사자와 어울리는 기회 제공하기
⑪ 개인적 상호작용기회 제공하기
⑫ 기관과 공적 관계 수립하기

⑬ 자원봉사활동 전후에 감독관과 공동지도자와 대화하기
⑭ 같은 가족 자원봉사자로부터 칭찬 듣기

가족 자원봉사에 참여하는 경우, 가장 큰 인정은 보통 다른 가족 자원봉사자에게서 나오는 경우가 많다. 그래서 가족 자원봉사활동을 기획하는 많은 기관에서 가족 자원봉사자를 위한 특별한 행사를 기획할 것을 추천한다. 행사 시 유의사항은 다음과 같다.

① 가능한 한 일찍 행사를 예정하고 홍보한다.
② 행사의 본질을 홍보한다. 가족 자원봉사자들이 특별히 할 일을 홍보한다.
③ 위치, 시간, 세부사항을 확인하기 위해 사전에 가족에게 연락한다.
④ 참여할 가족에게 이벤트를 진행할 직원을 소개한다.
⑤ 행사 중, 장비와 도구를 점검한다.
⑥ 가족이 도착하기 전에 스케줄을 점검한다.
⑦ 가족과 함께 일할 때 예측하지 못했던 위기가 발생한다면 어떻게 처리할지 계획을 세운다.
⑧ 가족을 소개하고, 활동에 대한 목적을 설명하고 역할을 분담한다.
⑨ 가족구성원의 명확한 구분을 위해 이름표를 준비한다(가족별로 색상을 달리한다).
⑩ 특별한 문제와 욕구가 있는지를 조사한다.
⑪ 멋지게 마무리한다(감사의 의미 전달, 성공적 마침 축하 등).
⑫ 다음에는 더 좋은 행사로 찾아뵐 것을 공지한다.

가족 자원봉사자들은 자신이 수행한 일의 결과를 보는 것을 좋아한다. 가족 자원봉사자의 부모는 아동이 기뻐하는 것을 보고 가장 큰 보람을 느끼며, 아동은 신문 등에서 자신의 사진과 이름을 보는 것을 좋아한다.

2) 자원봉사자 인정과 보상의 구체화 방안

(1) 인정과 보상의 제도화

① **자원봉사활동의 사회경력 인정**: 군복무을 사회경력으로 인정해 주는 것과 같이 자원봉사자가 자원봉사활동을 행하여 일정 기간이나 수준에 도달하면 자원봉사활동을 사회경력으로 인정하는 제도가 시행되어야 한다. 이를 위해서는 자원봉사활동이 체계적으로 조직화되고 분야별로 공정한 평가가 반영될 수 있는 제도의 도입이 선행되어야 한다.

② **자원봉사활동 중의 사고에 대비한 보험 도입**: 자원봉사활동 중의 불의의 사고에 대비한 자원봉사자 보험이 제도화되어야 한다. 즉, 정부와 자원봉사자 그리고 활용기관이 공동으로 부담하여 사고발생 시 자원봉사자가 피해를 입지 않고 마음 놓고 활동할 수 있도록 해야 한다. 아울러 사고가 발생하지 않도록 정부 차원에서 연수기회를 제공하는 등의 배려도 필요하다.

③ **자원봉사활동과 관련된 최소한의 경비지원**: 자원봉사활동 중에 소요되는 최소한의 경비를 지급할 수 있는 제도의 도입이 필요하다. 단, 실비의 선을 넘지 않는 상태의 최소경비만을 지급해야 한다. 가급적 현금을 지급하기보다는 버스카드, 지하철 승차권, 전화카드 등을 지급하여 유료봉사와 차별을 두어야 한다.

④ **사회적 분위기 조성**: 공익광고캠페인과 같이 자원봉사활동캠페인을 지속적으로 행하여 자원봉사활동이 자신들을 위해 꼭 필요하다는 인식을 갖도록 정부가 사회적 붐을 조성하는 데 앞장선다. 유명인사들이 자원봉사활동에 앞장서거나 학교 교과과정부터 의무적으로 교육을 시킨다면 더욱 좋은 결과를 얻을 것이다.

(2) 인정과 보상에 대한 활용기관에서의 구체화

① 기관 측면에서의 구체화

가. 자원봉사자 인정과 보상에 대한 내규 설정: 자원봉사자 인정과 보상에 관한 기관 자체 내의 규정을 설정하여 자원봉사자에 대한 체계적 관리가 이루어질 수 있

도록 한다. 이 규정에는 자원봉사자 역할분담 및 직위, 포상규정, 포상내용, 소관부서 등을 구체적으로 명문화하고 공정한 평가틀을 제시하여야 한다.

나. **전담인력의 배치 및 재교육**: 자원봉사관리뿐만 아니라 자원봉사자에 대한 인정과 보상 측면에서 가장 중요한 요소는 전담인력의 배치 및 다른 업무와의 중복을 피하는 것이다. 자원봉사자가 자원봉사활동을 지속적, 적극적으로 전개하도록 도와주기 위해서는 그들의 교육·훈련, 지도·감독, 인정과 보상 등을 담당하는 전담인력이 있어야 하며 끊임없는 재교육이 필요하다.

다. **기관의 정책**: 자원봉사자를 효율적으로 활용하고 체계적으로 관리하기 위해서는 기관의 목표와 자원봉사자의 욕구가 일치될 수 있도록 기관의 정책방향이 이에 부합해야 한다. 이는 기관장의 인식 여하에 따라 크게 달라질 수 있으므로 기관장의 인식이 선행되어야만 가능하다.

라. **예산확보 및 편성**: 자원봉사자에 대한 인정과 보상 프로그램을 확립하고 유지하는 데 있어서 중요한 요소는 예산의 확보 및 편성이다. 예산편성에 있어서는 직접경비와 간접경비가 모두 산출되어야 하며 교통비, 운영비, 준비물 등과 같은 최소경비 등이 포함되어야 한다.

마. **신분보장**: 자원봉사자를 활용하는 기관에서는 자원봉사자가 활동함에 있어 그 기관의 일원으로서 그에 상응한 자격이 있음을 인정하고 활동 시 장애가 되지 않도록 보호해 주어야 한다.

바. **자원봉사자 편의시설 제공**: 자원봉사자가 부담 없이 이용하고 상호 교류할 수 있는 휴게실과 같은 장소를 확보하여 제공할 수 있어야 한다. 아울러 자원봉사활동에 필요한 기자재를 확보하여 필요시 빌려 주어야 한다.

② 전담직원 측면에서의 구체화

가. **자원봉사자에 대한 관심표현 및 격려**: 자원봉사자에 대한 따뜻한 말 한마디, 관심표현, 격려 등을 잊지 말아야 한다. 특히 자원봉사자가 전담직원에게 보내는 신호를 민감하게 포착하여 자연스럽게 그들에게 말을 걸거나 편지, 전화, 컴퓨

터통신 등의 방법을 통해 반응해야 한다. 기관 내에서 가족적 분위기를 형성하고, 기존 자원봉사자 및 직원과의 인사소개 등도 필요하다. 그러나 이러한 것들은 전담직원뿐만 아니라 모든 직원의 협조와 배려가 동시에 이루어져야만 극대화될 수 있다.

나. 자원봉사자에 대한 소속감 부여: 자원봉사자 신분증의 발급, 자원봉사자 수첩 및 유니폼 등의 제작을 통해 기관에서 같이 활동하고 있다는 소속감을 부여한다. 활동 분야별로 유니폼, 배지, 명찰 등의 색깔과 모양을 만들어 부착하게 한다. 또한 자원봉사자들이 직접 봉사활동회보를 제작하여 계속 관심을 가질 수 있도록 유도하면 더욱 좋을 것이다.

다. 자원봉사자에 대한 인정과 보상의 가시화: 자원봉사자에 대한 인정과 보상은 관내에 자원봉사자 명단이나 활동사진을 부착하는 것과 같은 사소한 일이나 배려에서 시작된다. 경조사뿐만 아니라 자원봉사활동 종결 시에도 감사카드를 발송하거나 자원봉사자 기본교육에 자원봉사활동 선배로서 교육을 담당하게 한다. 또한 지역사회에서 기관을 대표하여 사례를 발표할 기회를 부여하고, 소식지 및 언론매체에 활동내용을 적극 홍보한다. 그 밖에도 무비카메라로 활동내용 촬영 후 배급, 프로그램 이용 시 할인혜택, 활동증명서 및 추천서 발급, 식사제공 등의 인정과 보상에 대한 구체적 실천이 요구된다.

라. 자원봉사자 직책 및 직위 부여: 활동 분야별로 책임자를 선정하게 하여 직책 및 직위를 부여하고 기관의 직원처럼 대우한다. 직책 및 직위의 부여는 윤번제로 담당하게 하며, 활동 분야별 책임자는 집단별로 소속 자원봉사자 간의 의견교환과 조정 그리고 소속 자원봉사자의 활동상황점검 및 사후관리를 담당하게 한다. 명확하고 정확한 업무분담을 통해 배치 이전부터 활용되어야 한다.

마. 유대관계 강화: 직원과 자원봉사자, 자원봉사자와 자원봉사자 간의 유대를 강화하는 일은 매우 중요하다. 직원과 자원봉사자 간, 자원봉사자 간의 만남의 자리를 주선하는 일부터 야유회, 수련회, 체육대회, 자원봉사자 가족 친목회 등의 다양한 친목도모 프로그램의 시행이 필요하다.

바. 자원봉사자 평가회 및 연수: 정기적 평가회를 통한 사례검토 이외에도 자원봉사자의 제반 건의사항 수렴 및 그룹스터디를 위한 기회를 제공한다. 아울러 일정 기간 이상 활동한 자원봉사자는 연수 등의 재교육 프로그램에 참석하게 한다.

사. 자원봉사자에 대한 슈퍼비전: 자원봉사활동기록을 복사하여 매회 평가하여 돌려주거나 일정한 양식을 준비하여 활동에 대한 평가, 전달사항, 의견수렴 등을 통해 상호 교류하며 지지역할을 수행할 수 있게 한다(김범수 · 신원우, 2006).

Chapter 12

자원봉사활동의 과제와 방향

1. 자원봉사활동의 실태 및 문제점

우리나라도 최근 자원봉사활동에 대한 국민적 관심이 커지면서 정부도 자원봉사활동의 중요성을 인식하고 자원봉사활동의 활성화를 위한 방안을 모색하고 있다. 그 중 자원봉사활동을 통합관리하는 행정지원체계의 구축을 위해 1995년부터 내무부 사회진흥과에서 자원봉사활동 관련 업무를 총괄하도록 하였으며 1996년부터 전국 자치단체에 자원봉사센터 설치를 시작으로 2017년 현재 전국에 246개소가 설치 · 운영되고 있다(한국자원봉사센터협회 홈페이지).

특히 자원봉사자와 단체는 월드컵대회와 부산아시안게임, 대구 유니버시아드대회 등 국가적으로 중요한 국제대회를 성공적으로 개최하는 데 기여하였을 뿐 아니라 태풍 등 각종 수해복구활동에도 많은 활약을 보여 국민화합의 큰 틀을 다지는 데 중요한 역할을 수행해 왔다. 한편 2002년 11월에는 세계자원봉사대회 조직위원회(IAVE) 주최로 제17차 세계자원봉사대회를 한국에서 개최하여 전 세계 자원봉사단체의 화합과 교류의 장을 마련함으로써 국가위상을 높이는 데도 기여하였으며 2005년에는 「자원봉사활동기본법」과 시행령, 자원봉사진흥 국가기본계획도 수립되어 자원봉사활동의 새로운 도약의 발판을 마련하게 되었다(류기형 외, 2009: 92).

지난 2014년 자원봉사 실태조사 활성화 방안 연구용역보고서(행정자치부, 2014)에 의하면 우리나라 자원봉사 참여율은 22.5%이다. 3년 전 2011년의 21.4%보다 1.1% 상승하였지만, 2005년 이래로 참여율이 21~22% 수준이다.

한국 자원봉사활동의 실태와 문제점을 파악하기 위해서 추진체계, 관리체계, 지원체계로 나누어 살펴보고자 한다.

1) 자원봉사활동 추진체계의 실태 및 문제점

자원봉사활동 추진체계에는 한국자원봉사협의회, 시 · 도 자원봉사센터, 사회복지자원봉사센터, 여성자원활동센터, 청소년활동진흥센터, 재가복지봉사센터, 학생봉사활동정보안내센터, 여성단체, 종교단체, 국민운동단체, 청소년단체 및 기업 등이 있다.

한국자원봉사협의회는 「자원봉사활동기본법」 제17조에 의거해 설치된 법정단체이다. 이것은 협의기구로서 회원단체 간의 협력 및 사업지원, 자원봉사활동의 진흥을 위한 대국민 홍보 및 국제교류, 정책의 개발 및 조사 · 연구, 정책건의, 정보의 연계 및 지원 등을 행한다.

자원봉사센터는 「자원봉사활동기본법 시행령」 제15조에 의거해 설치된 것으로 전국에 248개 시 · 도, 시 · 군 · 구 자원봉사센터가 설치 · 운영되고 있으며 운영형태는 지자체의 직접운영이 64%(159개소)이고, 민간위탁운영은 28%(70개소), 법인설립운영이 8%(19개소)로 지자체의 직접운영이 압도적으로 많다. 또한 자원봉사센터에는 총 1,205명이 근무하고 있으며 이 중 민간인이 1,019명(84.6%), 공무원이 186명(15.4%)을 차지하고 있다(한국자원봉사센터협회 홈페이지). 이는 민간의 자율성과 독립성을 강조하는 자원봉사와는 상반되는 것으로 결과적으로 자원봉사센터 운영의 독립성과 자율성을 침해할 가능성이 있다는 비판을 받고 있다.

사회복지자원봉사센터는 1994년 사회복지자원봉사정보안내센터에서 출발하여 사회복지자원봉사를 활성화하고 사회복지자원봉사인증센터 및 인증요원을 지원강화하고 사회복지자원봉사활동의 거점기능수행을 위한 지원강화를 목적으로 한국사회복지협의회 및 시 · 도 사회복지협의회가 주관해서 운영하고 있다(보건복지가족부, 2008).

여성자원활동센터는 산발적으로 수행되고 있는 여성자원봉사의 분산된 창구를 지역단위로 통합 · 운영하여 자원봉사 희망자의 이용편의를 도모하고 정부의 공공서비스 분야에 여성의 자발적 참여와 봉사의 기회를 적극 제공함으로써 자원봉사활동의 전 사회적 확산기반을 다지고자 하는 목적으로 한국여성개발원이 1991년에 설치 · 운영하고 있다. 여성발전기금에서 재원을 조달하며 운영형태는 직영 및 민간위탁이다.

청소년활동진흥센터는 청소년 자원봉사 및 수련활동의 지원을 위해 「청소년활동진흥법」에 의해 설치된 것으로 중앙 및 16개 시 · 도에 설치 · 운영되고 있으며 센터당 5~7명의 전문인력이 배치되어 있다. 이 센터에서는 청소년 자원봉사활동 지원과 관련하여 청소년 자원봉사 프로그램에 대한 연구 · 개발, 청소년 자원봉사활동의 소양

교육, 수급관리, 기록관리, 전산망 관리 등을 수행한다.

재가복지봉사센터는 지역사회에서 일정한 시설과 전문인력 및 자원봉사자를 갖추고 필요한 재가복지서비스를 제공하는 사회복지시설로서 기존의 사회복지관, 장애인복지관, 노인복지관 등에 전담인력, 장비 등 사업비를 추가지원하여 복지관 부설 형태로 설치·운영되고 있다. 사회복지관의 관장은 재가복지봉사센터의 장을 겸직하고 업무를 총괄, 지휘하며 사회복지관 내에 전담인력을 두되, 사회복지사 2인(과장급 1인

〈표 12-1〉 주요 자원봉사센터 현황

센터명	자원봉사센터	여성자원 활동센터	사회복지 자원봉사센터	청소년 활동진흥센터	학생봉사활동 정보안내센터
설치근거	자원봉사활동 기본법 제15조 시행령, 지방자치단체 조례	여성발전기본법 시행령 제28조	사회복지사업법 제9조	청소년기본법 시행령 제4조	지침
설치단위 (설치 수)	시·군·구(248)	시·군·구(157)	시·도(17)	시·도(17)	198개 대학 (한국대학사회봉사협의회 회원대학)
종사자 수 (표준안)	3명	1명	1~2명	5~7명	
주요 재원		여성발전기금	보조금	국비-사업비 기금-운영비	국고보조
지원액 (지방비 별도)	약 429억 (지방비 364억, 국비 34억, 민간재원 25억)	약 1.5억 원 사업별 지원	약 5억 원	1.3억 원	8억
주요 기능	자원봉사자 모집 및 배치	여성봉사활동 지원	사회복지 봉사활동 지원, 인증관리	청소년 봉사활동 지원	대학사회봉사 지원
법인 여부	위탁 또는 직영	직영 및 민간위탁	법인(사회복지)	직영 및 민간위탁	
주무부처	행정안전부	여성가족부	보건복지부	여성가족부	교육과학기술부

출처: 류기형 외(2013).

포함), 운전기사 1인 등 총 3인을 우선 배치하도록 하였다(보건복지가족부, 2008). 재가복지봉사센터는 재가복지서비스 대상자 및 가정의 욕구 및 진단, 서비스 제공, 자원봉사자 양성·관리를 비롯한 지역사회 자원동원 및 활동, 사업평가, 교육기관, 지역사회 연대의식 고취 등의 다양한 역할을 수행하고 있다. 주요 자원봉사센터의 현황은 〈표 12-1〉과 같다.

자원봉사활동 추진체계의 재원은 크게 정부재원과 민간재원으로 나누어 볼 수 있다. 정부재원에는 국고보조금과 지방비, 정부기금이 있으며, 민간재원에는 비영리민간단체 및 기관 자체 사업비, 후원금 등이다. 민간재원은 단체별 사업비 자료가 제시되지 않아 정확한 재원을 파악하기는 어려우나 비영리민간단체, 사회복지법인의 기관·시설에서 자원봉사활동을 위해 사용하고 있는 사업비는 정부 및 지방자치단체의 기금 및 예산보다 훨씬 많을 것으로 추정된다.

자원봉사 추진체계에서 행해지는 사업내용을 살펴보면, 자원봉사센터는 시·도 및 시·군·구 자원봉사센터로 구분되며 크게 자원봉사의 사무를 처리하게 하는 사무국과 자원봉사센터의 원활한 운영을 위한 정책결정기구로서 운영위원회를 둔다. 「자원봉사활동기본법」에 의하면 시·도 자원봉사센터는 특별시·광역시·도 지역의 기관·단체와 상시협력체계를 구축하고 자원봉사관리자 및 지도자의 교육·훈련, 자원봉사 프로그램 개발 및 보급, 시·군·구 자원봉사센터 간의 정보 및 사업의 협력·조정·지원의 역할을 수행한다. 한마디로 자원봉사자의 모집이나 배치, 활동 등 직접적 서비스보다는 자원봉사의 허브기관 기능을 담당한다. 시·군·구 자원봉사센터는 지역 내 자원봉사활동 활성화를 위하여 지역의 기관·단체와 상시협력체계를 구축하고 자원봉사자의 모집 및 교육·홍보하고 자원봉사 수요기관 및 단체에 자원봉사자 배치, 자원봉사 관련 정보의 수집 및 제공 등 자원봉사자 및 대상자에 대한 직접적 서비스 제공에 초점을 둔다.

〈표 12-2〉 사회복지봉사활동인증관리사업 관련 주요 조직의 기능

중앙관리본부	지역관리본부	인증센터
1. 인증관리사업 총괄 운영 · 관리 2. DB 시스템 구축 및 총괄 운영 · 관리 3. 인증관리사업 계획수립 및 정책건의 4. 인증관리사업 주체 간 협력체계 구축 5. 인증센터의 지정 및 취소 6. 지역관리본부 및 인증센터 지도 · 점검 7. 사회복지봉사활동 정보제공 및 홍보 · 출판업무 8. 자원봉사자 카드 발급 및 관리 9. 지역관리본부 담당자 교육 · 훈련 및 사회복지봉사활동 전문관리자 육성 10. 기타 전국사회복지봉사활동 인증관리사업 활성화 업무 등	1. 인증관리사업 및 DB 시스템 총괄 운영 · 관리 2. 인증관리사업 계획수립 및 정책건의 3. 인증센터 지정 · 취소 의뢰 4. 인증요원의 양성 및 보수교육 5. 인증요원의 위촉 및 해촉 6. 인증센터 및 인증요원 현황에 대한 확인 및 지도 · 점검 7. 관할지역 봉사활동 정보제공 및 홍보 · 출판물 발간 8. 인증관리사업 관련 중앙관리본부 계획의 시행 9. 관할지역 내 자원봉사자 카드 발급 신청 · 관리에 관한 안내 10. 기타 중앙관리본부가 시달하는 인증관리업무수행 등	1. 봉사활동 및 인증센터 현황 정보 등의 DB 시스템 등록 · 관리 2. 자원봉사자 모집, 교육 · 훈련, 배치 등 3. 봉사실적정보등록 및 관리와 사회복지활동실적인증서 발급 · 관리 4. 인증센터 소속 자원봉사자 등록정보의 관리 5. 소속 봉사자의 자원봉사자 카드 발급 안내 및 신청서 접수 송부 6. 인증센터 및 인증요원에 관한 정보변경사항의 관할 지역관리본부 보고 7. 지역관리본부가 시달하는 인증관리사업 관련 계획 시행 8. 기타 인증관리사업에 관한 사항

출처: 사회복지봉사활동 인증관리규정.

사회복지자원봉사센터의 주요 사업으로는 사회복지봉사활동에 관한 정보제공시스템(VMS)을 운영함으로써 사회복지봉사활동실적의 인증관리를 하고 사회복지자원봉사 통계연보 발행 등 등록자원봉사자 조사 · 분석사업을 추진하고 자원봉사자 상해보험제도를 운영하고 자원봉사자 카드를 발급한다. 특히 중앙관리본부인 한국사회복지협의회는 사회복지봉사활동인증관리사업의 총괄운영관리처로서 시 · 도 사회복지협의회와 연계협력하여 동 사업의 안정적 운영 및 지속적 발전을 위한 기반을 강화한다. 시 · 도 사회복지정보센터는 사회복지봉사활동인증관리 DB 지역본부로서 지역

내 사회복지봉사활동인증관리사업을 총괄운영하며 지역 내 사회복지분야 정보화사업 촉진에 필요한 조사·연구 및 프로그램 개발·보급과 교육·훈련 및 홍보활동을 추진한다. 사회복지봉사활동인증관리사업 관련 주요 조직의 기능을 살펴보면 〈표 12-2〉와 같다.

2) 자원봉사활동 관리체계의 실태 및 문제점

행정안전부(2015)의 자료에 의하면 자원봉사센터의 민간인력은 센터당 평균 4명 이상이며 학력은 대졸(75.6%), 대학원졸(10.4%)의 순이고 나이는 40세 미만 404명(39.6%), 30세 미만 324명(31.8%)이었고 급여수준은 2천만 원 미만 618명(60.6%), 3천만 원 미만 233명(22.9%), 1천만 원 미만 66명(6.5%)의 순이었다. 근무기간별로는 1년 미만 583명(57.2%)이 가장 높았고, 그 다음이 3년 이상 238명(23.4%), 2년 미만 117명(11.5%), 3년 미만 81명(7.9%)의 순이었다.

또한 사회복지시설이나 기관에서 자원봉사자 활용도는 점차 증가되어 대다수의 기관이 자원봉사자를 활용하고 있지만 여전히 자원봉사관리에는 전담직원보다는 겸임직원이 많고 자원봉사관리자도 기관책임자나 중간관리자보다는 경력이 적은 직원이 맡는 경우가 대부분이다. 행정안전부 소속의 센터가 아닌 다른 봉사센터나 단체의 경우 직원은 1~2명에 불과하여 자원봉사활동 추진체계로서의 기능을 효율적으로 수행하기에 근본적인 한계가 있다. 따라서 자원봉사자 활용기관이나 자원봉사센터 모두 전문관리인력의 확보·배치가 무엇보다 중요하다.

자원봉사관리란 자원봉사자를 모집하여 교육·훈련시키고 적절한 곳에 배치하고 난 뒤 평가하고 인정하고 승인하는 일련의 과정을 말하는데 관리과정에서 실태와 과제를 구체적으로 살펴보면 다음과 같다.

모집은 적합한 자원봉사자를 발굴하는 것으로 자원봉사활동참여율이 저조한 우리의 현실에서 이것은 매우 중요한 과정이다. 자원봉사는 OECD 34개국 평균이 23.9%로 최고 미국이 44.7%부터 그리스 3.9%이다. 우리나라는 2014년 실태조사에 의하면 22.5%이다. 2005년 이래로 참여율이 21~22% 수준에 머물고 있다.

적합한 모집방법을 개발하기 위해서는 자원봉사자의 참가경로를 파악하는 것이 매우 중요하다. 한국 자원봉사자들이 자원봉사활동에 참여하는 경로는 친구나 가족, 기존 자원봉사자의 권유나 동아리 활동 등 대인접촉을 통한 방법이 대다수를 차지한다. 이것은 자원봉사활동의 참여경로가 사회적 연결망을 통한다는 것을 알 수 있다. 따라서 자원봉사자 집단이나 자원봉사리더, 자원봉사조언자 등 지역사회주민의 근처에서 언제든지 활동을 지원해 줄 수 있는 인적 자원을 개발해서 모집에 적극 활용하는 것이 바람직하며, 또한 사람이 기관의 홍보나 대중매체를 통해 참여하는 비율이 상대적으로 낮다는 것은 현재 행해지는 자원봉사단체의 홍보전략상의 문제, 모집방법상의 문제 등을 간접적으로 시사한다고 하겠다(류기형 외, 2013).

최근 자원봉사센터에서는 자원봉사자 모집 · 배치 등 관리업무의 효율성을 증대시키고 국민에게 자원봉사에 대한 정보제공 및 접근성을 강화하기 위해 자원봉사의 종합관리시스템을 도입 · 운영하고 있다. 그러나 전국을 통합하는 단일의 자원봉사종합관리시스템이 아니라 센터별로 각기 다른 관리시스템을 개발하여 운용하고 있는데 구체적 내용은 〈표 12-3〉과 같다.

〈표 12-3〉 주요 자원봉사센터의 종합관리시스템 구축 현황

구분	내용
시 · 도 및 시 · 군 · 구 자원봉사센터	· 자치정보화조합에서 개발한 자원봉사관리시스템 사용 · 서울, 경기는 별도의 전산관리시스템 사용
사회복지정보센터	· 전국 사회복지활동인증관리 DB 시스템(vms.or.kr) 운용 · 사회복지시설 · 기관을 자원봉사인증센터(약 3,070개소)로 지정
청소년활동진흥센터	· 전국 청소년 자원봉사 온라인 포털 사이트(dovol.net) 운영 · 유관기관 및 활동처와의 연계, 실적관리, 확인서 발급 등
여성자원활동센터	· 여성자원봉사 네트워크(volunteer.women-net.net) 운용 · 수요처 안내, 교육콘텐츠, 동호회 시스템 등

출처: 최일섭 외(2007: 54).

행정안전부는 서울 · 경기를 제외한 대부분의 자원봉사센터에서 동일한 자원봉사

관리시스템을 사용하고 있으며 사회복지자원봉사센터는 전국 사회복지활동인증관리를 위해 3,070개소의 사회복지시설 및 기관을 자원봉사인증센터로 지정하여 이들과 연계할 수 있도록 인증관리 DB 시스템을 운용하고 있다. 청소년활동진흥센터에서는 온라인 포털 사이트(dovol.net)를 운영하고, 여성자원활동센터에서는 여성자원봉사네트워크(volunteer.women-net.net)를 운용하고 있다(최일섭 외, 2007: 54).

교육은 자원봉사자의 활동이 바람직한 형태가 될 수 있도록 하는 것으로, 자원봉사자의 동기강화는 물론 지속성에도 영향을 미친다. 현재 대다수의 사회복지기관에서는 자원봉사자 교육을 행하고 있으나 교육을 행한다고 해도 대부분 자체 실시하고 있으며 자원봉사자 육성기관을 통한 교육은 극히 적다. 또한 교육내용에 있어서 오리엔테이션이나 기술교육은 어느 정도 이루어지고 있으나 실무교육, 재교육, 전문교육은 상대적으로 덜 이루어지고 있다. 특히 시정개발연구소에 따르면 교육을 하지 않는 이유로 담당직원 부재(37.0%), 프로그램 개발의 어려움(18.5%), 교육시설·장소 미비(11.1%) 등의 이유가 컸다. 이에 대해 자원봉사활동기관의 내부조직을 변화시켜 대응한다는 것은 현실적으로 많은 애로점이 있으므로 외부 지원에 의한 교육이 보다 적절하리라 본다.

그리고 자원봉사자 교육과 관련해서 빼놓을 수 없는 사항은 자원봉사관리자에 대한 교육이다. 자원봉사관리자에 대한 교육은 고도의 전문성을 요하기 때문에 자체 교육보다는 대부분 외부기관에 의존하는 비율이 자원봉사자 교육보다 훨씬 높기 때문에 외부의 지원이 절실히 필요한 부분이라고 하겠다.

자원봉사활동 후 평가와 보상은 자원봉사자로 하여금 자신이 한 일에 대한 자긍심을 느끼게 함으로써 자원봉사활동의 계속성을 보장할 뿐 아니라 기관의 측면에서는 행해진 사업의 효과성 및 개선점 등을 알게 하고 지역에 있는 잠재적 자원봉사자로 하여금 자원봉사활동에 관심을 갖게 하는 요인이 된다. 대부분의 기관에서는 나름대로 자원봉사자에 대한 평가가 시작되고 있다. 정부의 지원을 받는 자원봉사센터를 중심으로 기관평가가 이루어지고 있을 뿐 그 외 기관에서는 자원봉사자에 대한 평가에 그치고 있다. 전체적으로 자원봉사 프로그램에 대한 양적·질적 평가가 이루어지지 못하고 있으며 자원봉사활동에 대한 공식적 규정이나 평가기준이 없이 자원봉사자 간이나 직원과의 면담을 통해 행해지는 수준이다. 따라서 체계적이고 조직적이며 과학적인 평가가 다각적으로 이루어져야 한다(류기형 외, 2013).

최근 자원봉사자에 대한 인정 및 보상이 강조되면서 이를 위한 시도가 다각적으로 이루어지고 있는데 일반적으로 가장 많이 활용하는 방법들로는 정서적 보상, 기회제공, 현물제공, 포상추천, 마일리지 제공, 상품권 지급, 각종 문화이벤트 무료초청, 위로 및 격려와 자원봉사활동에 소요되는 실제 경비 지원이 있으며, 최근에는 자원봉사센터, 사회복지자원봉사센터를 중심으로 자원봉사자 사고에 대비한 보험가입이 증가하고 있다. 자원봉사활동에 있어 인정은 중요하지만 그 방법에 있어 금전적 보상보다는 심리적·사회적 보상, 기회제공 등 다양한 요소들이 긍정적으로 작용할 수 있음을 고려해 볼 때 심리적·사회적 인정이 더 활성화되어야 하겠다.

3) 자원봉사활동 지원체계의 실태 및 문제점

자원봉사의 진흥을 위한 법은 「자원봉사활동기본법」 및 시행령, 관련 법령 등이 있다. 「자원봉사활동기본법」은 한국 자원봉사의 토대가 되는 법으로 2005년 6월 30일 제정되었다. 「자원봉사활동기본법」은 자원봉사활동에 관한 기본사항을 규정함으로써 자원봉사활동을 진흥하고 행복한 공동체 건설에 기여함을 목적으로 제정된 것으로 전체 20개 조문 및 부칙으로 구성되었다.

구체적 내용을 살펴보면 자원봉사활동의 진흥을 위한 정책방향을 국민의 협동적 참여능력을 높이고, 무보수성·자발성·공익성·비영리성·비정파성·비종파성의 원칙에 입각하며 사회적 배경에 관계없이 누구든지 자원봉사활동에 참여할 수 있게 하고 민·관 협력의 기본정신을 바탕으로 한다고 명시하였다. 또한 국가와 지방자치단체는 자원봉사활동의 진흥에 관한 시책 및 권장·지원의 책무가 있음을 명시하였으며(제4조) 자원봉사단체 및 자원봉사센터장은 특정 정당 또는 특정인의 선거운동 등 정치활동을 금지하도록 하였다(제5조). 자원봉사활동에 관한 주요 정책을 심의하기 위하여 국무총리 소속하에 자원봉사진흥위원회를 설치하도록 하였으며(제8조), 자원봉사활동의 진흥에 관한 국가기본계획을 5년마다 수립해야 한다고 명시하였다(제9조). 이 외에도 자원봉사활동이 안전한 환경 속에서 이루어지도록 자원봉사자를 보호해야 하며(제14조) 전국 단위의 자원봉사활동을 진흥·촉진하기 위해 한국자원봉사협의회의 설립(제17조), 자원봉사단체에 대한 지원(제18조), 자원봉사센터의 설치 및 운영(제19조)을 명시하였다.

이와 같은 「자원봉사활동기본법」은 다음과 같은 의의를 갖는다(김준목, 2008: 2).

첫째, 자원봉사활동진흥에 대한 국가와 지방자치단체의 책무를 명시하였다는 것이다. 즉 사회 전반에 걸쳐 전개되고 있는 시민의 자원봉사활동을 공적 자원으로 전환하여 국가경쟁력을 높이기 위해 국가와 지방자치단체가 진흥하고 권장, 지원토록 역할을 명시한 것이다.

둘째, 자원봉사인프라의 구축이다. 즉 법은 자원봉사인프라로서 자원봉사센터의 설치·운영에 관한 근거를 제공함으로써 법령에 의해 설치근거를 갖고 있지 못하여 어려움을 겪고 있던 자원봉사센터들이 법적 지위를 갖게 되었다는 점이다.

셋째, 국가적 차원에서 자원봉사정책을 심의·조정하는 기구를 설치한 것이다. 즉 자원봉사활동이 사회복지를 비롯한 사회 전반에 걸쳐 진행되고 있고, 관련 부처도 다양한 부처에 걸쳐 있어 정책의 중복을 피하고 체계적 지원을 위해 국무총리 산하에 관련 부처 및 민간 전문가로 구성된 자원봉사진흥위원회를 설치하여 국가기본계획을 수립하고 부처별 자원봉사정책을 조정, 심의토록 한 것이다.

넷째, 정치적 중립성을 명확히 하였다는 점이다. 즉 자원봉사활동의 순수성과 자원봉사단체나 자원봉사센터의 독립성과 자율성을 최대한 보장하기 위하여 국가 및 자치단체의 지원을 받는 자원봉사단체, 센터는 그 명의 또는 그 대표의 명의로 선거운동을 할 수 없도록 정치활동 등 금지의무를 명문화하였다.

다섯째, 국가와 지방자치단체는 자원봉사자의 보험가입 등 안전보장의무를 명시하고 자원봉사단체 및 자원봉사센터도 자원봉사자에 대한 체계적 교육·훈련과 안전대책을 강구토록 하였다.

「자원봉사활동기본법 시행령」은 「자원봉사활동기본법」에서 위임된 사항과 그 시행에 필요한 사항을 규정함을 목적으로 한 것으로 총 15조와 부칙으로 구성된다. 구체적인 내용을 살펴보면 먼저 자원봉사진흥위원회 및 실무위원회의 구성에 대한 규정이다(제2조, 제4조). 자원봉사진흥위원회는 자원봉사활동에 관한 주요 정책을 심의하기 위해 국무총리 및 정부부처의 장관, 민간위원 등 30인 이내의 위원으로 구성하고 위원 중 민간위원이 과반수가 되도록 하여야 하며 자원봉사진흥실무위원회는 행정안전부 제2차관, 정부부처의 국장, 민간실무위원 등 25인 이내로 구성하되, 임기는 2년으로 한다.

자원봉사활동의 진흥에 관한 국가기본계획의 수립은 기본계획 개시연도의 전년도에 수립하여야 하며(제5조) 관계 중앙행정기관의 장과 지방자치단체의 장은 매년 12월 말까지 시행계획을 제출하여야 한다. 자원봉사자에 대한 보험가입에서는 자원봉사센터 또는 「비영리민간단체지원법」에 의하여 등록된 단체에 소속한 자원봉사자의 보호를 위하여 자원봉사활동 중에 발생한 자원봉사자의 사망, 후유장애 및 의료·입원·수술비 등에 대한 보상과 자원봉사활동 중에 발생한 타인의 신체 또는 재물손괴에 대한 보상을 할 수 있는 보험 또는 공제에 가입할 수 있다고 하였다(제10조). 이 외에도 한국자원봉사협의회의 회원 등(제13조), 자원봉사센터 장의 자격요건 등(제14조), 자원봉사센터의 조직 및 운영 등(제15조)에 대해 규정하였다.

그 외 자원봉사활동과 관계되는 관련법(대통령령, 시행규칙 등)으로는 「건강가족기본법」, 「여성발전기본법」, 「노인복지법」, 「사회복지사업법」, 「국민기초생활보장법」, 「청소년활동진흥법」, 「재해구호법」 등이 있는데 구체적 내용은 〈표 12-4〉와 같다.

또한 관련 법령으로는 「한국국제협력단법」(해외자원봉사활동 관련), 「사회복지공동모금회법」(민간기금의 조성 관련), 중앙행정기관의 소속기관 직제 시행규칙(주요 관련 부처의 자원), 「공직선거법」, 기타 「보호관찰 등에 관한 법률」(제15조) 등이 있다. 그 밖에도 지방자치단체의 자원봉사활동 관련 조례가 있다. 이는 「자원봉사활동기본법」 제정에 따른 후속조치로 지방자치단체에서 자원봉사활동 조례의 제·개정을 추진하여 2006년 12월 기준으로 175개의 지방자치단체에서 「자원봉사활동기본법」의 취지에

〈표 12-4〉 **자원봉사활동 관련법(대통령령, 시행규칙 등)의 현황**

구분	법	시행령	시행규칙
건강가족기본법	제30조(가정봉사원), 제33조(자원봉사활동의 지원) 등		제3조(가정봉사원의 교육 등)
여성발전기본법	제28조의 2(여성자원봉사활동의 지원), 제30조(기금의 용도)	제28조의 2(여성자원봉사활동센터의 설치 · 운영), 제32조(기금의 용도)	
노인복지법	제23조(노인사회참여지원), 제24조(지역봉사지도원의 위촉)	제18조(지역봉사지도원의 활동지원 등)	
사회복지사업법	제9조(사회복지자원봉사활동의 지원 · 육성), 제41조의 4(가정봉사원의 양성)	제12조(한국사회복지협의회 등의 업무)	
국민기초생활 보장법		제10조(자활에 필요한 사업)	
사회보장기본법	제26조(민간의 참여)		
저출산 · 고령 사회기본법	제14조(여가 · 문화 및 사회활동의 장려)		
고용상 연령차별금지 및 고령자고용촉진에 관한 법률	제11조의 2(중견전문인력 고용지원센터의 지정)		
청소년활동 진흥법	제65조(청소년 자원봉사활동의 활성화 등)	제33조(청소년자원봉사센터의 설치 · 운영): 개정추진 중	제18조(지방청소년자원봉사센터의 운영위탁기준 등)
재해구호법	제31조(협회의 사업)	제11조(재해구호기금의 용도)	
재난 및 안전관리기본법	제52조(현장지휘)	제59조(현장지휘체계)	
대한적십자사 조직법	기부금품의 모집 및 사용에 관한 법률 제4조(기부금품의 모집 등록)		
소득세법	제34조(기부금의 필요경비부 산입	제81조(기부금과 접대비 등의 계산)	제101조(과세표준 확정신고 관련 서식)
법인세법			제18조(지정기부금단체 등의 범위): 자원봉사단체는 대상에 포함 안 됨

출처: 최일섭 외(2007: 45-47).

맞게 조례개정을 완료하였다(최일섭 외, 2007).

자원봉사진흥 국가기본계획은 「자원봉사활동기본법」 제9조 제1항에 의거한 것으로 이 법은 정부가 자원봉사진흥을 위한 국가기본계획을 수립하도록 한 것으로 관계 중앙행정기관의 장과 협의하여 매 5년마다 자원봉사활동진흥을 위한 국가기본계획 및 연도별 시행계획을 수립하도록 되어 있다. 기본계획에서 다루어져야 할 내용은 자원봉사활동의 진흥에 관한 기본방향, 자원봉사활동의 진흥에 관한 추진일정, 관계 중앙행정기관의 자원봉사활동에 관한 추진시책, 자원봉사활동의 진흥을 위하여 필요한 재원의 조달방법, 그 밖에 자원봉사활동의 진흥을 위하여 특히 필요하다고 인정되는 사항 등이다. 이에 따라 행정안전부와 보건복지부, 여성가족부, 교육과학기술부, 국가청소년위원 등 10여 개 관계부처가 참여하여 2007년 7월 10일 제1차 5개년 국가기본계획을 수립하여 실시되었다. 현재 제2차 5개년(2013~2017년)계획이 실시되고 있다.

주요 내용은 '자원봉사활동 가치증진과 참여촉진, 지원 인프라의 효율화 증진, 활동관리 및 핵심인력 양성, 자원봉사활동 연구기반 조성, 자원봉사활동 국제교류 활성화'의 5대 정책영역과 13개 정책과제, 35개 세부과제로 구성하였다.

한국 자원봉사활동지원조직으로는 중앙정부 및 사회복지 관련 기관, 기업, 언론, 학교 등이 있는데 구체적 내용은 다음과 같다. 우선 중앙정보의 경우 자원봉사활동을 담당하는 부서로는 보건복지부, 행정안전부, 여성가족부 등이 있다.

보건복지부는 내무부가 주무부서가 되기 이전까지 자원봉사를 담당했던 곳으로 사회복지분야 자원봉사활동을 지원·육성한다.

행정안전부는 현재 자원봉사활동의 주무부서로서 지방행정국 민간협력과에서 자원봉사활동을 담당하고 있다. 행정안전부에서는 자원봉사 국가기본계획을 수립하고 자원봉사제도의 개선·운영 및 자원봉사센터의 활성화를 지원하고 있다. 시·도 및 시·군·구별 1개소씩 자원봉사센터 설치를 목표로 248개소를 설치하였다.

여성가족부는 여성정책국 여성정책과에서 여성의 자원봉사활동 활성화를 지원한다. 1992년부터 시·군·구 가정복지과를 중심으로 '여성자원활동센터'를 설립, 지도

·감독하고 있으며 한국여성개발원은 자원봉사자 재교육에 힘을 쏟고 있다. 또한 청소년 자원봉사활동 및 청소년활동진흥센터 지원·시행의 업무는 아동청소년정책실 청소년역량개발과에서 담당하고 있다.

이 외에도 법무부(보호국-범죄예방자원봉사위원의 위촉, 교육·훈련), 외교통상부(국제협력단, KOICA) 등이 있다. 부처별 자원봉사 지원체계를 살펴보면 [그림 12-1]과 같다(류기형 외, 2013).

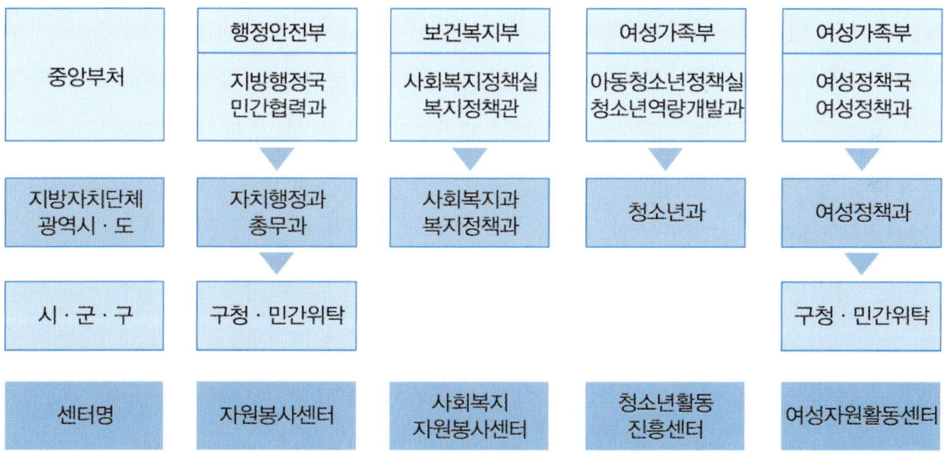

[그림 12-1] 부처별 자원봉사 지원체계

출처: 행정안전부 활성화 추진시책자료(2008).

사회복지 관련 기관 중 지원조직으로서는 한국사회복지협의회, 한국여성개발원, 한국사회복지관협회, 한국자원봉사포럼 등이 있다(한국사회복지협의회, 1997).

한국사회복지협의회는 1978년에 창립되어 한국사회복지를 발전시키기 위하여 조사·연구, 교육·훈련, 정책건의, 국제교류, 회원 단체 간의 조정 및 협의 등의 다양한 업무를 수행하고 있는데 1978년 '한국봉사안내소'를 설치한 이래 지속적으로 자원봉사사업도 펼쳐 왔다.

한국여성개발원은 1984년부터 1992년까지 여성자원활동인력은행을 운영해 왔으며, 이 사업을 통해 그동안 산발적으로 진행되어 오던 자원봉사활동에 관한 인식을 제고해 왔다. 1993년부터는 자원봉사활동에 관한 조사·연구, 자원봉사활동 관련자료 및 교육 프로그램을 개발하여 관련 기관과 일선 활동자를 지원해 왔다.

한국사회복지관협회는 「사회복지사업법」에 의거하여 전국 사회복지관의 육성과 균형발전을 위한 제반 사업과 사업수행에 따른 지식, 기술, 정보교류 및 시범사업 개발을 통해 전체 사회복지관 운영의 내실을 기함으로써 저소득층 및 지역사회주민의 복지증진에 기여하고자 1989년에 설립된 기관이다. 1992년에 사회복지관 부설 재가복지봉사센터 관리업무를 보건복지부로부터 위탁받고 운영 중이다.

한국자원봉사포럼은 1995년 10월에 창설되어 자원봉사활동 활성화를 위한 대중교육과 인식제고 및 정책제안 등에 관한 포럼을 전개하는 등 독특한 역할을 창출하고 있다. 즉, 정부, 학계, 사회복지기관 및 시설, 기업, 언론계 자원봉사전문가의 집단으로 각계의 문제와 실천방안을 제시하고 있다.

최근 기업의 자원봉사활동은 초기와는 달리 상당히 많은 대기업이 참여하고 있으며 중견기업으로 확대되고 있는 추세이다. 대표적으로는 삼성, 포스코, 교보생명, SK, KT 등을 들 수 있는데 이들은 기업 내의 자원봉사활동조직 및 지원은 물론 현금 및 현물 직접지원방식에서 임직원의 사회봉사활동, 외부기관을 통한 지원, 자체공익 캠페인, 시설개방 등 기업 이미지 및 홍보와 연결되는 주제를 개발하여 다각적 방법으로 지역사회 내 자원봉사단체 및 활동을 지원하고 있다. 이 이외에도 불교, 기독교, 천주교, 원불교 등 종교단체의 자원봉사활동지원을 빼놓을 수 없다.

2. 자원봉사활동의 과제

추진체계, 관리체계, 지원체계의 측면에서 자원봉사활동의 실태와 문제점을 살펴보았듯이 이를 바탕으로 향후 과제를 정리해 보면 다음과 같다(류기형 외 2013).

1) 자원봉사활동 추진체계의 과제

첫째, 자원봉사활동을 총괄·지원·조정할 수 있는 전국 차원의 전담기구의 설치가 필요하다. 또한 중앙 차원에서 자원봉사활동에 대한 조사·연구, 교육·훈련, 상담·지도, 프로그램 개발, 수급·조정, 홍보 및 개발, 집회장소제공, 각종 자료의 제공, 국내·외 교류, 사고보장수속 등의 전문적 기능을 통합 관리·전담할 수 있는 공식적 전문 자원봉사조직이 필요하다.

둘째, 한국자원봉사협의회가 법정단체이며 대표적인 민간중앙조직으로 되어 있으나 재정의 불안정, 시·도, 시·군·구 센터의 연합체인 한국자원봉사센터협회와의 관계문제, 인력문제 등 실제 법정활동을 수행할 만한 여건이 조성되어 있지 못하고, 제 기능을 발휘하지 못하고 있는 실정이다. 따라서 한국자원봉사협의회에 대한 재정적 지원 및 역량강화가 이루어져야 한다.

셋째, 이용접근성이 낮고 전문성이 부족하여 제 기능을 다하지 못하고 있는 자원봉사센터나 기타 자원봉사 육성·추진기관이 자원봉사활동의 거점으로서의 기능을 해야 한다. 특히 행정안전부의 시·도 및 시·군·구 센터는 지역사회 내 단체 간을 연계하고 사업을 조정할 수 있는 '허브기관'으로서의 위상을 확고하게 구축해야 한다.

넷째, 자원봉사활동은 민간 중심의 운동임에도 불구하고 행정안전부의 자원봉사센터 운영체계를 보면 여전히 관 직영이 전체의 과반수 이상을 차지하고 있다. 이는 자원봉사활동의 자율성과 전문성에 문제를 일으킬 우려가 있다. 따라서 자원봉사센터의 민간 운영을 확대해야 한다.

다섯째, 현재 자원봉사센터의 예산은 전액 국가 지원이 아니기 때문에 센터 운영에 재정적 부담은 항상 중요한 걸림돌이 되고 있다. 자원봉사센터의 경우 기관특성상 회비나 후원금 모금이 불가하고 자원봉사단체의 경우에는 자립적 기반이 열악하고 후원자 모집에 애로가 있다는 점을 고려해 볼 때 자원봉사활동진흥을 위한 독립재단의 설립으로 안정된 재원을 확보하거나 차선책으로 재정적 안정을 국가가 책임지되 운영에 있어서는 철저히 민간이 책임지도록 하는 것이 필요하다. 특히 자원봉사센터의 사업운영비가 대부분 지방자치단체의 예산에 편중되다 보니, 자원봉사센터의 운영에 대한 지방자치단체의 개입 및 간섭에 따른 부작용을 방지하거나 견제할 수 있는 제어장치가 없다. 이런 문제점을 개선하기 위해서는 국가가 일정 비율의 운영비를 지원하여 지방자치단체의 자원봉사활동추진정책에 대한 평가 및 시정조치를 할 수 있는 예산지원근거를 마련할 필요가 있다(최일섭 외, 2007: 57).

2) 자원봉사활동 관리체계의 과제

첫째, 자원봉사관리에 대한 전문적 기술과 지식을 가진 자원봉사관리자가 부족할 뿐만 아니라 배치가 이루어지지 않고 있다. 따라서 자원봉사활동을 육성・지도・관리하는 실천경험을 바탕으로 클라이언트와 자원봉사자 간의 조정, 자원봉사자와 활용기관 간의 조정, 기관과 기관의 조정 등 다양한 욕구를 조정하고 자원봉사자의 교육과 상담에 임하는 전문직원의 배치가 시급하다. 자원봉사관리자의 배치는 체계적 홍보 부족, 담당부서의 관리 및 교육능력의 미흡, 교육 및 운영에 필요한 프로그램 개발의 미비, 평가 및 지원체계의 부족 등의 문제에 보다 효과적으로 대처할 수 있게 할 것이다. 또한 자원봉사센터 관리자의 처우수준을 높여 이직률과 전문성 저하를 방지해야 한다.

둘째, 자원봉사자 활용기관의 자원봉사 프로그램 관리는 더 이상 단순한 임시방편적 관심만으로는 제대로 될 수가 없고 자원봉사자 관리도 직원관리와 같이 대등하게 중요함을 인식하고 과학적이고 체계적이며 전문적인 업무분장, 지도・감독, 교육・훈련, 유인책 등의 포괄적 관리체계를 도입해야 한다. 이를 위해 자원봉사대상에 맞는 표준 자원봉사활동관리매뉴얼이 필요하며 특히 시・도 센터와 시・군・구 센터의 특성화 및 차별화가 행해져야 하며 역할분담이 이루어져야 한다. 시・도 센터는 직접적 사업보다는 자원봉사를 위한 허브의 기능을 담당해야 하며 시・군・구 센터는 자원봉사자를 배치하고 직접 대면해서 활동의 시작에서 종결까지 직접적 개입 및 지원을 행하는 역할을 수행하며 질적 관리가 될 수 있도록 해야 한다. 또한 자원봉사자의 특성을 고려하여 인정 및 보상체계가 다양화되어야 한다. 과거에 비해 보상 및 인정의 중요성이 인식되면서 여러 가지 인정제도가 시도되고 있지만 자원봉사기관의 특성과 활동하는 자원봉사자의 욕구를 고려하여 개별화, 다양화될 필요가 있다. 특히 금전적 보상보다는 심리적·사회적 보상 및 기회제공, 자원봉사자 보험 가입 등 만족감을 고취시킬 수 있는 환경개선과 인정기준이 마련되어야 한다. 그리고 이러한 관리과정의 문제는 자원봉사활동의 지속성과 바로 직결된다고 하겠는데 자원봉사자의 중도탈락은 자원봉사자 활용기관의 측면에서는 막대한 자원의 낭비를 초래하며 또 서비스 대상자의 입장에서 보면 서비스 제공의 지속화가 어렵기 때문에 불만요인이 될 수 있다. 자원봉사자의 활동이 지속될 수 있도록 적절한 관리가 행해져야 한다.

셋째, 자원봉사 육성·추진기관이 각자의 관리시스템을 구축하고 있지만 이들 간의 통합조정시스템이 구축되지 않아 중복입력 등 불필요한 행정낭비 및 필요한 정보를 공유하지 못하고 있다. 국민이 언제든지 쉽게 자원봉사에 대한 정보 및 지식을 공급받을 수 있고 지역 간 거주 이전에 따른 활동기록의 유지, 교육 및 활동사례 등을 통합·연계관리할 수 있도록 지역 간·기관 간 상호 연계되는 범정부 차원의 통합적 관리체계구축이 필요하다.

넷째, 자원봉사활동 프로그램 개발 및 평가가 활성화되어야 한다. 이를 위해 자원봉사에 대한 조사, 연구, 개발, 보급, 슈퍼비전을 줄 수 있는 전국 규모의 전문기구가 조직되어야 하며 자원봉사활동이 체계적으로 실시되어 어떤 효과를 얻고 있는지에 대한 다각적인 양적·질적 평가가 이루어져야 한다. 현재 센터를 중심으로 기관평가가 부분적으로 이루어지고 있지만 이와 더불어 자원봉사자 및 서비스 대상자에 대한 다각적 평가도 이루어져야 한다.

3) 자원봉사활동 지원체계의 과제

첫째, 「자원봉사활동기본법」 및 「자원봉사활동기본법 시행령」의 개정이 필요하다. 오랜 시간의 노력 끝에 「자원봉사활동기본법」이 시행되면서 자원봉사에 대한 국가 및 지방자치단체의 책임을 공고히 하고 자원봉사 인프라의 구축 등 한국 자원봉사활동에 있어 새로운 도약의 발판이 만들어진 것은 사실이나 법 적용 이후 여러 가지 문제점이 제기되면서 법 개정 의견이 끊임없이 제기되고 있다. 법 개정에서는 민간센터의 육성 및 지원강화, 한국자원봉사협회의 역할 및 지원 확대, 시·도 자원봉사센터와의 관계설정 등이 검토되어야 한다.

둘째, 자원봉사 관련 행정기관 간의 연계, 협력이 미비하다. 「청소년기본법」에서는 정부부처 및 민간의 협력을 위해 자원봉사진흥위원회를 설치하도록 하였으나 현 정부의 각종 위원회 폐지와 더불어 본 기능을 하지 못하여 거의 유명무실한 상태이다. 따라서 자원봉사진흥을 위해 행정안전부, 보건복지부, 여성가족부 등 부처 간 업무 조정·연계·협력을 위해 상시적으로 가동할 수 있는 시스템이 구축되어야 한다. 또한 행정안전부가 자원봉사활동에 중추적 역할을 담당함으로써 업무추진의 중복이나 혼선을 방지하는 데 도움이 될 수는 있지만 이로 인해 상대적으로 다른 부처의 지원이 위축되어서는 안 된다. 따라서 부처의 성격을 잘 고려하여 특성화하면서도 협력하여 상호 보완적 관계 구축이 필요하다.

셋째, 지원조직에 관련된 문제로 최근 들어 기업, 학교, 언론, 기타 사회복지 관련 기관, 공공부문에서의 지원이 행해지고 있으나 시작단계라고 할 수 있으며 참여기관도 주로 대기업이나 대규모 조직에 한정된다. 지역 중심의 자원봉사활동이 되기 위해서는 작은 규모지만 지역에서 나눔을 실천하고자 하는 선의의 집단이나 단체, 조직을 발굴·개발하는 것이 필요하다.

넷째, 정부의 경우 자원봉사센터에 국고 및 지방비 보조금, 정부기금 지원 등을 행하고 있으나 그 액수가 부족하여 자원봉사의 활성화를 달성하기 어렵고 그나마 대다수의 기관에서는 그런 지원도 받을 수 없는 곳이 많다. 자원봉사추진기관의 자립기반이 열악한 상황에서 후원이나 기업의 기부문화가 성숙되지 못한 사회문화적 상황을 고려해 볼 때 안정적 예산지원 및 증대가 필요하다. 자원봉사활동 중 불의의 사고에 대비한 공적(중앙 또는 지방정부) 차원의 기금확보와 보험가입이 확대되어야 하며 자원봉사자 변호사 선임 등 법적 안정보장제도가 마련되어야 한다. 또한 자원봉사자의 사기진작과 저변 확대를 위한 정부 차원의 다각적 인정제도도 마련되어야 한다.

참고문헌

고재욱 · 송노원 · 양경희 · 이원웅 · 조재숙(2013). 행복한 사회를 만들어 가는 자원봉사론. 양서원.

김동배(2005). 시민사회와 자원봉사. 서울: 학지사.

김만두(1985). 사회복지서비스와 관련법령의 개선방향. 『사회복지』, 가을호: 128.

김영모(1989). 『자원복지 이론과 실재』. 홍익재.

김영호 · 오정옥 · 김상조 · 문혜숙 · 이은경(2006). 『자원봉사의 이론과 실제』. 창지사.

김준목(2008). 『자원봉사관련법, 정책 및 제도에 대한 이해』. 자원봉사활동기본법 개정을 위한 자료집. 한국자원봉사협의회.

류기형 외(2013). 『자원봉사론』. 양서원.

류기형 · 남미애 · 박경일 · 홍봉선 · 강대선(2009). 자원봉사론. 서울: 양서원.

류상열(1997). 재가복지서비스에 있어서 자원봉사의 역할. 『사회과학연구』, 4(1): 35-51.

박용순 · 송진영 · 황치정 · 박현숙(2015). 자원봉사론. 창지사.

박태영 외(2015). 『자원봉사론』. 공동체.

박현정 · 권웅(2014). 장애인 체육교실에 참여하는 대학생 자원봉사 참여동기가 역할갈등과 자긍심에 미치는 영향. 『한국특수체육학회지』, 22(4): 33-45.

보건복지부(2015). 『2008년 사회복지자원봉사센터 운영안내』.

볼런티어21(2002). 「자원봉사센터 운영매뉴얼」. 행정자치부 재구성.

부성래 · 유판수(1987). 『Volunteerism 사랑하고 일할 수 있는 능력』. 소문출판사.

유길준(2012). 자원봉사활동 인정 · 보상에 관한 연구. 한남대학교 박사학위논문.

윤설민 · 신창열 · 이충기(2014). 자원봉사자 동기를 이용한 측정척도 검증 및 시장세분화 연구. 『호텔경영학연구』, 23(2): 239-258.

이강현 · 정진경(2006). 자원봉사조직 및 자원봉사자의 자원봉사 인정 · 보상 시행 경험에 관한 연구. 『한국비영리연구』, 5(1): 101-135.

이성록(2001). 『자원봉사활동 관리조정론』. 서울: 학문사.

이성록(2007). 『자원봉사 활동관리 이론과 실제』. 서울: 다빈치하우스.

정성애 · 손대현(2001). 자원봉사자 활용방안: 2002년 월드컵 대회를 중심으로. 『관광연구논총』, 13(0): 115-134.

조휘일(1990). 한국사회복지분야의 자원봉사행동과 관련된 개인 및 조직 특성에 관한 연구. 연세대학교 박사학위논문.

최남희(2008). 재난 자원봉사자의 역할 확대 시스템. 『국가위기관리연구』, 2(2): 1-26.

최덕경 외(2006). 『자원봉사론』. 공동체.

최성재 · 남기민(2006). 『사회복지행정론』. 경기: 나남출판.

최유미(2004). "주부자원봉사활동의 지속성과 중단성의 영향요인에 관한 질적 연구". 대구 가톨릭대학교 대학원 석사학위논문.

최유미(2015). 『자원봉사론』. 공동체.

최일섭 · 고기숙 · 구자행 · 이창호 · 정진경(2007). 『자원봉사활동 진흥을 위한 국가기본계획수립연구용역』. 한국자원봉사협의회.

한국사회복지협의회(1997). 『자원봉사 프로그램 백과』, 제1권~제7권. 한국사회복지협의회.

행정안전부(2007). 자원봉사활동 진흥을 위한 제1차 국가기본계획(08-12).

행정안전부(2015). 2014년 자원봉사센터현황.

행정자치부(2014). 자원봉사 실태조사 활성화 방안 연구용역보고서.

행정자치부(2016). 자원봉사센터 현황.

Alfred J. Khan & Shelia B. Karnerman(1980). *Social Service in International Perspective*. London: Transaction: 4.

Bales, K.(1996). Measuring the Propensity to Volunteer. *Social Policy & Administration*, 30(3): 206-226.

Bandura, A.(1977). Self-efficacy: Toward a Unifying Theory of Behavioral Change. *Psychological Review*, 84(2), pp.191-125.

Blau, P.(1964). *Exchange and Power in Socia Life*. New York: Wiley.

Francies, G. R.(1982). *The Volunteer Needs Profile*. Wisconsin: University of Wisconsin.

Ha1rlow R., & Cantor, N.(1996). Still participating after all these years. *Journal of Personality and Social Psychology*, 71: 1235-1249.

McCurley. S., & Lynch, R.(1996). *Volunteer Management*. Energizer.

Moore, L. F. (Ed.)(1985). *Motivating Volunteers*. Vancouver: The Vancouver Volunteer Centers Pub.

Perlman, H. H.(1957). *Social Case Work: A Problem-Solving Process*. Chicago: the

Univ of Chicago Press.

Smith(1980). "Participation in Social and Political Activities".

Troth, M. A.(1999). The Psychology Contract of Volunteer Workes and Its Consequences. The University Arizona. A Dissertation for the Degree of Docter.

Weber, M.(1968). *Economy And Society*. N.Y.: Bedminister press.

http://www.kavc.or.kr 한국자원봉사센터협회 홈페이지.

찾아보기

[인 명]

[내 용]

ㄱ

ㅇ

기타

저 / 자 / 소 / 개

■ **류기덕**

대구대학교 대학원 사회복지학과 석사, 계명대학교 대학원 경제학 박사
구미대학교 사회복지과 교수

■ **박귀영**

서울 한영대학교 대학원 사회복지학 박사
서울 한영대학교 사회복지학과 교수

■ **박영국**

대구대학교 대학원 사회복지학과 박사
안동과학대학교 사회복지과 교수

■ **신경안**

성결대학교 사회복지학박사
동서울대학교 실버복지과 교수

■ **오주**

대구대학교 대학원 사회복지학과 박사
부산디지털대학교 사회복지학과 교수

■ **이기량**

대구대학교 대학원 사회복지학과 박사과정 수료
대구보건대학교 사회복지과 교수

■ **이재모**

일본 동양대학교 대학원 사회복지학과 석사, 박사과정 졸업
영남대학교 새마을국제개발학과 교수

■ **장재원**

대구대학교 대학원 사회복지학과 박사
위덕대학교 사회복지학과 교수

■ **정영주**

대구대학교 대학원 사회복지학과 박사수료
가톨릭상지대학교 사회복지과 겸임교수

자원봉사론

1판 1쇄 인쇄 — 2017년 8월 25일
1판 1쇄 발행 — 2017년 8월 30일

저　　자 - 류기덕 · 박귀영 · 박영국 · 신경안 · 오 주
이기량 · 이재모 · 장재원 · 정영주
발 행 인 - 강 철 원
발 행 처 - 양 성 원
주　　소 - 경기도 파주시 검산로 173번길 29-20
전　　화 - 031-946-3861(代)
팩　　스 - 031-946-3864
이 메 일 - tnwpub@naver.com
홈페이지 - tnwpub.co.kr
출판등록 - 2015년 8월 31일 제 2015-000211 호

ISBN 979-11-6126-052-5

정가 18,000원